公司法裁判规则实务精要

潘申明　等◎著

股权金融

法律出版社 | LAW PRESS
北京

图书在版编目(CIP)数据

公司法裁判规则实务精要：股权金融 / 潘申明等著. -- 北京：法律出版社, 2023
ISBN 978-7-5197-7567-4

Ⅰ. ①公… Ⅱ. ①潘… Ⅲ. ①公司法-法律解释-中国 Ⅳ. ①D922.291.915

中国国家版本馆 CIP 数据核字(2023)第 027873 号

公司法裁判规则实务精要：股权金融
GONGSIFA CAIPAN GUIZE SHIWU JINGYAO: GUQUAN JINRONG

潘申明 等著

策划编辑 沈小英
责任编辑 陈 妮 任 娜
装帧设计 汪奇峰

出版发行 法律出版社
编辑统筹 法治与经济出版分社
责任校对 王 丰 郭艳萍
责任印制 吕亚莉
经 销 新华书店

开本 710 毫米×1000 毫米 1/16
印张 20.25 **字数** 393 千
版本 2023 年 4 月第 1 版
印次 2023 年 4 月第 1 次印刷
印刷 固安华明印业有限公司

地址：北京市丰台区莲花池西里 7 号(100073)
网址：www.lawpress.com.cn
投稿邮箱：info@lawpress.com.cn
举报盗版邮箱：jbwq@lawpress.com.cn

销售电话：010-83938349
客服电话：010-83938350
咨询电话：010-63939796

书号：ISBN 978-7-5197-7567-4 **定价**：99.00 元
凡购买本社图书，如有印装错误，我社负责退换。电话：010-83938349

潘申明

1973年10月生，浙江省桐庐县人，先后获华东政法大学法学学士、法学硕士、法学博士学位。现为宁波大学法学院副教授、硕士研究生导师、应用法学研究所主任、经济纠纷与经济犯罪研究中心主任，华东政法大学硕士研究生导师、韩国法研究中心研究员，中国政法大学法律实证研究中心研究员、国家法律援助研究院研究员，浙江省宁波市江北区第十二届人大代表。受聘为浙江省人民检察院民事行政检察监督案件专家委员会专家顾问、宁波市人民政府法律顾问。入选浙江省及宁波市涉案企业合规第三方监督评估机制专业人员名录库（第一批）。曾在检察系统工作21年，先后担任浙江省宁波市北仑区人民检察院反贪污贿赂局副局长、民事行政检察科科长、公诉科科长、检察委员会专职委员、党组成员、副检察长，浙江省宁波市人民检察院法律政策研究室主任。获浙江省第十三届哲学社会科学优秀成果二等奖，最高人民检察院理论研究所检察基础理论研究优秀成果二等奖、三等奖等；获第三批全国检察业务专家、第二批全国检察理论人才，入选最高人民检察院西部教育培训讲师团成员，获浙江省政法系统十佳检察官、第二批浙江省检察机关十佳民行办案人、浙江省检察机关专家型公诉人才、第三届浙江省十大优秀中青年法学家提名，宁波市首届中青年法学专家、宁波市十佳检察官、宁波市优秀公诉人、宁波市检察系统民行办案骨干等多项荣誉。在从事检察工作期间，荣立个人三等功两次，带领所负责集体荣立集体二等功一次、集体三等功两次。

擅长领域为刑事辩护、不良资产处置、重大民商事纠纷一体化解决。

王凯男

浙江京衡（宁波）律师事务所执业律师，致力于公司法律事务的研究和办理，主要从事企业法律顾问、建设工程与房地产法律事务、民商事诉讼，善于处理企业非诉服务项目，为客户提供诉讼风险评估与防控等综合法律服务，现担任多家企业法律顾问。

陈萱昊

宁波大学法学学士，浙江京衡（宁波）律师事务所执业律师。擅长领域为公司法律业务、刑事辩护业务。获2022年浙江省律师论坛论文二等奖、2022年浙江省宁波市律师论坛论文二等奖、宁波大学优秀毕业论文。

姚宇波

浙江省宁波市宁海县人民法院法官助理，先后获浙江理工大学法学学士、宁波大学诉讼法学硕士学位。在《青少年犯罪问题》《浙江万里学院学报》等期刊公开发表论文5篇。曾获浙江省宁波市研究生学术节银奖和2021、2022年浙江省宁波市律师实务与理论研讨会一等奖、二等奖。

夏英慧

美国纽约州执业律师，现任太平鸟上市公司法务，兼任中国仲裁法学研究会仲裁与调解专业委员会专家委员。先后获中国政法大学法学学士、硕士学位，波士顿学院LLM。曾任安杰律师事务所、浙江京衡（宁波）律师事务所执业律师。参与两部著作撰写。

前　言

我国《公司法》自 1993 年颁布以来,已经过五次修改,对公司治理结构的规定不断完善,对公司交易秩序维护的力度逐步增强。公司治理制度和资本制度是《公司法》的两大基石,29 年公司法制也正是紧紧围绕这两大基石而展开,对进一步完善公司治理、促进资本市场稳定健康发展起到了关键的作用。可以说,《公司法》为我国社会主义市场经济写下了最为生动的注脚,同时也不断为社会主义市场经济注入新的发展动力。为更好地适应经济社会的发展,全国人大常委会在 2022 年年初又公布了第六次公司法修正草案。

毫无疑问,随着中国特色社会主义市场经济的持续推进,公司已然成为我国市场经济中最为重要、最为活跃的交易主体,与公司相关的纠纷类型不断增多,可诉性不断增强,公司诉讼数量日益增多,仅裁判文书网公布的案件逾 43 万件。如此之多的鲜活案例中所蕴含的裁判逻辑与规则、律师办案智慧、公司治理的策略等亟待梳理与总结,它们是我们理解和把握当下公司法制的最宝贵教材,是学习公司实务的第一手资料。从案出发,以案释法,在裁判规则中汲取营养,既有助于保护现实权益,还利于规避未来风险,对于公司治理、司法裁判和律师实务尤为重要,这也是写作本书的初心所在。

《公司法》及诉讼制度发展至今,最高人民法院已经规范化为 25 种案由。本书选择了公司股权和金融相关的 9 个案由,另将当下投融资领域比较热门的"明股实债"单列为一个专题。精选典型案例,剖析法律问题,提炼裁判规则,并结合案件就公司治理提出相应的律师建议。

本书对案例的梳理与分析,力求做到原汁原味、总结提升。主要包含以下几个部分:一是裁判要旨部分,围绕公司法裁判的重点、难点及疑点,进行总结、提炼,归纳、研究公司法裁判规则;二是案情简介、诉讼过程、裁判结果部分,展示案件前因后果,快速了解案件事实、诉讼情况;三是主要争点部分,展示诉讼双方的诉请与应答,于博弈中展现诉讼策略;四是裁判说理部分,凝聚法官智慧,直击当前实践中的裁判理念;五是专业点评环节,则从实务和理论的视角对各案由中经典案例进行点评分析,指引治理、维权、风险防范等工作;六是法条链接环节,由于本书除专业点评环节外所引均为案例当时之法律法规,因此,该环节除列明涉及法条外,还以脚注形式说明其变化情况,以便从变化之中探明其修法深意。本书采取的多元分析方式,集合当事双方、司法机关、律师视角。无论是起诉、应诉之策略,还是风险防控措施,抑或当前实务裁判风向,均能从本书中寻得相关指引,便于广大读者取己所需,对症下药。

坦言之,《公司法》相关诉讼数量繁多、现实经济生活中纠纷实情复杂各异,本书所能涉及实乃冰山一角。笔者相信,其中之典例,有提纲挈领之功效,能起到参考引导之用。希望广大读者朋友能通过本书,积累经验之谈、解决实际之需、展望未来之辉。如果本书能给经营者和实务工作者提供些许启发,那么善莫大焉。

潘申明

2023 年 2 月 22 日

缩略用语表

《中华人民共和国公司法》——《公司法》

最高人民法院《关于适用〈中华人民共和国公司法〉若干问题的规定(一)》——《公司法解释一》

最高人民法院《关于适用〈中华人民共和国公司法〉若干问题的规定(二)》——《公司法解释二》

最高人民法院《关于适用〈中华人民共和国公司法〉若干问题的规定(三)》——《公司法解释三》

最高人民法院《关于适用〈中华人民共和国公司法〉若干问题的规定(四)》——《公司法解释四》

最高人民法院《关于适用〈中华人民共和国公司法〉若干问题的规定(五)》——《公司法解释五》

《中华人民共和国民法典》——《民法典》

《中华人民共和国合同法》——《合同法》

《中华人民共和国担保法》——《担保法》

《中华人民共和国物权法》——《物权法》

《中华人民共和国民事诉讼法》——《民事诉讼法》

《中华人民共和国民法总则》——《民法总则》

《中华人民共和国民法通则》——《民法通则》

《中华人民共和国涉外民事关系法律适用法》——《涉外民事关系法律适用法》

《中华人民共和国外资企业法》——《外资企业法》

《中华人民共和国外资企业法实施细则》——《外资企业法实施细则》

《中华人民共和国专利法》——《专利法》

《中华人民共和国商标法》——《商标法》

《全国法院民商事审判工作会议纪要》——《九民纪要》

《中华人民共和国劳动法》——《劳动法》

最高人民法院《关于适用〈中华人民共和国民法典〉有关担保制度的解释》——《民法典担保解释》

《中华人民共和国商业银行法》——《商业银行法》

《中华人民共和国会计法》——《会计法》

Contents

目　录

第一篇　股东出资纠纷

导　语 …… 3
一、股东验资后又转出,未作合理说明的应认定构成抽逃出资 …… 5
二、股权转让时认缴期限未届至的,原股东不再承担认缴出资的补充赔偿责任 …… 10
三、以违法犯罪所得的货币出资并不当然影响其出资行为效力 …… 15
四、法定代表人变动时,公司诉讼代表人应采用内外有别的方式确定 …… 19
五、有限公司股东出资义务不因其股权转让而免除 …… 26
六、实际出资人并不当然具备股东资格享有股东权利 …… 32

第二篇　公司减资纠纷

导　语 …… 41
一、公司减资程序不合法应当承担抽逃出资的法律责任 …… 43
二、股东对到期应认缴出资瑕疵减资应承担出资不实的赔偿责任 …… 49
三、公司减资未履行通知债权人义务的,债权人可以请求减资股东承担补充赔偿责任 …… 56
四、减资股东对于债权人的赔偿请求能否适用诉讼时效抗辩 …… 63

五、公司减资并未通知减资前已发生但尚未确定的债权人,减资股东是否应对其承担赔偿责任 …… 68
六、判断减资股东是否需要对债权人承担补充赔偿责任的关键是减资程序是否合法,与减资目的无关 …… 74

第三篇　公司增资纠纷

导　语 …… 83
一、新增资本的优先认缴权应有合理的行权期间 …… 83
二、知识产权被宣告无效,原出资股东是否承担补足出资责任 …… 98
三、股东投资意思表示不明确的应认定全体股东间增资合意不成立 …… 105
四、增资协议解除的规则适用与法律效果处理 …… 110

第四篇　股权转让纠纷

导　语 …… 119
一、股权转让纠纷不适用分期付款买卖中的合同解除条件 …… 120
二、股权转让中转让人意思表示的认定及对股权变动的影响 …… 124
三、无权处分股份多次转让后股权的归属问题 …… 129
四、股权转让合同效力的认定 …… 136
五、关于股权转让合同的撤销问题 …… 141

第五篇　股东名册记载纠纷

导　语 …… 151
一、非善意受让名义股份无权要求公司变更登记 …… 152
二、股权转让协议的履行与解除对股东资格认定的影响 …… 160
三、如何认定股东是否实际履行出资义务 …… 170
四、无书面约定但实际出资并参与经营管理的应当享有股东资格权利 …… 175

第六篇 新增资本认购纠纷

导 语 …………………………………………………………………………… 185
一、增资行为与民间借贷的区分在于有无投资内容的明确约定 ………… 186
二、公司未增资股东履行如实告知义务的,增资股东可以主张撤销认购协议 ……………………………………………………………………… 190
三、除非法律有明文规定或股东明示,否则不能排除新增资本认购中的优先认购权 ……………………………………………………………… 196
四、新增资本认购纠纷与股东出资纠纷的区别适用 ……………………… 202

第七篇 股东知情权纠纷

导 语 …………………………………………………………………………… 209
一、股东知情权的保护与合理限制 ………………………………………… 211
二、股东查阅会计账簿正当目的的认定与举证责任分配 ………………… 217
三、隐名股东股东知情权的司法判断 ……………………………………… 222
四、股东行使知情权的前置条件 …………………………………………… 227

第八篇 公司盈余分配纠纷

导 语 …………………………………………………………………………… 235
一、股东会形成利润分配决议后股东才有权要求分配利润 ……………… 236
二、未实缴出资并不必然阻碍股东对公司盈余的分配权 ………………… 241
三、原股东转让股权的,连同利润分配请求权一并转让给受让方 ……… 246
四、违反强行性规范的公司利润分配决议无效 …………………………… 252

第九篇 请求公司收购股份纠纷

导 语 …………………………………………………………………………… 261
一、非因自身过错未能参加股东会又对公司转让主要财产明确提出反对意见的股东,有权请求公司回购其股权 ……………………………………… 262

二、公司回购股权价格的确定 …… 266
三、公司转让主要财产情况下的异议股东股权回购请求权 …… 270
四、异议股东请求权法定期间的理解 …… 277

第十篇　明股实债裁判规则专题研究

导　语 …… 287
一、明股实债的认定标准 …… 291
二、明股实债与财务投资的区别 …… 296
三、明股实债法律关系区分内部关系和外部关系适用不同处理原则 …… 300
四、明股实债中的让与担保 …… 304

后　记 …… 313

第一篇

股东出资纠纷

导　语

为了保障商事活动安全,平衡股东和债权人利益,现代公司法将有限责任公司和股份有限公司设计成独立法人人格,而要使独立人格具备独立承担民事责任的前提就是公司股东在设立公司时必须投入一定数额的资本,当然实际对债权人起到保护作用的是整个股东权益。公司作为营利法人,股东出资义务是股东之所以作为股东的最基本义务。对于公司资本制度有法定资本制、授权资本制、折中资本制。法定资本制要求最低资本限额,股东设立公司时投入的资本必须大于或者等于这个限额,股东实际出资必须工商登记,成为注册资本,注册资本一旦登记不得随意变更,如果变动必须遵循法定程序和章程规定,同时进行变更登记。授权资本制不需要最低数额资本要求,只要在公司章程中写明数额即可,而且允许股东分期缴纳注册资本。折中资本制是在法定资本制和注册资本制之间寻找的中间样态。我国《公司法》制定初期很长一段时间推行资本确定、资本维持、资本不变的法定资本三原则。但是,相对于灵活多变的市场经济,法定资本制下的公司并没有起到保护债权人和保护交易安全的作用,注册资本也仍然代表不了一家公司的真正实力,只能是为市场主体设立公司增加了障碍而已。所以,很多开始实行法定资本制的国家都慢慢向授权资本制靠拢,一方面仍然登记注册资本,另一方面允许分期缴纳,只有对金融等特殊行业要求实缴制。2013 年修订后的《公司法》将我国公司由注册资本实缴制转为认缴制,根据认缴制,公司股东只要根据公司章程规定的时间内足额缴纳其所认缴的出资额或者股份即可。

关于股东出资的形式,根据《公司法》第 27 条规定,股东可以货币出资,也可以用实物、知识产权、土地使用权等可以用货币估价并可以依法转让的非货币财产作价出资;但是法律、行政法规规定不得作为出资的财产除外。对作为出资的非货币财产应当评估作价,核实财产,不得高估或者低估作价。法律、行政法规对评估作价有规定的,从其规定。

《公司法》第 28 条规定,股东应当按期足额缴纳公司章程中规定的各自所认缴的出资额。股东以货币出资的,应当将货币出资足额存入有限责任公司在银行开设的账户;以非货币财产出资的,应当依法办理其财产权的转移手续。

《公司法》第 26 条、第 29 条、第 31 条、第 34 条都是有关股东出资的相应规定,其中第 34 条规定,股东按照实缴的出资比例分取红利;公司新增资本时,股东有权优先按照实缴的出资比例认缴出资。但是,全体股东约定不按照出资比例分取红利或者不按照出资比例优先认缴出资的除外。

《公司法解释三》第 8 条、第 9 条、第 10 条、第 11 条对如何认定出资人是否已履行出资义务做了进一步规定。

在经济实践中,股东出资纠纷主要源于以下几种情形:一是虚假出资引发纠纷。虚假出资即是股东虽在程序上完成出资义务,但未实际出资,却取得公司股权的情形。具体表现形式包括:以无实际现金流通的虚假银行进账单、对账单骗取验资报告;以虚假的实物出资手续骗取验资报告;以实物、知识产权、土地使用权出资,但未办理产权转移手续等。

二是瑕疵出资引发纠纷。主要发生在非货币财物出资,这部分出资应该由第三方进行评估作价,评估机构作为市场中介机构不排除过高评估,从而损害其他股东和债权人合法权益,导致其他股东或者债权人在某种场景下对相关股东提起诉讼;出资不足是指在约定的期限内,股东仅仅履行了部分出资义务或者未能补足出资的情形。出资不足的具体表现形式包括:货币出资只履行了部分出资义务;作为出资的实物、知识产权、土地使用权的实际价额显著低于公司章程所定价额。

三是抽逃出资引发纠纷。股东或者控股股东出资后抽逃出资,违法将出资收回,被公司债权人或其他股东要求补足;我国《公司法》虽然允许注册资本分期缴纳,但是一旦缴纳后不能随意抽逃,因为没有缴纳,债权人通过工商登记查询就可以知道注册资本未到位。但是,如果查询注册资本已经到位,但实际上又已经被抽逃,那么可能导致债权人误解,损害交易安全。抽逃出资的具体表现形式包括:股东设立公司时,验资后将出资转出,公司并未实际使用出资;公司收购股东的股份,但未按规定处置该股份;公司未弥补亏损、提取法定公积金即先行分配利润;公司制作虚假会计报表进行利润分配;公司利用关联交易转移出资等。

四是逾期出资引发纠纷。逾期出资是指股东没有按期缴足出资的情形。《公司法》允许注册资本分期缴纳,规定了首次出资的限额。实践中,经常发生的纠纷是股东首次出资符合法律规定及约定,但未按照规定的时间履行首期出资之后的分期出资义务。此外,瑕疵出资后相关股东应当承担的法律后果,除补足出资外,还应对债权人承担补充赔偿责任,同时对公司和其他股东而言,瑕疵出资的股东在利润分配请求权、新股优先购买权、剩余财产分配请求权等股东权利上应该受到相应限制。

一、股东验资后又转出，未作合理说明的应认定构成抽逃出资

案件名称

摩比斯公司与柳某伟股东出资纠纷案

案号

一审:(2018)京 0113 民初 23720 号;二审:(2019)京 03 民终 7573 号

裁判要旨

对于股东将出资款项转入公司账户验资后又转出的行为,若其有义务了解并有能力说明该款项转出的用途而未能作出合理解释,亦未提供证据证明该行为系基于公司正常经营业务往来所形成,更未证明该行为经过了公司法定程序,则人民法院应当认定该行为属于《公司法解释三》第 12 条第 4 项规定的"其他未经法定程序将出资抽回的行为"。

案情简介

上诉人(原审被告):柳某伟

被上诉人(原审原告):摩比斯公司

摩比斯公司成立于 2012 年 3 月 2 日,原为自然人独资公司,股东为柳某伟,注册资本为 50 万元,实收资本为 50 万元。

摩比斯公司的工商登记信息中显示,2015 年 12 月 3 日,摩比斯公司形成一个股东决定,该决定中载明同意变更股东,由柳某伟变更为柳某伟、刘某。另外,2015 年 12 月 3 日,摩比斯公司再次形成一个股东会决议,该决议中载明,同意公司住所变更为北京市顺义区某地;同意增加注册资本,由 50 万元增加至 1000 万元,新增的 950 万元由刘某以货币形式出资 500 万元,由柳某伟以货币形式出资 450 万元;免去柳某伟的执行董事职务,选举刘某为执行董事兼公司法定代表人;同意修改公司章程。上述股东会决议有"柳某伟""刘某"签名字样。

现摩比斯公司工商登记的法定代表人为刘某;注册资本为 1000 万元;股东为刘某、柳某伟;股东分别认缴出资 500 万元,认缴出资时间为 2061 年 12 月 31 日。同时

摩比斯公司的企业信用信息公示报告中显示,柳某伟已于2012年3月2日实缴出资50万元。

2012年3月1日,柳某伟通过转账形式向摩比斯公司企业入资专用账户中汇款50万元。2012年3月19日,摩比斯公司通过转账形式向案外人李某杰转让50.008万元,用途为还款。

柳某伟认为,其作为摩比斯公司的法定代表人、执行董事及总经理,该笔转账属于职务行为。即使付款业务单上显示的收款人为李某杰存在不当得利的情形,也应当由摩比斯公司向李某杰进行追偿。

故摩比斯公司向一审法院提起诉讼。

诉讼过程

因催要出资未果,摩比斯公司以股东出资纠纷诉柳某伟至北京市顺义区人民法院,请求判令:(1)柳某伟向摩比斯公司返还抽逃的出资50万元;(2)柳某伟向摩比斯公司赔偿占用抽逃出资50万元的利息损失(自2012年3月20日起,中国人民银行同期贷款利率计算至返还之日止);(3)诉讼费由柳某伟承担。北京市顺义区人民法院对原告要求返还出资款的诉讼请求判决予以支持,其余诉讼请求予以驳回。后柳某伟向北京市第三中级人民法院提出上诉未获支持。

裁判结果

一审法院判决:

(1)被告柳某伟向原告摩比斯公司返还出资款50万元,并赔偿损失,均于本判决生效之日起7日内执行;

(2)驳回原告摩比斯公司的其他诉讼请求。

二审法院判决:驳回上诉,维持原判。

主要争点

柳某伟上诉称:一审法院认定事实错误。柳某伟已于2012年3月1日通过转账形式向摩比斯公司汇款50万元,已经完成出资义务。2012年3月19日通过转账形式向案外人李某杰转账50.008万元,属于还款,即使案外人李某杰不应得到该笔资金亦与柳某伟无关,应由摩比斯公司向李某杰主张,一审法院认定柳某伟构成抽逃出资错误。

摩比斯公司辩称,同意一审判决,不同意柳某伟的上诉请求及理由。

综上所述,本案争议焦点为:柳某伟是否属于抽逃出资行为,应否向摩比斯公司返还出资50万元。

裁判说理

一审法院认为:根据《公司法》第35条规定,公司成立后,股东不得抽逃出资。同时,《公司法解释三》第12条规定,公司成立后,公司、股东或者公司债权人以相关股东的行为符合下列情形之一且损害公司权益为由,请求认定该股东抽逃出资的,人民法院应予支持:(1)制作虚假财务会计报表虚增利润进行分配;(2)通过虚构债权债务关系将其出资转出;(3)利用关联交易将出资转出;(4)其他未经法定程序将出资抽回的行为。

本案中,2012年3月2日至2015年12月3日,摩比斯公司为一人有限责任公司,股东、法定代表人等均为柳某伟。在摩比斯公司成立、柳某伟出资仅仅数十天后,便以还款的形式向案外人李某杰支付50.008万元,柳某伟亦没有证据证明其转账的合理性,综上所述,一审法院认定50.008万元为抽逃出资,现摩比斯公司要求柳某伟返还抽逃出资并赔偿损失的诉讼请求,于法有据,一审法院予以支持。因柳某伟工商登记的实缴出资为50万元,且本案为股东出资纠纷,故对于超出上述出资的部分,摩比斯公司应另行诉讼解决。虽然柳某伟对2015年12月3日的股东会决议有异议,但刘某现为摩比斯公司工商登记的法定代表人,且公司向出资人追究抽逃出资责任维护的是公司的合法利益,该责任不应以该公司是否为一人有限责任公司而免除。同时,摩比斯公司向柳某伟主张抽逃出资责任抑或向案外人主张不当得利责任系其权利。故柳某伟的答辩意见没有法律依据,一审法院不予采纳。

二审法院认为,当事人对自己提出的诉讼请求所依据的事实或者反驳对方诉讼请求所依据的事实,应当提供证据加以证明,但法律另有规定的除外。在作出判决前,当事人未能提供证据或者证据不足以证明其事实主张的,由负有举证证明责任的当事人承担不利的后果。

结合双方诉辩意见,柳某伟上诉称不应返还出资,具体理由有二:(1)柳某伟不存在抽逃出资行为;(2)柳某伟曾以个人财产代摩比斯公司付款,应视为对摩比斯公司的出资。对此法院分别分析如下:首先,关于柳某伟是否存在抽逃出资行为,法院认为柳某伟在向摩比斯公司出资后短时间内将出资款转出,柳某伟在一审中称该转账行为是还款,二审中又变更陈述为支付货款,但未提交借条或合同、送货单等相应证据佐证其转出出资款的合理性,故对其该项主张本院不予采信;其次,柳某伟称其从摩比斯公司账户向案外人李某杰转出款项同期,公司账户有存款100余万元,柳某伟转出的款项并非其出资款,经查,柳某伟该主张缺乏事实依据,故对其该项主张法院不予采信。综上所述,柳某伟构成抽逃出资。

关于柳某伟所称其代摩比斯公司向案外人付款应视为对摩比斯公司的出资,法院认为,首先,现有证据并不足以证明柳某伟向案外人付款实际发生,亦不足以证明其与案外人之间的款项往来与摩比斯公司有关;其次,柳某伟称将对案外人的付款视为对摩比斯公司的出资亦无法律依据。综上所述,对柳某伟的上述主张法院不予采信。

专业点评

股东出资以后,出资就转变为公司财产,股东不能任意撤回出资,而只能通过转让股权或请求公司回购股份的方式收回自己的出资。如果股东将出资撤回,就属于侵犯公司的财产的行为,公司有权要求股东返还出资,并且公司要求抽逃出资的股东返还出资不受诉讼时效的限制。实践中,很多股东在公司成立后会通过各种方式抽逃出资,这种行为大大增加了公司债权人债权实现的风险,同时,股东抽逃出资后仍然保有其股份和股权,也会严重影响公司的正常运营,直接侵害公司本身及其他无过错股东的合法权益。

本案中,柳某伟在公司成立并且出资仅仅十几天后,便以还款的形式向案外人李某杰支付50.008万元,因此引起公司怀疑产生诉讼。诉至法院后,本案争议焦点主要围绕该“还款”是否合理展开,而最终作出裁判的理由在于柳某伟当时作为公司的唯一股东和法定代表人,具有更为优势的举证能力,但其并未提交证据证明其转账的合理性,故认定柳某伟属于抽逃出资。由此可见,股东对于自身的出资承担证明责任。是否足额出资、出资款项是否合理使用,在民事诉讼中均为股东在遭受合理质疑时应当证明的事项。

在举证责任明确的情形下,对于公司股东而言,对于自身出资的转入、转出,均需要保留相关凭证,包括合同、协议、文件、出资转账记录、股东名册、验资报告等，用以证明出资的合法足额，或资金使用的合规。由于《公司法解释三》第12条除列举了抽逃出资的具体表现形式之外还规定了"其他情形"的兜底条款，因此在公司成立后，股东将出资款转入公司账户验资后无合理原因转出，是为损害公司利益，将被认定股东抽逃出资。同样地，对于权利受到侵害的当事人，在对抗公司股东时，可要求提供出资期间的各项凭证，并要求其说明有关情况。如其不能提供凭证又无法合理解释的，即可以此作为"合理怀疑"的相关证据。

法条链接

1.《公司法》(2018年)

第二十八条　股东应当按期足额缴纳公司章程中规定的各自所认缴的出资额。股东以货币出资的，应当将货币出资足额存入有限责任公司在银行开设的账户；以非货币财产出资的，应当依法办理其财产权的转移手续。

股东不按照前款规定缴纳出资的，除应当向公司足额缴纳外，还应当向已按期足额缴纳出资的股东承担违约责任。

第三十五条　公司成立后，股东不得抽逃出资。

2.《公司法解释三》(2014年)①

第十二条　公司成立后，公司、股东或者公司债权人以相关股东的行为符合下列情形之一且损害公司权益为由，请求认定该股东抽逃出资的，人民法院应予支持：

(一)制作虚假财务会计报表虚增利润进行分配；

(二)通过虚构债权债务关系将其出资转出；

(三)利用关联交易将出资转出；

(四)其他未经法定程序将出资抽回的行为。

第十三条　股东未履行或者未全面履行出资义务，公司或者其他股东请求其向公司依法全面履行出资义务的，人民法院应予支持。

公司债权人请求未履行或者未全面履行出资义务的股东在未出资本息范围内对公司债务不能清偿的部分承担补充赔偿责任的，人民法院应予支持；未履行或者

① 现已修改为《公司法解释三》(2020年)第12条、第13条、第19条。

未全面履行出资义务的股东已经承担上述责任，其他债权人提出相同请求的，人民法院不予支持。

股东在公司设立时未履行或者未全面履行出资义务，依照本条第一款或者第二款提起诉讼的原告，请求公司的发起人与被告股东承担连带责任的，人民法院应予支持；公司的发起人承担责任后，可以向被告股东追偿。

股东在公司增资时未履行或者未全面履行出资义务，依照本条第一款或者第二款提起诉讼的原告，请求未尽公司法第一百四十七条第一款规定的义务而使出资未缴足的董事、高级管理人员承担相应责任的，人民法院应予支持；董事、高级管理人员承担责任后，可以向被告股东追偿。

第十九条　公司股东未履行或者未全面履行出资义务或者抽逃出资，公司或者其他股东请求其向公司全面履行出资义务或者返还出资，被告股东以诉讼时效为由进行抗辩的，人民法院不予支持。

公司债权人的债权未过诉讼时效期间，其依照本规定第十三条第二款、第十四条第二款的规定请求未履行或者未全面履行出资义务或者抽逃出资的股东承担赔偿责任，被告股东以出资义务或者返还出资义务超过诉讼时效期间为由进行抗辩的，人民法院不予支持。

二、股权转让时认缴期限未届至的，原股东不再承担认缴出资的补充赔偿责任

案件名称

曾某诉甘肃华慧能公司、冯某、冯某坤股权转让合同纠纷案①

案号

一审：(2017)甘民初155号；二审：(2019)最高法民终230号

裁判要旨

股东出资不实或者抽逃资金等瑕疵出资情形不影响股权的设立和享有。目标公司股权已经实际变更，股权受让人虽以终止合同提出抗辩，但并不符合法定合同解除条件，其依据股权转让之外的法律关系拒付股权转让价款缺乏法律依据。股东

① 参见最高人民法院第六巡回法庭2019年度参考案例之十七。

转让股权时所认缴股权的出资期限尚未届满，不构成《公司法解释三》第 13 条第 2 款、第 18 条规定的"未履行或者未全面履行出资义务即转让股权"的情形，不应对公司的债务承担责任。

案情简介

上诉人（一审原告）：曾某

被上诉人（一审被告）：甘肃华慧能公司

被上诉人（一审被告）：冯某

被上诉人（一审被告）：冯某坤

2015 年 10 月 27 日，曾某与甘肃华慧能公司签订《股权转让协议》，约定曾某将其持有的深圳华慧能公司 70% 股权以 3500 万元的价格转让给甘肃华慧能公司，甘肃华慧能公司支付曾某股权转让款 2300 万元，并约定协议生效后 1 个工作日内，甘肃华慧能公司委托中介机构对合营公司进行实地财务尽职调查。若《财务尽职调查报告》显示公司资产负债、内部控制、经营管理等的真实状况与曾某事前所介绍的相差在合理范围以内，本协议继续履行。否则，甘肃华慧能公司有权单方面终止本协议。

协议签订后，甘肃华慧能公司支付了 1200 万元转让款，2015 年 12 月 2 日，曾某将持有的深圳华慧能公司 70% 的股权变更登记到甘肃华慧能公司名下。

2015 年 10 月 31 日，深圳正理会计师事务所作出的《财务尽职调查报告》显示，深圳华慧能公司注册资本 5000 万元，实收资本 1601 万元。

甘肃华慧能公司原股东冯某、冯某坤分别于 2017 年 1 月 19 日、2017 年 4 月 26 日受让公司股权后，又分别于 2017 年 12 月 12 日、2018 年 11 月 6 日将二人持有的甘肃华慧能公司股权变更登记在张某涛、魏某涛名下。冯某、冯某坤认缴出资额分别为 3000 万元、2000 万元，其中冯某坤实缴出资额为 0 元，二人认缴出资期限均为 2025 年 12 月 31 日。

甘肃华慧能公司以曾某向深圳华慧能公司出资不实为由，拒付剩余转让款。曾某遂起诉。

诉讼过程

因催要股权转让款未果，曾某诉甘肃华慧能公司、冯某、冯某坤至甘肃省高级人民法院，请求甘肃华慧能公司支付股权转让款 2300 万元及逾期支付违约金；冯某、冯某坤对上述债务承担补充赔偿责任。但未获支持，后向最高人民法院提起上诉。

裁判结果

一审法院判决：驳回曾某的诉讼请求。

二审法院判决：(1)撤销甘肃省高级人民法院(2017)甘民初155号民事判决；(2)甘肃华慧能公司于本判决生效之日起10日内向曾某支付股权转让款2300万元及逾期支付股权转让款利息；(3)驳回曾某的其他诉讼请求。

主要争点

曾某上诉认为，一审法院认定"由于深圳华慧能公司出资存在重大瑕疵，且曾某不能证明在股权转让协议签订前甘肃华慧能公司明知其出资不实仍然愿意受让股权"系认定事实及适用法律错误。(1)深圳华慧能公司注册资本从1000万元增资到5000万元，系原公司股东深圳市龙泰贸易有限公司垫资4000万元。对于该情况，在转让股权之前曾某曾向甘肃华慧能公司告知，而且其也认可。(2)股份转让之前，曾某已经如实向甘肃华慧能公司告知了公司的注册资本情况，且对方在双方的《审计报告》《财务尽职调查报告》作出后及双方在履行协议期间均未对注册资本提出异议，亦未终止合同。(3)本案中，甘肃华慧能公司曾对曾某出资问题提起反诉，一审裁定不予受理，甘肃华慧能公司上诉后被最高人民法院裁定驳回。一审法院合并审理，有违最高人民法院裁定，系适用法律不当。综上所述，曾某向法院提起上诉，请求：(1)撤销一审法院(2017)甘民初155号民事判决书，判令甘肃华慧能公司立即向曾某支付股权转让款人民币2300万元及逾期支付违约金(从2015年12月1日起至清偿之日止，按银行同期贷款利率计算)；(2)冯某、冯某坤对上述债务承担补偿赔偿责任；(3)本案一审、二审诉讼费由甘肃华慧能公司、冯某、冯某坤承担。

甘肃华慧能公司辩称，曾某出资不实，违反《股权转让协议》约定，损害了甘肃华慧能公司和债权人的利益，甘肃华慧能公司止付股权转让款有合同基础及法律依据。《财务尽职调查报告》作出后甘肃华慧能公司之所以继续履行合同，是因曾某仍有部分出资。作为受让人，为继续运营公司才配合对方变更股权。鉴于曾某仍然出资不到位，为防范风险，甘肃华慧能公司根据《股权转让协议》的约定对后续股权进行止付。

冯某、冯某坤共同辩称，其二人并非《股权转让协议》当事人，且甘肃华慧能公司股东和法定代表人已变更，曾某请求其二人承担责任没有依据。

综上所述，本案争议焦点为：(1)甘肃华慧能公司应否支付剩余股权转让款及逾期支付违约金；(2)冯某、冯某坤应否对上述款项承担补充赔偿责任。

裁判说理

最高人民法院认为，依据《股权转让协议》约定，在《财务尽职调查报告》作出后，甘肃华慧能公司若认定目标公司资产不实、股东瑕疵出资，可通过终止合同来保护自己的权利。但甘肃华慧能公司并未实际行使该项合同权利，其在《财务尽职调查报告》作出后，明知目标公司实收资本与注册资本不符，仍选择继续支付股权转让款，应视为对其合同权利的处分。甘肃华慧能公司虽然认为在曾某出资不实的情况下，其有权选择何时终止合同，拒付剩余股权转让款即是其以实际行动终止合同，但鉴于本案目标公司股权已经实际变更，甘肃华慧能公司虽然以终止合同提出抗辩，但并不符合法定合同解除条件。曾某已依约将所持目标公司70%的股权变更登记在甘肃华慧能公司名下，履行了股权转让的合同义务，甘肃华慧能公司通过股权受让已取得目标公司股东资格，曾某的瑕疵出资并未影响甘肃华慧能公司股东权利的行使。此外，股权转让关系与瑕疵出资股东补缴出资义务分属不同法律关系。甘肃华慧能公司以股权转让之外的法律关系为由而拒付股权转让价款缺乏法律依据。对于甘肃华慧能公司因受让瑕疵出资股权而可能承担的相应责任，其可另寻法律途径解决。

股东享有出资的“期限利益”，公司债权人在与公司进行交易时有机会在审查公司股东出资时间等信用信息的基础上综合考察是否与公司进行交易，债权人决定交易即应受股东出资时间的约束。冯某、冯某坤二人转让全部股权时，所认缴股权的出资期限尚未届满，不构成《公司法解释三》第13条第2款、第18条规定的“未履行或者未全面履行出资义务即转让股权”的情形，曾某主张冯某、冯某坤二人在未出资本息范围内对甘肃华慧能公司债务不能清偿的部分承担补充赔偿责任缺乏法律依据，不应予以支持。

专业点评

注册资本认缴制下，认缴但未实缴的股东转让股权后，是否应对公司承担出资责任，以及是否应对公司不能清偿的债务承担补充赔偿责任？对于这个问题，应区分原股东的出资期限是否届满来区别对待。如果出资期限届满,未出资到位,股东违反了出资义务,当然要对公司承担出资责任,在公司财产不足以偿债的情况下,原股东要在未出资本息范围内,对债权人承担补充赔偿责任;如果原股东出资期限未届满,而转让股权的,原股东因依法享有"期限利益",并未违反出资义务,对公司不承担出资责任,相应地,对债权人也不承担补充赔偿责任。也就是说,出资期限未届满的股东,对公司的出资义务尚未到期,股权转让后,原股东不再具有股东资格,其基于股东资格而享有的权利义务一并转让给受让股权的新股东,如果公司财产不足以偿债的,债权人只能要求新股东在未出资本息范围内承担相应的补充赔偿责任。

法条链接

1.《公司法》(2013 年)①

第二十八条　股东应当按期足额缴纳公司章程中规定的各自所认缴的出资额。股东以货币出资的,应当将货币出资足额存入有限责任公司在银行开设的账户;以非货币财产出资的,应当依法办理其财产权的转移手续。

股东不按照前款规定缴纳出资的,除应当向公司足额缴纳外,还应当向已按期足额缴纳出资的股东承担违约责任。

2.《公司法解释三》(2014 年)②

第十三条　股东未履行或者未全面履行出资义务,公司或者其他股东请求其向公司依法全面履行出资义务的,人民法院应予支持。

公司债权人请求未履行或者未全面履行出资义务的股东在未出资本息范围内对公司债务不能清偿的部分承担补充赔偿责任的,人民法院应予支持;未履行或者未全面履行出资义务的股东已经承担上述责任,其他债权人提出相同请求的,人民法院不予支持。

股东在公司设立时未履行或者未全面履行出资义务,依照本条第一款或者第二款提起诉讼的原告,请求公司的发起人与被告股东承担连带责任的,人民法院应予

---

① 现已修改为《公司法》(2018 年)第 28 条。

② 现已修改为《公司法解释三》(2020 年)第 13 条、第 18 条。

支持;公司的发起人承担责任后,可以向被告股东追偿。

股东在公司增资时未履行或者未全面履行出资义务,依照本条第一款或者第二款提起诉讼的原告,请求未尽公司法第一百四十七条第一款规定的义务而使出资未缴足的董事、高级管理人员承担相应责任的,人民法院应予支持;董事、高级管理人员承担责任后,可以向被告股东追偿。

第十八条　有限责任公司的股东未履行或者未全面履行出资义务即转让股权,受让人对此知道或者应当知道,公司请求该股东履行出资义务、受让人对此承担连带责任的,人民法院应予支持;公司债权人依照本规定第十三条第二款向该股东提起诉讼,同时请求前述受让人对此承担连带责任的,人民法院应予支持。

受让人根据前款规定承担责任后,向该未履行或者未全面履行出资义务的股东追偿的,人民法院应予支持。但是,当事人另有约定的除外。

三、以违法犯罪所得的货币出资并不当然影响其出资行为效力

案件名称

姜某某与李某某、马某某股权转让纠纷再审案

案号

二审:(2014)苏商外终字第11号;再审:(2014)民申字第1705号

裁判要旨

以贪污、受贿、侵占、挪用等违法犯罪所得的货币出资后取得股权的,对违法犯罪行为予以追究、处罚时,应当采取拍卖或者变卖的方式处置其股权。

案情简介

再审申请人(一审被告、二审上诉人):姜某某

被申请人(一审原告、二审被上诉人):李某某

一审被告:马某某

第三人:新世纪公司

姜某某申请再审称:(1)原判决认定的基本事实缺乏证据证明。李某某挪用江

苏省宝应县中医院的资金150万元至其本人担任董事长的扬州中艺嘉年华冰雪有限公司，并将其中100万元汇入江苏省宝应县卫生局投资专用账户，作为新世纪公司对江苏省宝应县中医院的出资款。该事实在江苏省宝应县人民检察院宝检诉刑不诉(2009)2号不起诉决定书中已予以确认。二审判决未从权源上查清李某某个人出资的真实性，进而错误认定其具有新世纪公司的股东资格。(2)原判决适用法律错误。根据《公司法》第27条以及最高人民法院《公司法解释三》第7条第2款的规定，非法财产不得作为出资，以贪污、受贿、侵占、挪用等违法犯罪所得的货币出资后取得股权的，对违法犯罪行为予以追究、处罚时，应当采取拍卖或者变卖的方式处置其股权。二审判决认为只有当事人被刑事处罚时才引起股权无效的理解，混淆了犯罪构成和刑罚的概念，属于适用法律错误。本案李某某以非法挪用所得的款项出资，其出资不具有合法性，故自始不具有合法的股东资格，即使对其违法犯罪行为不予处罚，也应该认定其所取得的股权无效。故依据《民事诉讼法》第200条第2项、第6项的规定申请再审本案。

诉讼过程

因优先购买权认定产生纠纷，李某某以股权转让纠纷诉姜某某、马某某至江苏省扬州市中级人民法院，请求判令确认姜某某、马某某转让新世纪公司股权的行为无效。江苏省扬州市中级人民法院支持其诉讼请求。后姜某某不服一审判决，上诉至最高人民法院，被判决驳回上诉。姜某某又向最高人民法院申请再审，被裁定驳回再审申请。

裁判结果

一审判决：(1)认定马某其、姜某松2009年8月25日签订的股权转让协议无效；(2)驳回李某柱的其他诉讼请求。

二审判决：驳回上诉，维持原判决。

再审裁定：驳回姜某某的再审申请。

主要争点

股东以违法犯罪所得的资金出资是否导致出资无效？是否影响初始股东资格的取得？

裁判说理

再审法院认为,二审判决确认了江苏省宝应县人民检察院宝检诉刑不诉(2009)2号不起诉决定书的真实性,根据该决定书认定的事实,李某某系以非法挪用的资金进行出资,故该争议事实已经查明,姜某某认为原判决基本事实缺乏证据证明的申请再审理由不能成立。关于以违法犯罪所得的资金出资是否导致出资无效的问题,由于货币是种类物,货币占有人推定为货币所有人,因此货币出资投入公司后,公司作为善意相对人即对该笔货币出资享有所有权,出资相应转化为公司的独立财产,故出资资金来源非法并不影响出资行为的有效性,亦不影响出资人据此取得的初始股东资格。对于以违法犯罪所得的资金进行出资的行为,司法机关应当追究、处罚该违法犯罪行为,并有权以拍卖或者变卖的方式处置股权,即追缴出资人已经取得的股权,剥夺其股东资格。本案中,根据江苏省宝应县人民检察院不起诉决定书认定的事实和处理结果,因李某某具有犯罪情节轻微、案发后已退还全部赃款等情节,决定对李某某不起诉,故司法机关最终并未对李某某利用涉案资金取得的股权予以处置及追缴。因此,李某某仍然具有合法的股东资格,并基于股东身份而享有股东优先购买权。姜某某关于李某某因股东资格无效而不享有优先购买权的申请再审理由不能成立,本院不予支持。

专业点评

《公司法解释三》第7条第2款规定:“以贪污、受贿、侵占、挪用等违法犯罪所得的货币出资后取得股权的,对违法犯罪行为予以追究、处罚时,应当采取拍卖或者变卖的方式处置其股权。”

关于以违法犯罪所得的资金出资是否导致出资无效的问题,无论是上述裁判观点,还是最高人民法院的裁判文书,均认为出资行为有效,出资人享有股东资格。主要理由为:货币是种类物,货币占有人推定为货币所有人,因此货币出资投入公司后,公司作为善意相对人即对该笔货币出资享有所有权,出资相应地转化为公司的独立财产,故出资资金来源非法并不影响出资行为的有效性,亦不影响出资人据此取得的初始股东资格,该股东也理应享有相应的股东权利。

为了保护企业的平稳运行,一般认为即使是盗窃、贪污等通过违法所得获得的资金或实物出资也同样能够取得股东资格，除非公司知道该出资系违法所得，即使该笔出资无法说明来源，其仍然可以在被剥夺股东资格前行使股东权利。如果仅因出资不合法而否认其股东资格，必然会牵连公司、其他股东、债权人等人的合法权益，因此出资来源违法不应成为影响出资行为有效性的原因。

法条链接

1.《公司法》(2013 年)①

第二十七条　股东可以用货币出资，也可以用实物、知识产权、土地使用权等可以用货币估价并可以依法转让的非货币财产作价出资；但是，法律、行政法规规定不得作为出资的财产除外。

对作为出资的非货币财产应当评估作价，核实财产，不得高估或者低估作价。法律、行政法规对评估作价有规定的，从其规定。

2.《公司法解释三》(2014 年)②

第七条　出资人以不享有处分权的财产出资，当事人之间对于出资行为效力产生争议的，人民法院可以参照民法典第三百一十一条的规定予以认定。

以贪污、受贿、侵占、挪用等违法犯罪所得的货币出资后取得股权的，对违法犯罪行为予以追究、处罚时，应当采取拍卖或者变卖的方式处置其股权。

3.《民事诉讼法》(2012 年)③

第二百条　当事人的申请符合下列情形之一的，人民法院应当再审：

(一)有新的证据，足以推翻原判决、裁定的；

(二)原判决、裁定认定的基本事实缺乏证据证明的；

(三)原判决、裁定认定事实的主要证据是伪造的；

(四)原判决、裁定认定事实的主要证据未经质证的；

(五)对审理案件需要的主要证据，当事人因客观原因不能自行收集，书面申请人民法院调查收集，人民法院未调查收集的；

---

① 现已修改为《公司法》(2018 年)第 27 条。

② 现已修改为《公司法解释三》(2020 年)第 7 条。

③ 现已修改为《民事诉讼法》(2021 年)第 207 条。

（六）原判决、裁定适用法律确有错误的；

（七）审判组织的组成不合法或者依法应当回避的审判人员没有回避的；

（八）无诉讼行为能力人未经法定代理人代为诉讼或者应当参加诉讼的当事人，因不能归责于本人或者其诉讼代理人的事由，未参加诉讼的；

（九）违反法律规定，剥夺当事人辩论权利的；

（十）未经传票传唤，缺席判决的；

（十一）原判决、裁定遗漏或者超出诉讼请求的；

（十二）据以作出原判决、裁定的法律文书被撤销或者变更的；

（十三）审判人员审理该案件时有贪污受贿，徇私舞弊，枉法裁判行为的。

四、法定代表人变动时，公司诉讼代表人应采用内外有别的方式确定

案件名称

大拇指公司诉环保科技公司股东出资纠纷案①

案号

一审：（2013）闽民初字第43号；二审：（2014）民四终字第20号

裁判要旨

法律规定对法定代表人变更事项进行登记，其意义在于向社会公示公司意志代表权的基本状态。工商登记的法定代表人对外具有公示效力，如果涉及公司及股东以外的第三人因公司代表权而产生的外部争议，应以工商登记为准。而对于公司与股东之间因法定代表人任免产生的内部争议，则应以有效的股东会任免决议为准，并在公司内部产生法定代表人变更的法律效果。

案情简介

上诉人（原审被告）：环保科技公司

被上诉人（原审原告）：大拇指公司

---

① 参见《最高人民法院公报》2014年第8期。

环保科技公司系于2001年在新加坡注册成立的公司,公司类别为有限股份上市公司。

2010年6月4日,新加坡高等法院发布法庭命令,应环保科技公司的申请,裁定环保科技公司进入司法管理程序,委任Seshadri和余某为环保科技公司的共同及个别司法管理人,主管公司的日常事务、业务及财产,以便对公司进行整顿或者保留其全部或部分业务以便公司可持续经营,及(或)取得比解散企业更有利的企业资产变现等。2011年1月20日,环保科技公司的司法管理人作出书面决议,将大拇指公司的法定代表人田某变更为何某,将董事田某、潘某、陈某变更为Seshadri、余某、何某。

2012年3月1日,新加坡高等法院作出法庭命令,根据环保科技公司的司法管理人Seshadri和余某的申请,裁定将2010年6月4日作出的司法管理命令延期至2012年5月2日,批准Seshadri和余某辞任环保科技公司的司法管理人之职,并委任Hamish自本命令之日起担任环保科技公司的司法管理人,其中包含了继续进行由前司法管理人在原诉传票中提起的任何诉讼或法律程序等。Hamish于2012年3月19日签署授权委托书,委托丹某原、邓某琼律师作为环保科技公司的委托代理人参加本案一审、二审、执行等所有程序。2012年3月30日,环保科技公司的司法管理人再次作出书面决议和任免书,免去何某大拇指公司董事长及法定代表人职务,委派保某为大拇指公司董事长和法定代表人,免去Seshadri、余某、何某三人的大拇指公司董事职务,委派保某、徐某、宋某三人为大拇指公司董事,任期均为3年。

2013年1月11日,新加坡高等法院作出ORC 336/2013清盘令,任命Hamish等三人为环保科技公司的共同及个别清盘人。

大拇指公司系于2004年经福建省人民政府商外资字[2004]0009号文件批准的外国法人独资的有限责任公司。自2005年9月起至今,该公司股东为环保科技公司。2012年12月18日,大拇指公司的法定代表人变更登记为洪某。

2008年6月30日,福建省对外贸易经济合作厅作出闽外经贸资[2008]251号批复,同意大拇指公司投资总额由2.3亿元增至5亿元,注册资本由1.3亿元增至3.8亿元,增资部分应按公司修订章程规定的期限到资,并核准了大拇指公司就上述变更事项签订的补充章程。补充章程就增资款及缴纳时间载明:增资部分全部由环保科技公司以等值外汇现金投入,首期缴付不低于20%的新增注册资本,余额在变更营业执照签发之日起两年内缴清。

2008年、2009年环保科技公司向大拇指公司缴纳了两次增资款,至此,大拇指公司实收注册资本为185,221,300元。2010年8月18日,大拇指公司向福建省福州市中级人民法院提起另案诉讼,请求判令环保科技公司先行支付增资款4900万元。福建省福州市中级人民法院判决支持了大拇指公司的诉讼请求,环保科技公司不服提起上诉。福建省高级人民法院于2011年8月31日作出民事判决,驳回上诉,维持原判。环保科技公司于2011年10月31日按照生效判决支付了增资款4900余万元。大拇指公司于2012年3月12日办理了营业执照变更登记。变更后,大拇指公司的注册资本为3.8亿元,实收资本234,616,431.4元。至2013年7月25日,环保科技公司对大拇指公司尚有145,383,568.6元的出资款未到位。

诉讼过程

2012年4月27日,因环保科技公司出资仍未到位,大拇指公司以公司股东出资纠纷诉环保科技公司至福建省高级人民法院,请求判令环保科技公司履行股东出资义务,缴付增资4500万元。福建省高级人民法院一审判决被告环保科技公司败诉,环保科技公司不服一审判决向最高人民法院提出上诉,最高人民法院撤销原判,驳回大拇指环保科技集团(福建)有限公司的起诉。

裁判结果

一审判决:环保科技公司应于判决生效之日起10日内向大拇指公司缴纳出资款4500万元。

二审判决:(1)撤销福建省高级人民法院(2013)闽民初字第43号民事判决;(2)驳回大拇指公司的起诉。

主要争点

工商登记的法定代表人与股东任命的法定代表人谁能代表大拇指公司的意志。

裁判说理

一审法院认为,本案是股东出资纠纷,环保科技公司是在新加坡注册成立的外国法人,故本案为涉外民商事案件。本案纠纷发生地在福州市,根据最高人民法院《关于涉外民商事案件诉讼管辖若干问题的规定》第1条第5项、第3条第1项的规定及福建省高级人民法院《关于全省法院涉外民商事案件诉讼管辖若干问题的规定》,该院对本案有管辖权。关于本案的法律适用,主要涉及两个方面:一是环保科技公司的民事权利能力及民事行为能力事项,环保科技公司系在新加坡登记的法人，根据《涉外民事关系法律适用法》第 14 条第 1 款“法人及其分支机构的民事权利能力、民事行为能力、组织机构、股东权利义务等事项，适用登记地法律”的规定，应适用新加坡法律；二是大拇指公司系在中国注册的外商独资企业，属于中国法人，环保科技公司作为大拇指公司的唯一股东，对大拇指公司行使包含出资在内的相关权利义务应适用中国法律。

关于本案的出资责任问题，环保科技公司系新加坡法人，在中国境内设立外商独资企业大拇指公司，其作为股东对大拇指公司的出资应适用中国法律。大拇指公司于 2008 年经报外商投资企业审批机关福建省对外贸易经济合作厅批准增资，增资的程序合法有效，环保科技公司应遵守中国法律按时、足额履行对大拇指公司的出资义务。根据查明的事实，环保科技公司对大拇指公司尚有 145，383，568.6 元的出资款未到位。环保科技公司未履行股东足额缴纳出资的法定义务，侵害了大拇指公司的法人财产权，大拇指公司有权要求环保科技公司履行出资义务，补足出资。就环保科技公司出资不足金额，大拇指公司在本案中仅主张环保科技公司缴纳 4500 万元，并不违反法律规定，应予支持。

二审法院认为，本案为涉外股东出资纠纷。根据《涉外民事关系法律适用法》第 14 条第 1 款“法人及其分支机构的民事权利能力、民事行为能力、组织机构、股东权利义务等事项，适用登记地法律”的规定，环保科技公司的司法管理人和清盘人的民事权利能力及民事行为能力等事项，应当适用环保科技公司的登记地即新加坡法律；大拇指公司提起本案诉讼的意思表示是否真实以及股东出资义务等事项，应当适用中国法律。

根据本案双方当事人的上诉及答辩意见并经双方当事人共同确认，本案二审审理的争议焦点为：（1）双方当事人的诉讼代表权以及代理人的代理资格是否有效；（2）大拇指公司提起本案诉讼的意思表示是否真实，即工商登记的法定代表人与股东任命的法定代表人谁能代表大拇指公司的意志；（3）环保科技公司是否应当履行出资义务。

第一，关于本案双方当事人的诉讼代表权以及代理人的代理资格是否有效的问题。

《民事诉讼法》第 48 条第 2 款规定，“法人由其法定代表人进行诉讼。其他组织由其主要负责人进行诉讼”。环保科技公司系新加坡法人，其已经按照新加坡法律先后进入司法管理以及清盘程序，环保科技公司的司法管理人以及清盘人是否有权代表公司参加本案诉讼，应当按照新加坡法律的有关规定进行认定。根据新加坡《公司法》227G（2）以及 272（2）（a）的规定，环保科技公司的司法管理人以及清盘人均有权代表公司进行相关诉讼,亦有权委托代理人参加诉讼。因此,大拇指公司就环保科技公司诉讼代表权及其代理人资格提出的异议不能成立。

大拇指公司系中国法人,其提供了我国原工商行政管理机关登记的法定代表人的身份证明,并提供了加盖大拇指公司公章的授权委托书,符合中国民事诉讼法的有关规定,大拇指公司的代理人有权参加本案诉讼。环保科技公司就大拇指公司的代理人资格提出的异议亦不能成立。

第二,关于大拇指公司提起本案诉讼的意思表示是否真实的问题。

大拇指公司是环保科技公司在中国境内设立的外商独资企业,按照《公司法》和《外资企业法》及《外资企业法实施细则》的有关规定,大拇指公司属于一人公司,其内部组织机构包括董事和法定代表人的任免权均由其唯一股东环保科技公司享有。环保科技公司进入司法管理程序后,司法管理人作出变更大拇指公司董事及法定代表人的任免决议。根据新加坡《公司法》227G 的相关规定,在司法管理期间,公司董事基于公司法及公司章程而获得的权力及职责均由司法管理人行使及履行。因此,本案中应当对环保科技公司的司法管理人作出的上述决议予以认可。根据《公司法》第 47 条第 2 项的规定,公司董事会作为股东会的执行机关,有义务执行股东会或公司唯一股东的决议。大拇指公司董事会应当根据其唯一股东环保科技公司的决议,办理董事及法定代表人的变更登记。由于大拇指公司董事会未执行股东决议,造成了工商登记的法定代表人与股东任命的法定代表人不一致的情形,进而引发了争议。

《公司法》第 13 条规定,公司法定代表人变更应当办理变更登记。法院认为,法律规定对法定代表人变更事项进行登记,其意义在于向社会公示公司意志代表权的基本状态。工商登记的法定代表人对外具有公示效力,如果涉及公司以外的第三人因公司代表权而产生的外部争议,应以工商登记为准。而对于公司与股东之间因法定代表人任免产生的内部争议,则应以有效的股东会任免决议为准,并在公司内部产生法定代表人变更的法律效果。因此,环保科技公司作为大拇指公司的唯一股东,其作出的任命大拇指公司法定代表人的决议对大拇指公司具有拘束力。

本案起诉时,环保科技公司已经对大拇指公司的法定代表人进行了更换,其新任命的大拇指公司法定代表人明确表示反对大拇指公司提起本案诉讼。因此,本案起诉不能代表大拇指公司的真实意思,应予驳回。环保科技公司关于本案诉讼的提起并非大拇指公司真实意思的上诉理由成立。

第三,环保科技公司是否应当履行出资义务。

鉴于大拇指公司的起诉应予驳回,对于保某代表大拇指公司申请撤诉是否应予准许、本案是否违反“一事不再理”原则以及环保科技公司是否应当履行出资义务等问题，均无须再行审理。

专业点评

本案除区分公司内部争议和公司外部争议的裁判规则确认外，在诉讼主体的确定上亦具有指导意义。由于公司诉讼代表权的归属、真实法定代表人的认定都需要经过实体审查，而在立案时却无从得知真实情况，因此导致实践中，对此类案件程序处理上的操作差异较大。在本案中，最高人民法院采取的方式是以工商登记为准认定诉讼代表人，是对工商登记对外效力的肯定。对于意图提起此类纠纷的当事人而言，可以此说明身份适格或辩驳身份不适格。此外，在此整体归纳公司纠纷中适格当事人的认定规则：(1)应当区分公司内部争议和公司外部争议，在外部争议方面，为了不让公司复杂的内部结构影响到公司的对外交往，立法机关往往运用法定代表人这一制度，以工商登记予以对外公示和明确的方式认定适格当事人，而内部纠纷中，公司的法定代表人是代表公司意志的机关之一，在法人内部与其他机构发生系统联系，往往最终依据公司决议进行判定。(2)内部纠纷充分尊重公司的意思自治，公司作为私法人，意思自治几乎贯穿其全过程，其权利属于私权利，法律一般尊重公司的自治权进行适格当事人认定。(3)外部纠纷，对当事人的诉讼代表权、代理人代理资格的审查，以及裁判文书列明的法定代表人，均应以工商登记为准。由于在立案时确无从得知公司的真实情况，公司诉讼代表权的归属、真实法定代表人的认定又需要经过实体审查，因此以工商登记等为依据认定诉讼代表人更为合理。

法条链接

1.《公司法》(2013 年)①

第十三条　公司法定代表人依照公司章程的规定,由董事长、执行董事或者经理担任,并依法登记。公司法定代表人变更,应当办理变更登记。

第二十八条第一款　股东应当按期足额缴纳公司章程中规定的各自所认缴的出资额。股东以货币出资的,应当将货币出资足额存入有限责任公司在银行开设的账户;以非货币财产出资的,应当依法办理其财产权的转移手续。

第四十七条　董事会会议由董事长召集和主持;董事长不能履行职务或者不履行职务的,由副董事长召集和主持;副董事长不能履行职务或者不履行职务的,由半数以上董事共同推举一名董事召集和主持。

第一百七十九条第一款　公司合并或者分立,登记事项发生变更的,应当依法向公司登记机关办理变更登记;公司解散的,应当依法办理公司注销登记;设立新公司的,应当依法办理公司设立登记。

2.《涉外民事关系法律适用法》

第十四条第一款　法人及其分支机构的民事权利能力、民事行为能力、组织机构、股东权利义务等事项,适用登记地法律。

3.《外资企业法》(2000 年)②

第四条第二款　外资企业必须遵守中国的法律、法规,不得损害中国的社会公共利益。

4.《公司法解释三》(2014 年)③

第十三条第一款　股东未履行或者未全面履行出资义务,公司或者其他股东请求其向公司依法全面履行出资义务的,人民法院应予支持。

5.《外资企业法实施细则》(2014 年)(已失效)④

第二十二条　外资企业注册资本的增加、转让,须经审批机关批准,并向工商行政管理机关办理变更登记手续。

6. 最高人民法院《关于涉外民商事案件诉讼管辖若干问题的规定》⑤

第一条　第一审涉外民商事案件由下列人民法院管辖:

---

①　现已修改为《公司法》(2018 年)第 13 条、第 28 条第 1 款、第 47 条、第 179 条第 1 款。

②　现已修改为《外资企业法》(2016 年)第 4 条。

③　现已修改为《公司法解释三》(2020 年)第 13 条第 1 款。

④　2020 年 1 月 1 日,《中华人民共和国外商投资法实施条例》施行后,《外资企业法实施细则》同时废止。

⑤　现已修改为最高人民法院《关于涉外民商事案件诉讼管辖若干问题的规定》(2020 年)第 1 条、第 3 条。

(一)国务院批准设立的经济技术开发区人民法院;
(二)省会、自治区首府、直辖市所在地的中级人民法院;
(三)经济特区、计划单列市中级人民法院;
(四)最高人民法院指定的其他中级人民法院;
(五)高级人民法院。
上述中级人民法院的区域管辖范围由所在地的高级人民法院确定。
第三条 本规定适用于下列案件:
(一)涉外合同和侵权纠纷案件;
(二)信用证纠纷案件;
(三)申请撤销、承认与强制执行国际仲裁裁决的案件;
(四)审查有关涉外民商事仲裁条款效力的案件;
(五)申请承认和强制执行外国法院民商事判决、裁定的案件。
7.《民事诉讼法》(2012年)①
第四十八条 公民、法人和其他组织可以作为民事诉讼的当事人。
法人由其法定代表人进行诉讼。其他组织由其主要负责人进行诉讼。

五、有限公司股东出资义务不因其股权转让而免除

案件名称

庆南公司诉谢某股东出资纠纷案②

案号

一审:(2016)陕0104民初5187号;二审:(2017)陕01民终383号;再审:(2017)陕民申591号

裁判要旨

有限责任公司股东负有向公司足额缴纳出资的法定义务。未全面履行出资义务即转让其股权的股东,应向公司承担补齐出资的民事责任,该责任不因其股权转

① 现已修改为《民事诉讼法》(2021年)第51条。
② 参见《人民司法(案例)》2017年第32期。

让行为而免除。在受让股东明知所受让的股权存在应当向公司承担的出资责任时，公司具有请求出让股东、受让股东承担连带出资责任的选择权。受让股东在受让股权时确实不知所受让的股权存在权利瑕疵，但未主张撤销、解除股权转让合同的，受让股东构成了对受让股权权利瑕疵的明知，应当向公司承担出资责任。

案情简介

再审申请人（一审被告、二审上诉人）：谢某

被申请人（一审原告、二审被上诉人）：庆南公司

2009 年 10 月 16 日，庆南公司登记成立，公司注册资本 100 万元。公司章程载明公司股东为谢某、贺某凯、邱某杰，其中，贺某凯认缴出资 33 万元，占股 33%；邱某杰认缴出资 34 万元，占股 34%；谢某认缴出资 33 万元，占股 33%。公司成立后，谢某实缴出资 3.5 万元。

2013 年 3 月 1 日，谢某与邱某杰签订股东转让出资协议，约定谢某将其持有的庆南公司 33% 股权中的 30% 股权计价 30 万元转让给邱某杰，订立协议后 3 日内支付转让款，并办理股权变更登记。签订协议后，谢某协助邱某杰办理了工商变更登记，但因邱某杰未履行支付义务，谢某向法院提起股权转让纠纷诉讼，请求法院判令邱某杰向其支付股权转让价款 30 万元。在该案中，法院判决邱某杰于判决生效后 10 日内向谢某支付 30 万元股权转让款。

诉讼过程

2016 年 7 月 20 日，因向谢某催讨股东出资未果，庆南公司以股东出资纠纷将谢某诉至陕西省西安市莲湖区人民法院，请求判令谢某补缴出资 29.5 万元，陕西省西安市莲湖区人民法院一审判决支持原告诉讼请求。后谢某不服，向陕西省西安市中级人民法院提起上诉。二审法院判决驳回上诉，维持原判。谢某又向陕西省高级人民法院申请再审，陕西省高级人民法院再审裁定驳回谢某的再审申请。

裁判结果

一审判决：谢某于本判决生效后 10 日内向庆南公司履行公司设立时的不足出资计人民币 29.5 万元。

二审判决：驳回上诉，维持原判。

再审裁定：驳回谢某的再审申请。

主要争点

庆南公司向一审法院起诉请求：依法判令谢某付清应缴纳的现金出资29.5万元，并承担本案诉讼费用。

上诉人谢某上诉请求：(1)撤销一审判决，驳回庆南公司的一审诉讼请求；(2)一审、二审诉讼费用由庆南公司承担。事实和理由：谢某与邱某杰签订的《股权转让出资协议》合法有效，谢某转让的是庆南公司30%的股权，而非转让出资。一审判决混淆了股权和出资的概念，一审判决认为股权转让的价格等于出资额没有事实依据。邱某杰作为庆南公司股东，实际控制人，对于谢某实际出资3.5万元的出资情况是明知的。一审判决认定谢某对已经转让的30%股权承担补缴出资义务没有依据。本案应当适用《公司法解释三》第18条的规定，而非第13条的规定，谢某已经转让的股权应当由邱某杰履行补缴出资义务。一审法院已经查明庆南公司的三位发起人股东均实际出资3.5万元，庆南公司只起诉谢某一人，有失公平，应当追加邱某杰为本案被告参加诉讼。验资报告中的100万元注册资金没有转入庆南公司账户，一审法院没有查明原因。庆南公司的三位发起人股东均实际出资3.5万元，但是一审法院只强调谢某实际出资3.5万元，对于另外两位股东的出资情况明知但不写入判决书中。

被上诉人庆南公司答辩称，谢某仅出资3.5万元，未履行全部出资义务。邱某杰作为股权受让人，即使明知受让股权存在瑕疵，也不能免除谢某补足出资义务，并且邱某杰也并非本案被告。谢某并未在《股权转让出资协议》中明确约定由邱某杰承担谢某的出资义务，所以出资义务应当由谢某承担。《公司法解释三》第18条是对股东出资瑕疵中一种特殊情况的补充，一审法院适用《公司法解释三》第13条并无不当。即使适用第18条也不能排除谢某补足出资的义务。在诉讼过程中，如果要追加被告，被告应当是必须共同进行诉讼的当事人，而邱某杰不是必要的共同诉讼人。庆南公司启动诉讼程序时列谁为被告是庆南公司的权利，如何向其他股东追索出资也是庆南公司自己的权利。一审法院诉讼程序合法。验资账户中的资金，在完成公司注册手续后，已经由垫资公司收回，该注册资金不是三股东的实际出资，所以没有转入庆南公司基本账户。庆南公司的诉请是要求谢某履行出资义务，一审法院也是围绕谢某是否应当履行出资义务进行审理。邱某杰不是本案被告，依据不告不理的原则，一审判决对其相关事实不予涉及，并无不当。请求二审法院驳回上诉，维持原判。

谢某申请再审要求：(1)请求撤销一审、二审民事判决，依法再审本案；(2)依法驳回被申请人一审的诉讼请求；(3)一审、二审诉讼费由被申请人承担。

庆南公司提出意见称,一审、二审法院认定事实清楚,适用法律正确,申请人的再审申请理由不能成立。请求依法驳回谢某的再审申请。

由此,总结本案主要争点为:(1)未向公司全面履行出资义务的股东转让其股权后,是否仍对未履行出资部分承担补齐出资的民事责任;(2)是否能以受让人明知其未全面履行出资义务为由进行抗辩。

裁判说理

一审法院认为,股东应当按期足额缴纳公司章程中规定的各自所认缴的出资额。庆南公司章程明确规定谢某认缴出资额为 33 万元,虽然公司设立验资报告中记载谢某已全部出资到位,但根据庭审查明的事实,谢某实际出资为 3.5 万元。庆南公司设立时系委托代办公司和垫资公司办理,此后谢某既未实际补充出资,也未与垫资公司因垫资行为而产生新的债权债务关系。根据公司基本账户的流水信息,代办公司或垫资公司在庆南公司设立后未将垫资款实际注入公司。可见垫资公司的垫资行为仅为了满足公司设立登记,而非代替谢某完成股东出资义务。故对谢某辩称垫资公司已实际代其履行了剩余出资义务的抗辩理由,因缺少证据支撑,一审法院不予采信。现庆南公司依据公司章程约定,请求谢某履行剩余出资义务,符合法律规定,依法应予支持。谢某称已于 2013 年 3 月 1 日将持有的 30% 股权转让给了庆南公司股东邱某杰,故不应对该 30% 的股权承担出资义务。因其与邱某杰股权转让纠纷,陕西省西安市中级人民法院(2016)陕 01 民终 4914 号民事判决已判令邱某杰向谢某支付股权转让约定的对价 30 万元,该对价对应的应为谢某持有的满足工商登记记载情形的 30% 份额的无瑕疵股权。而因谢某的未足额出资,使出让的股权存有瑕疵;那么其在出让存有瑕疵的股权并获得对价后,即有按照公司章程规定继续履行出资的义务,以消弭出让股权的瑕疵状态。故谢某的抗辩理由,一审法院不予采信。《公司法解释三》第 20 条第 1 款规定:公司股东未履行或者未全面履行出资义务或者抽逃出资,公司或者其他股东请求其向公司全面履行出资义务或者返还出资,被告股东以诉讼时效为由进行抗辩的,人民法院不予支持。故一审法院对谢某抗辩的庆南公司的诉讼请求已经超过诉讼时效,依法不予支持。综上所述,为了保证公司资本充实,维护正常市场经济秩序,保护公司出资股东、债权人和社会公众利益,依照《公司法》第 28 条,《公司法解释三》第 13 条第 1 款、第 20 条第 1 款之规定,判决:谢某于本判决生效后 10 日内向庆南公司履行公司设立时的不足出资计人民币 29.5 万元。如果未能在本判决指定的期间履行给付金钱义务,应当依照《民事诉讼法》第 253 条之规定,加倍支付迟延履行期间的债务利息。案件受理费 5725

元,由谢某负担(庆南公司已预交,由谢某在履行本判决时一并支付庆南公司)。

二审法院认为,《公司法》第 28 条规定:“股东应当按期足额缴纳公司章程中规定的各自所认缴的出资额。股东以货币出资的,应当将货币出资足额存入有限责任公司在银行开设的账户;以非货币财产出资的,应当依法办理其财产权的转移手续。股东不按照前款规定缴纳出资的,除应当向公司足额缴纳外,还应当向已按期足额缴纳出资的股东承担违约责任。”本案中已经查明作为发起人股东的谢某在庆南公司成立时所认缴出资 33 万元,谢某实际仅出资 3.5 万元,虽然谢某已经将其所持有的 30% 股权转让给了公司股东邱某杰,但是并不能免除谢某补缴认缴出资的义务。《公司法解释三》第 13 条中明确规定了股东未履行或者未全面履行出资义务时,对公司、其他股东、债权人应当承担的责任。第 18 条则规定了股东未履行或者未全面履行出资义务即转让股权的情况下,受让人与转让人责任的承担。两个条款之间相互补充,并不矛盾。庆南公司在本案中仅诉请谢某承担未全面履行出资义务的责任,而没有追究其他股东的出资责任,庆南公司的诉请属于处分自身权利,并无不当之处。谢某与邱某杰之间的股权转让纠纷已经另案处理,谢某与邱某杰之间对于补缴出资也没有特殊约定,邱某杰不是本案必要的共同诉讼参加人。一审判决中适用《公司法解释三》第 20 条第 1 款条文序号有误,应当为 19 条第 1 款,二审法院予以纠正。

综上所述,谢某的上诉请求不能成立,应予驳回。一审判决认定事实清楚,适用法律正确,程序合法,应予维持。

再审法院认为,一审、二审法院已经查明,谢某应缴出资 33 万元,实缴出资 3.5 万元,还有 29.5 万元没有向庆南公司缴纳,本案一审、二审法院认定谢某没有全面履行向庆南公司的出资义务正确。依法全面向公司履行出资义务系公司股东对公司的法定义务,未全面履行出资义务即转让股权的股东,其出资义务不因股权转让而消灭。谢某作为庆南公司的股东,应以其认缴的出资额 33 万元为限对公司承担出资责任,向庆南公司缴纳剩余出资款 29.5 万元。一审、二审法院认定事实清楚,谢某的申请再审理由不能成立。

专业点评

本案裁判认定,未全面履行出资义务的股权经过转让不能免除出让人对公司的出资责任的理由,主要在于认定向公司出资责任是法定之债,不随当事人意思自治而排除,《公司法》第 3 条第 2

款中“有限责任公司的股东以其认缴的出资额为限对公司承担责任”的规定，体现了股东以其认缴出资额对公司承担责任的法定性。虽然股东依据出资协议向公司出资，但公司一旦设立成功开始营业活动起，股东向公司的出资义务便从股东间的出资协议所设定的权利义务转变为《公司法》强制性的规范，具有法定性和强制性的特征。

具体而言，首先，股东向公司出资的形式可以约定，在股东间出资协议的层面，不存在公司法强制性规范的内容。但该约定仅在当事人间产生效力，仅对确定出资数额、出资形式及出资期限进行约定，而不能免除法定义务，即出资协议属于合同责任而股东出资本身属于法定责任。其次，未全面履行出资义务，则不应当全面享受股权。再次，股权转让不能免除未全面履行出资义务股东对公司的出资责任，同时，即使转让经过公司认可，亦无法导致出资义务的免除。最后，从目前的《公司法》及其司法解释对未全面履行的公司股权转让后追偿主体规定可看出，无论受让人是否知晓股权是否具有瑕疵，公司均可请求出让人履行出资义务，即代表出资义务从未产生转移。

法条链接

1.《公司法》(2013 年)①

第三条第二款　有限责任公司的股东以其认缴的出资额为限对公司承担责任；股份有限公司的股东以其认购的股份为限对公司承担责任。

第二十八条第一款　股东应当按期足额缴纳公司章程中规定的各自所认缴的出资额。股东以货币出资的，应当将货币出资足额存入有限责任公司在银行开设的账户；以非货币财产出资的，应当依法办理其财产权的转移手续。

2.《公司法解释三》(2014 年)②

第十三条第一款　股东未履行或者未全面履行出资义务，公司或者其他股东请

① 现已修改为《公司法》(2018 年)第 3 条第 2 款、第 28 条第 1 款。

② 现已修改为《公司法解释三》(2020 年)第 13 条第 1 款、第 19 条第 1 款。

求其向公司依法全面履行出资义务的,人民法院应予支持。

第十九条第一款　公司股东未履行或者未全面履行出资义务或者抽逃出资,公司或者其他股东请求其向公司全面履行出资义务或者返还出资,被告股东以诉讼时效为由进行抗辩的,人民法院不予支持。

3.《合同法》①

第八十四条　债务人将合同的义务全部或者部分转移给第三人的,应当经债权人同意。

第一百五十条　出卖人就交付的标的物,负有保证第三人不得向买受人主张任何权利的义务,但法律另有规定的除外。

4.《民事诉讼法》(2012 年)②

第二百五十三条　被执行人未按判决、裁定和其他法律文书指定的期间履行给付金钱义务的,应当加倍支付迟延履行期间的债务利息。被执行人未按判决、裁定和其他法律文书指定的期间履行其他义务的,应当支付迟延履行金。

六、实际出资人并不当然具备股东资格享有股东权利

案件名称

谢某某诉张某某、华粤公司股东出资纠纷案③

案号

一审:(2015)梅兴法民二初字第 359 号;二审:(2016)粤 14 民终 83 号;再审:(2016)粤民申 4135 号

裁判要旨

在公司对内纠纷中,认定实际出资人是否具有股东资格,应综合审查其是否有成为公司股东的真实意思表示、是否出资、是否获得公司其他股东过半数的同意、是否实际享有股东权利等实质要件。出资人虽已实际出资但没有实际享有股东权利

① 现已修改为《民法典》第 545 条、第 612 条。

② 现已修改为《民事诉讼法》(2021 年)第 260 条。

③ 参见最高人民法院中国应用法学研究所编:《人民法院案例选》2016 年第 10 辑(总第 104 辑),人民法院出版社 2017 年版,第 146 页。

的，应认定其未取得股东资格。

案情简介

再审申请人(一审原告、二审上诉人)：谢某某

被申请人(一审被告、二审被上诉人)：张某某

被申请人(一审被告、二审被上诉人)：华粤公司

被告华粤公司是2006年9月28日登记成立的自然人出资有限责任公司。华粤公司公司章程记载，公司注册资本50万元，各股东以货币出资。华粤公司成立初期，股东为张某某和周某林，法定代表人为张某某；2008年6月25日，股东变更为陈某明、周某林，法定代表人为陈某明；2009年5月8日，股东变更为张某某、周某林、曾某伟，法定代表人为张某某。

2007年4月，谢某某与被告张某某口头达成投资协议，由谢某某投资30万元入股华粤公司。2007年4月8日，谢某某将人民币30万元投资款存入张某某账户内，并由华粤公司出具了收据交原告收执，但谢某某的名字一直未出现在被告公司的股东名册内，也未在工商部门做登记。原告投资后，亦在华粤公司上班并领取了工资。

诉讼过程

2015年5月4日，因股东名册仍未记载谢某某名字，谢某某以股东出资纠纷诉张某某、华粤公司至广东省兴宁市人民法院，请求张某某、华粤公司返还30万元投资款，并支付相应利息损失。广东省兴宁市人民法院一审判决驳回谢某某的诉讼请求，谢某某上诉至广东省梅州市中级人民法院又被驳回上诉，维持原判。谢某某又向广东省高级人民法院申请再审，被驳回再审申请。

裁判结果

一审判决：驳回谢某某的诉讼请求。

二审判决：驳回上诉，维持原判。

再审裁定：驳回谢某某的再审申请。

主要争点

谢某某向一审法院起诉，请求判令：(1)张某某向谢某某退还投资款人民币30

万元;(2)自 2014 年 12 月 28 日起,按中国人民银行同期逾期贷款利率计付违约金直至清偿日为止。

被告张某某请求法院驳回原告的诉讼请求。

谢某某上诉称:(1)原审认定事实不清。一审曾将谢某某有无取得股东身份列为本案争议焦点进行审理,双方亦曾围绕此焦点问题进行质证和辩论,但判决书却回避这一问题,将本属于返还投资款纠纷的案由错误地认定为股东出资纠纷,致使判决与事实严重背离。谢某某向张某某交付投资款后,张某某一直未履行相应的工商登记变更义务,即将谢某某的名字进行股东登记,也未办理公司注册资本的变更登记。张某某从未举证证明其有任何内部协议承认过谢某某所谓的隐名股东地位,事实上,自谢某某交付投资款至今,张某某也从未通知过谢某某参加过股东会,谢某某也从没有以股东身份参与华粤公司的管理或者行使股东权利,甚至是谢某某因掌握有皮革生产关键技术而曾被聘请到华粤公司担任师傅期间,仍有八九万元工资被拖欠未支付。从《公司法》角度看,股东名册公开,不承认隐名股东,股东就是显名投资人,并且华粤公司内部从来没有任何显名股东和隐名股东的协议。特别是谢某某提交的在 2014 年 12 月 28 日与张某某的电话通话证据中,张某某对谢某某多次要求其返还投资款时,都明确表示要退还给谢某某。这就直接表明了张某某并不承认谢某某为股东,也表明了张某某和谢某某之间并非名义出资人与实际出资人的关系。如果一审法院所述不能否认谢某某为名义出资人的话,那为何张某某曾多次向谢某某作出要退还谢某某投资款的明确表示呢?综上所述,无论从法律规定角度还是案件事实角度,谢某某都不是华粤公司的股东,也没有取得股东身份,一审却将案由定为股东出资纠纷,导致作出错误裁判。(2)举证责任分配失当。本案中,张某某声称谢某某的投资款是谢某某同意挂靠于张某某名下入股华粤公司,又说华粤公司从来没有否认谢某某的股东地位,但却没有提供任何证据予以证明。若张某某所说为真实,根据《公司法》的规定,张某某在收取谢某某的投资款后,就应当依法进行工商变更登记,但华粤公司工商登记并没有因此进行依法变更登记。根据证据规则和张某某的主张,一审法院本应依法要求张某某对上述问题进行举证,但一审法院并没有据此要求张某某进行举证。相反谢某某已经充分履行了举证义务,但一审却以谢某某的主张没有事实根据或者法律依据,据此驳回了谢某某的诉讼请求,属于处理不当。(3)一审认定“并不能否认谢某某作为名义出资人的事实”,属于法律适用不当。事实上,谢某某与张某某达成的关于投资的口头协议,约定谢某某交付投资款并成为华粤公司的股东,而非实际出资人(一审判决认定的名义出资人),更非所谓的隐名股东。张某某在收取谢某某的投资款后并没有依约履行工商变更手续,也没有让谢某某实际参与公司经营和管理,严重侵害了谢某某的合法权益。一审没有据此判令张某某应当承担违约责任,反而认定“并不能否认谢某某作为名义出资人的事实”,属于适用法律错误。

张某某、华粤公司答辩称:原审认定事实清楚,适用法律正确,请求驳回上诉,维持原判。

谢某某申请再审称:(1)案件的关键事实认定不清。①“华粤公司和张某某在诉讼中均认可谢某某的股东身份”并不能掩盖谢某某在依约向张某某交付投资款后始终未成为股东,也从未享受过任何股东权利的根本事实。②二审法庭调查时,谢某某和张某某均已明白无误地确认了谢某某在向张某某交付投资款时双方均从未有过任何代持股的协议,而只是约定交付投资款后成为公司的股东。此案根本不存在所谓的实际出资人和名义出资人的问题,而是一起因张某某违反投资协议构成根本违约致使谢某某投资目的难以实现而引起的返还投资款纠纷。③从谢某某交付投资款后,其出资额一直没有出现任何变化的事实来看,也足以证明谢某某与张某某之间并非名义出资人与实际出资人关系。(2)法律适用错误。根据已查明事实,双方并无任何代持股份协议或者约定,不应适用《公司法解释三》第 24 条第 1 款关于名义股东与实际股东的有关规定。(3)审理程序不符合《民事诉讼法》的相关规定。综上所述,一审、二审判决认定事实不清,适用法律错误,程序违法,请求依法进入再审。

由此,总结本案主要争点为:谢某某是否为公司股东,其交付给华粤公司的 30 万元的性质如何认定。

裁判说理

一审法院认为,本案案由首先要定义为股东出资纠纷。股东出资纠纷,是指公司股东违反出资义务造成公司或者其他已履行出资义务的出资人损失而产生的纠纷。谢某某依据的事实证据及其主张比较接近于前述后者的情形。其次为谢某某的请求能否得到支持的问题。根据《公司法解释三》第 24 条第 1 款“有限责任公司的实际出资人与名义出资人订立合同,约定由实际出资人出资并享有投资权益,以名义出资人为名义股东,实际出资人与名义股东对该合同效力发生争议的,如无合同法第五十二条规定的情形,人民法院应当认定该合同有效”的规定,谢某某与张某某就谢某某投资 30 万元通过张某某入股华粤公司的口头约定,是双方的真实意思表示,并无违反《合同法》第 52 条所规定的情形,该协议有效。本案中,双方对谢某某通过张某某于 2007 年 4 月 8 日投资 30 万元入股华粤公司的事实,同时以华粤公司的名义出具收据给谢某某均无异议。华粤公司及工商行政部门及公司未有登记确认,但并不能否认谢某某作为名义出资人的事实。根据查明的事实,华粤公司现处于停产状态,双方对谢某某的投资并没有进行结算或清算。《民事诉讼法》第 64 条规定:"当事人对自己提出的主张,有责任提供证据"及最高人民法院《关于民事诉讼证据的若干规定》第 2 条规定:"当事人对自己提出的诉讼请求所依据的事实或者反驳对方诉讼请求所依据的事实有责任提供证据;没有证据或者证据不足以证明当事人的事实主张的,由负有举证责任的当事人承担不利后果",现谢某某请求张某某返还投资款 30 万元,没有事实和法律依据,不予支持。

二审法院认为,本案二审主要争议焦点问题是:谢某某交付给华粤公司的 30 万元的性质认定。谢某某与华粤公司的法定代表人张某某就谢某某出资 30 万元通过张某某入股华粤公司口头达成一致意见,华粤公司也认可收到该 30 万元为股款并出具收据确认,且谢某某明确自认 30 万元为投资款,华粤公司和张某某在诉讼中均认可谢某某的股东身份。因此,上述 30 万元应认定为谢某某的投资款。虽然对谢某某入股 30 万元,华粤公司未在工商部门进行股东变更登记,但根据《公司法解释三》第 24 条第 1 款的规定,是否进行股东变更登记并不影响双方协议的效力,因此,应认定名义出资人张某某与实际出资人谢某某达成的口头协议有效,谢某某是华粤公司的实际出资人。在华粤公司清算前,公司股东不得请求分割公司财产,更不存在归还投资款的问题。即使谢某某投资当时的目的是做显名股东,也应该在出资行为完成以后,依据《公司法》相关规定主张股东权利,而不是收回出资,尤其是当前公司处于歇业阶段。故上诉人请求返还 30 万元投资款缺乏事实和法律依据,依法不予支持。

再审法院认为,本案为股东出资纠纷案。根据《公司法解释三》第 24 条第 1 款"有限责任公司的实际出资人与名义出资人订立合同,约定由实际出资人出资并享有投资权益,以名义出资人为名义股东,实际出资人与名义股东对该合同效力发生争议的,如无合同法第五十二条规定的情形,人民法院应当认定该合同有效"的规定,原告与被告张某某就原告投资 30 万元通过张某某入股华粤公司的口头约定,是双方的真实意思表示,并无违反《合同法》第 52 条所规定的情形,该协议有效。本案中,双方对原告通过被告张某某于 2007 年 4 月 8 日投资 30 万元入股华粤公司的事实,同时以华粤公司的名义出具收据给原告均无异议,华粤公司及工商行政部门及公司没有登记确认,并不能否认原告作为实际出资人的事实。根据查明的事实,华粤公司现处于停产状态,原告、被告双方对原告的投资并没有进行结算或清算。现原告请求被告返还投资款 30 万元,没有事实和法律依据,不予支持。

专业点评

本案的裁判结果与其对应的评析司法观点有所不同,而目前司法观点及实践均指向“有实际投资并不必然代表享有股东资格”,由此,分析本案从当前司法观点的角度出发。

目前的司法实践及观点中,认定股东资格的取得,均需具备出资行为外的其他要件。如王某剑等诉上海知音琴行有限公司股东资格确认纠纷案〔(2012)长民二(商)初字第4号〕就显示出仅具有出资行为,未实际行使股东权利且投资未转化为公司资本的投资人不应被确认为股东;王某利与唐山市福莱商贸有限公司、太阳石中国有限公司等公司增资纠纷案〔(2012)长民二(商)初字第4号〕则认定投资行为并不必然生成股东权的全部权能。从以上司法观点分析,可以得出股东进行出资并不必然代表享有股东资格的认定,股东资格的认定,还需以下条件:(1)成为股东的意思表示,根据《公司法解释三》第24条第1款,实际出资人与名义出资人订立合同,约定由实际出资人出资并享有投资权益,以名义出资人为名义股东,这种约定是合法有效的。因此在隐名出资中,实际出资人在出资之前,与名义出资人必须先有双方“挂名入股”的意思表示。(2)获得公司的决议认可,即是否获得公司其他股东过半数的同意。(3)实际享有实行股东权利,主要包括实际享有资产收益、参与重大决策和选择管理者等股东权利。

法条链接

1.《公司法》(2013年)①

第三条　公司是企业法人,有独立的法人财产,享有法人财产权。公司以其全部财产对公司的债务承担责任。

有限责任公司的股东以其认缴的出资额为限对公司承担责任;股份有限公司的股东以其认购的股份为限对公司承担责任。

---

① 现已修改为《公司法》(2018年)第3条、第24条。

第二十四条　有限责任公司由五十个以下股东出资设立。

2.《公司法解释三》(2014 年)①

第二十四条第一款　有限责任公司的实际出资人与名义出资人订立合同,约定由实际出资人出资并享有投资权益,以名义出资人为名义股东,实际出资人与名义股东对该合同效力发生争议的,如无合同法第五十二条规定的情形,人民法院应当认定该合同有效。

3.《合同法》②

第五十二条　有下列情形之一的,合同无效:

(一)一方以欺诈、胁迫的手段订立合同,损害国家利益;

(二)恶意串通,损害国家、集体或者第三人利益;

(三)以合法形式掩盖非法目的;

(四)损害社会公共利益;

(五)违反法律、行政法规的强制性规定。

4.《民事诉讼法》(2012 年)③

第六十四条　当事人对自己提出的主张,有责任提供证据。

当事人及其诉讼代理人因客观原因不能自行收集的证据,或者人民法院认为审理案件需要的证据,人民法院应当调查收集。

人民法院应当按照法定程序,全面地、客观地审查核实证据。

5.最高人民法院《关于民事诉讼证据的若干规定》(2008 年调整)④

第二条　当事人对自己提出的诉讼请求所依据的事实或者反驳对方诉讼请求所依据的事实有责任提供证据加以证明。

没有证据或者证据不足以证明当事人的事实主张的,由负有举证责任的当事人承担不利后果。

---

① 现已修改为《公司法解释三》(2020 年)第 24 条第 1 款。

② 现已修改为《民法典》第 144 条、第 146 条、第 153 条、第 154 条、第 508 条。

③ 现已修改为《民事诉讼法》(2021 年)第 67 条。

④ 现已修改为最高人民法院《关于民事诉讼证据的若干规定》(2019 年),该条款已删除。

第二篇

公司减资纠纷

导 语

公司减资,即公司减少注册资本的意思,是指公司资本过剩或亏损严重,根据经营业务的实际情况,依法减少注册资本金的行为。公司作为独立人格的法人,以其资产为限对公司债权人承担责任,而注册资本是公司运营的基础,也是公司最根本的基础性资产。所以,《公司法》对于股东大会减少公司注册资本做了明确的程序性规定,但是,在实践中,虽然法律有规定,不代表股东就一定会遵守。所以不当减资而引发债权人向公司和股东主张权利救济的案件很多,在这些案件中,主要涉及减资行为能否对抗公司债权人、怎样减资才能对抗公司债权人,通知债权人是公司义务还是股东的义务,通知是否一定要点对点通知,公告是否具有通知法律效力,减资后股东的责任范围如何调整,并未完全履行出资义务的股东如何承担补充责任等。

《公司法》第 43 条、第 103 条、第 177 条、第 179 条第 2 款规定了公司减资的程序问题,但是对于公司减资的法律后果并没有明确的规定。《公司法》第 43 条和第 103 条规定公司股东大会作出减少注册资本的决议,必须经代表 2/3 以上表决权的股东通过,必须经出席会议的股东所持表决权的 2/3 以上通过。《公司法》第 177 条规定,公司需要减少注册资本时,必须编制资产负债表及财产清单。公司应当自作出减少注册资本决议之日起 10 日内通知债权人,并于 30 日内在报纸上公告。债权人自接到通知书之日起 30 日内,未接到通知书的自公告之日起 45 日内,有权要求公司清偿债务或者提供相应的担保。《公司法》第 179 条第 2 款规定,公司减少注册资本,应当在公司登记机关办理变更登记。

《公司法》第 204 条规定,公司减少注册资本时,不依照本法规定通知或者公告债权人的,由公司登记机关责令改正,对公司处以 1 万元以上 10 万元以下的罚款。

公司减资分为实质减资和形式减资。实质减资,是指减少注册资本的同时,将一定资产返还给股东,从而减少公司的净资产。形式减资,是指只减少注册资本额,注销部分股份,不减少公司净资产的减资,这种减资往往是亏损企业的行为,目的是使公司的注册资本与净资产水平保持相当。我国《公司法》并未明确区分实质减资与形式减资。

公司减少注册资本有以下几个程序:一是编制资产负债表和财产清单,根据《公司法》第 177 条规定:“公司需要减少注册资本时,必须编制资产负债表及财产清单。公司应当自作出减少注册资本决议之日起十日内通知债权人,并于三十日内在报纸上公告。债权人自接到通知书之日起三十日内,未接到通知书的自公告之日起四十五日内,有权要求公司清偿债务或者提供相应的担保。”之所以如此规定,是因为公司减资对公司股东和公司债权人,影响都很大,无论是股东进行投票还是公司债权人要求公司清偿债务或者提供担保,都必须对公司的经营状况尤其是财务状况有一定了解。二是股东会(股东大会)作出减资决议,根据《公司法》第 43 条和第 102 条的规定,就有限责任公司来讲,应当由股东会作出特别决议,即经代表 2/3 以上表决权的股东通过才能进行;就股份有限公司来讲,应当由公司的股东大会作出特别决议,即必须经出席会议的股东所持表决权 2/3 以上决议通过才能进行;就国有独资公司而言,必须由国有资产监督管理机构决定。三是向债权人通知和公告,公司应当自作出减少注册资本决议之日起 10 日内通知债权人,并于 30 日内在报纸上公告。这一程序与公司增资的规定相同,主要是为了保护公司债权人的利益。公司减资未通知债权人,也未公告,造成债权不能及时申报,公司债权债务亦未清理的,其行为构成对债权人权益的侵害。四是减资登记,根据《公司法》第 179 条规定:“公司增加或者减少注册资本,应当依法向公司登记机关办理变更登记。”公司减资只有进行登记后,才能对抗善意第三人。

公司减资纠纷,是指公司注册资本减少过程中因减资行为引起的民事纠纷。为保护中小股东的利益和债权人的利益,违反法定程序的减资,公司股东可以提起诉讼确认减资行为无效或撤销公司减资决议,债权人有权要求公司清偿债务或者提供相应的担保。公司减资纠纷主要为两类:

一是公司股东提起诉讼,请求确认公司的减资行为无效或撤销公司的减资决议;这类案件,如果股东会减资决议违反相关的法律规定,并不必然导致股东会减资决议无效。因为减资本质上属于公司内部自治行为,公司减资程序中未通知债权人构成瑕疵减资,只是损害了对公司减资前的注册资本产生合理信赖利益的债权人权益,并没有损害所有债权人的合法利益,所以,并不必然导致减资决议无效,减资决议被确认无效,亦不能免除股东应当承担的责任。

二是公司债权人提起诉讼,要求减资的公司清偿债务或者提供相应的担保。这类案件,通知债权人既是公司减资前对债权人应当履行的义务,同时也是股东对公司减资部分免责的前提,违反《公司法》规定的减资行为相关责任人应当按照抽逃出资的相关规定承担法律责任。在公司减资时,应履行《公司法》规定的法定程序要求,公司股东不得滥用公司法人独立地位和股东有限责任损害公司债权人的利益,违反《公司法》规定的减资行为与股东违法抽逃出资在法律评价及对债权人利益的影响方面,本质上并无不同,相关责任人应当按照抽逃出资的相关规定承担法律责任。《公司法解释三》第 14 条第 2 款规定：公司债权人请求抽逃出资的股东在抽逃出资本息范围内对公司债务不能清偿的部分承担补充赔偿责任、协助抽逃出资的其他股东、董事、高级管理人员或者实际控制人对此承担连带责任的，人民法院应予支持；抽逃出资的股东已经承担出资范围内的担保责任，其他债权人提出相同请求的人民法院不予支持。通知已知债权人并根据债权人的要求进行清偿或者提供担保，是相应减资程序对该债权人发生法律效力、股东在减资部分免责的必要条件。我国减资制度实行"严格债权人保护"模式，侧重减资前的充分信息披露，保护债权人的异议权利，平衡减资过程中股东与债权人之间的利益冲突，因此，公司在减资的过程中一定要按照法律规定的减资程序进行，否则会引发关于减资股东的责任承担问题。减资股东在减资范围内承担补充责任，不当减资行为不可对抗债权人，仅登报公告不免除通知义务。

一、公司减资程序不合法应当承担抽逃出资的法律责任

案件名称

于某诉张某某、李某某及第三人威豪公司减资纠纷案

案号

一审：(2017)津 0103 民初 4158 号；二审：(2018)津 02 民终 361 号

裁判要旨

公司违反法律程序的减资行为构成不当减资，其本质就是抽逃出资。相关股东及其他人员应承担与抽逃出资相同的法律责任。

案情简介

上诉人(原审被告)：张某某

被上诉人(原审原告)：于某

原审被告：李某某

原审第三人：威豪公司(原公司名称为鑫麟公司)

2016 年 4 月 19 日，于某在天津市南开区人民法院(以下简称南开法院)立案起

诉鑫麟公司房屋买卖合同纠纷一案,法院于2016年10月17日作出了(2016)津0104民初4366号民事判决书,判决:“一、于某与鑫麟公司签订的《鼎晟·双子座购房协议》无效;二、鑫麟公司返还于某购房款707,456元;三、鑫麟公司以购房款707,456元为基数,按照中国人民银行同期同类贷款利率给付于某2013年4月7日至判决确定的给付之日的50%的利息;四、鑫麟公司给付于某财产保全费4620元;五、驳回于某的其他诉讼请求。”判决生效后,于某向南开法院申请强制执行,要求鑫麟公司返还于某购房款707,456元、利息72,614.55元、诉讼费11,824元、保全费4620元,共计796,514.55元。2017年3月31日,南开法院下达(2016)津0104执3330号民事裁定书,因鑫麟公司暂无财产可供执行,终结本次执行程序。

威豪公司于1998年4月29日成立,原名称为庆佳公司,注册资本5,000,000元,其中:郗某生持股60%,张某功持股40%。之后,公司名称及股东出现多次变更。2013年12月16日,公司名称更名为鑫麟公司。2014年3月6日,公司注册资本由10,000,000元变更为30,000,000元,变更后:张某某出资17,000,000元,持股56.66%,张某海出资3,000,000元,持股10%,王某燕出资6,000,000元,持股20%,彭某柱出资2,000,000元,持股6.67%,程某旺出资2,000,000元,持股6.67%。2014年3月19日,王某燕、彭某柱、程某旺分别将其持有的股份转让给张某某,变更后:张某某持股90%,张某海持股10%。2016年9月19日,张某海将其所持有的股份转给李某某,变更后:张某某出资27,000,000元,持股90%,李某某出资3,000,000元,持股10%。2016年12月29日,公司名称变更为威豪公司。法定代表人为李某某。2017年2月23日,股东张某某办理减资20,000,000元手续,威豪公司注册资本由30,000,000元变更为10,000,000元。变更后:张某某出资7,000,000元,持股70%,李某某出资3,000,000元,持股30%,并承诺于2017年1月6日前缴齐注册资本。2017年1月6日,威豪公司通过《城市快报》刊登了减资公告。

诉讼过程

于某认为,张某某、李某某作为威豪公司的股东,在减资程序中存在重大瑕疵,侵犯了于某合法权益,提起诉讼,请求:(1)被告张某某、李某某在减资范围内对第三人威豪公司应支付原告796,514.55元的债务承担补充赔偿责任;(2)被告张某某、李某某在减资范围内对第三人威豪公司应支付原告的迟延履行期间的债务利息(以796,514.55元为基数,按中国人民银行同期贷款利率两倍计算,自2016年11月16日计算至本案判决书生效之日)承担补充赔偿责任,至2017年4月6日已经产生利息 19,654 元;(3)诉讼费用由两名被告共同承担。于某诉请获得一审法院支持。后张某某不服一审判决,提起上诉,二审由天津市第二中级人民法院驳回上诉,维持原判。

裁判结果

一审法院判决:(1)被告张某某于本判决生效之日起 10 日内在减资 20,000,000 元的本息范围内,对(2016)津 0104 民初 4366 号民事判决书确认的第三人威豪公司的债务在第三人威豪公司不能清偿的部分承担补充赔偿责任;(2)被告李某某对上述债务承担连带责任。一审宣判后,被告提起上诉。二审驳回上诉,维持原判。

主要争点

原告于某认为,威豪公司的减资行为,并未依法通知原告,其减资行为存在重大瑕疵,至今仍未按其承诺在 2017 年 1 月 6 日前缴齐注册资本,已经对原告的利益形成侵害,故提起诉讼。

被告张某某、李某某及第三人威豪公司辩称:不同意原告诉讼请求,请求法院予以驳回。(1)原告就同一法律关系、同一请求再次起诉,违反了一事不再理的原则。(2)第三人无论是增资 20,000,000 元还是减资 20,000,000 元都是在原告于 2013 年 4 月 5 日购买房屋之后发生,原告购买房屋时,公司注册资本 10,000,000 元,现在仍为 10,000,000 元,不会对原告利益造成任何影响。原告要求股东以公司之后的行为承担之前的义务没有法律依据。(3)第三人减资行为是依据《公司法》和工商部门的要求依法进行的,不存在瑕疵。(4)注册资本 10,000,000 元在曾经第三人名称为庆佳公司的时期,也即 2001 年 11 月 14 日即已实际缴纳。所谓工商登记中 2017 年 1 月 6 日前缴齐注册资本的承诺是在减资时工商部门的格式要求,是否已缴 10,000,000 元应依据事实确定。(5)被告张某某、李某某、张某海均是在 2013 年 12 月之后通过购买股权的方式取得公司,对于前期股东经营期间公司对外经营销售双子座小区并不知情,也未享受过任何利益,不应承担责任。(6)原告要求在减资范围内股东承担补充责任没有法律依据。

本案主要争点为张某某、李某某作为股东是否应当对威豪公司的债务承担补充赔偿责任。

裁判说理

一审法院审理认为,首先,注册资本是公司法人财产,有限责任公司的注册资本在公司登记机关登记的全体股东认缴的出资额,股东应按其认缴的数额履行足额出资义务,股东认缴的出资未经法定程序不得抽回、减少。公司减少注册资本须经股东会作出决议,编制资产负债表及财产清单,并在作出减少注册资本决议之日起10日内通知债权人,并于30日内在报纸上公告。本案中,于某与威豪公司诉讼案件在先,威豪公司出庭应诉,明知于某系其债权人且有明确联系方式的情况下,没有采用公告外的其他通知方式告知债权人于某,未尽到履行通知债权人的法定程序,因此威豪公司减资程序不合法。其次,在威豪公司减资程序不合法的情况下,张某某作为威豪公司的股东减少注册资本20,000,000元构成抽逃出资。根据法律规定,于某作为合法债权人有权向张某某主张权利,张某某应当在抽逃出资本息范围内对威豪公司债务不能清偿的部分承担补充赔偿责任。李某某作为威豪公司的法定代表人及股东,在威豪公司办理减资手续时以法定代表人及股东的身份签字确认,构成协助抽逃。因此,李某某对上述债务承担连带责任。

二审法院审理认为:张某某上诉主张于某与威豪公司签订《鼎晟·双子座购房协议》购买房产的时间为2013年4月5日,此时威豪公司的注册资本为10,000,000元,现在的注册资本仍然是10,000,000元,对于某的利益不会造成影响,但威豪公司减资的20,000,000元是公司资产,威豪公司在未能履行南开法院(2016)津0104民初4366号民事判决确定的给付义务,在明知于某为其债权人且亦知晓于某住址的情况下,并未按照《公司法》第177条"公司需要减少注册资本时,必须编制资产负债表及财产清单。公司应当自作出减少注册资本决议之日起十日内通知债权人,并于三十日内在报纸上公告。债权人自接到通知书之日起三十日内,未接到通知书的自公告之日起四十五日内,有权要求公司清偿债务或者提供相应的担保"的规定,通知威豪公司债权人于某其减少注册资本;张某某亦未能按照最高人民法院《关于民事诉讼证据的若干规定》第2条"当事人对自己提出的诉讼请求所依据的事实或者反驳对方诉讼请求所依据的事实有责任提供证据加以证明。没有证据或者证据不足以证明当事人的事实主张的,由负有举证责任的当事人承担不利后果"的规定,提供有效证据证明其没有实际撤回减少的注册资本20,000,000元,损害了于某的合法权益,应承担不利后果,一审判决威豪公司股东承担责任并无不当。

专业点评

注册资本是公司法人独立承担责任的基础性财产范围，公司股东应按其认缴的数额和期限履行足额出资义务，股东认缴的出资未经法定程序不得抽回、减少。为了保障公司和公司债权人的合法权利，公司法对公司股东减资程序作了严格的规定，同时明确规定了抽逃出资的股东对公司及公司债权人所应承担的法律责任。不当减资应适用抽逃出资的规定，承担抽逃出资的法律后果。在因违反公司法减资程序的相关规定构成不当减资的情形下，是否构成抽逃出资、能否适用抽逃出资的法律规定，在理论界和实务界都存在分歧。《公司法》第 36 条规定，公司成立后，股东不得抽逃出资。《公司法解释三》第 12 条规定，公司成立后，公司、股东或者公司债权人以相关股东的行为符合下列情形之一且损害公司权益为由，请求认定该股东抽逃出资的，人民法院应予支持：(1)制作虚假财务会计报表虚增利润进行分配；(2)提供虚构债权债务关系将其出资转出；(3)利用关联交易将出资转出；(4)其他未经法定程序将出资抽回的行为。考虑到现实中公司股东抽逃出资方式的多样性和复杂性，《公司法解释三》对抽逃出资的情形采用了兜底条款，将所有未经法定程序抽回出资且损害公司权益为由的情形都纳入了抽逃的范畴。我们认为，在本案中，这种不当减资的情形完全符合该条规定的“抽逃”的概念，应认定为抽逃出资。一方面，从行为的实质来看，不当减资究其实质就是未经法定程序将出资抽回的行为；另一方面，从行为的后果来看，不当减资对公司权益和债权人权益的损害结果也完全等同于抽逃出资。综上所述，不当减资应适用《公司法》关于抽逃出资的规定。本案另一个值得探讨的问题是协助抽逃的认定问题。在减资股东被认定为抽逃出资的情况下，什么范围的“其他股东、董事、高级管理人员或者实际控制人”可以被认定为协助抽逃，这在实务中也饱受争议。有观点认为，一旦被认定为不当减资，那么在减资决议上签字的全部股东都应认定为协助抽逃，除非在减资决议上签字的其他股东有证据证明其没有过错。也有观点认为,在协助抽逃的问题上,应加重原告的举证责任,即除了在减资决议上的签字,还应进一步举证证明这些股东对于减资程序的不合法存在过错。除了减资决议上的签字之外,还应综合考虑其他因素,进而认定该股东是否构成协助抽逃。因为在减资决议上签字的行为本身并不违反公司法对减资程序的规定。导致减资行为被认定为不当减资的,是没有履行通知债权人的义务。那么,通知义务的主体就非常关键。根据《公司法》第 37 条、第 43 条的规定,公司减少注册资本属于股东会决议事项,且须代表 2/3 以上表决权的股东通过。由于减资属于公司经营中的重大事项,所以公司法强制要求全体股东参与该决策过程。但减资决议作出后,后续的程序由什么范围的人员处理和跟进,《公司法》并没有明确规定。本案中,因为原告诉请承担协助抽逃责任的股东李某某的身份比较特殊——既是公司的股东,又是公司的法定代表人、执行董事;且该股东既在公司减资决议上以股东身份签字,同时也在工商登记变更手续中以法定代表人身份签字确认。因此,其不仅应对在减资决议上的签字负责,也应对公司减资后续程序的合法合规负责。基于其股东和法定代表人、执行董事的双重身份,认定其属于"协助抽逃出资的其他股东、董事、高级管理人员或者实际控制人"的范围是妥当的。

法条链接

1.《公司法》(2013 年)①

第一百七十七条　公司需要减少注册资本时,必须编制资产负债表及财产清单。

公司应当自作出减少注册资本决议之日起十日内通知债权人,并于三十日内在报纸上公告。债权人自接到通知书之日起三十日内,未接到通知书的自公告之日起四十五日内,有权要求公司清偿债务或者提供相应的担保。

---

① 现已修改为《公司法》(2018 年)第 177 条。

2.《公司法解释三》(2014 年)[1]

第十四条　股东抽逃出资,公司或者其他股东请求其向公司返还出资本息、协助抽逃出资的其他股东、董事、高级管理人员或者实际控制人对此承担连带责任的,人民法院应予支持。

公司债权人请求抽逃出资的股东在抽逃出资本息范围内对公司债务不能清偿的部分承担补充赔偿责任、协助抽逃出资的其他股东、董事、高级管理人员或者实际控制人对此承担连带责任的,人民法院应予支持;抽逃出资的股东已经承担上述责任,其他债权人提出相同请求的,人民法院不予支持。

二、股东对到期应认缴出资瑕疵减资应承担出资不实的赔偿责任

案件名称

曹某诉实友书苑公司等公司减资纠纷案

案号

一审:(2017)京 0105 民初 4769 号;二审:(2017)京 03 民终 13422 号

裁判要旨

在目标公司非因投资人原因未能成立时,投资人为了成立目标公司而先向准关联公司投入的款项,应视为投资人对该准关联公司的债权。准关联公司股东对到期应认缴出资瑕疵减资的,应承担出资不实的赔偿责任。

案情简介

上诉人(原审原告):曹某某

上诉人(原审被告):实友书苑公司

被上诉人(原审被告):石某

被上诉人(原审被告):何某某

实友书苑公司是 2012 年 3 月设立的有限责任公司,设立时公司注册资本为

---

① 现已修改为《公司法解释三》(2020 年)第 14 条。

1000 万元。其中,何某某、石某分别认缴出资 200 万元,设立时分别实缴 40 万元,其余 160 万元出资时间均为 2014 年 3 月 5 日。

2012 年 3 月 19 日,实友书苑公司出具《百人股东会入会须知》,内容包括:因有限责任公司股东人数不得超过 50 人,故分阶段吸纳百人股东会会员,第一阶段先成立实友书苑公司,待百人股东会发起股东到 40 人时,另行成立股份有限公司,实友书苑公司是该公司的全资子公司,实友书苑公司的股东也是该公司的股东。

2012 年 8 月 31 日,实友书苑公司向曹某某出具《百人股东会资格证明》和《百人股东会投资确认书》,确认收到曹某某缴纳的 100 万元股权投资款。

2014 年 2 月 21 日,实友书苑公司股东会作出决议:减少注册资本至 200 万元,何某某、石某分别减少认缴货币 160 万元。2014 年 4 月 8 日,实友书苑公司股东会作出决议:变更注册资本为 200 万元,何某某、石某分别出资货币 40 万元。同日,何某某、石某等出具《债务清偿及担保情况说明》,内容为:实友书苑公司于 2014 年 2 月 21 日在《法制晚报》刊登了减资公告,公司注册资本由 1000 万元减至 200 万元;截至 2014 年 4 月 7 日无债权人提出债权清偿要求及相应的担保请求。

2014 年 7 月 2 日,实友书苑公司召开百人股东会会议,形成百人会决议,内容包括:公司变更为股份有限公司,原公司资产折合股本 200 万元;何某某、石某等原股东之外的百人会成员,于即日起 15 日内决定是否成为公司变更而成的股份有限公司的正式股东,在 15 日内未予回复的,视为决定成为正式股东。曹某某参加了该次会议,对表决事项表示同意。

2015 年 11 月 10 日,曹某某向实友书苑公司出具《律师函》,以实友书苑公司收取曹某某投资款,但百人股东会未依法成立,公司反而减资,曹某某亦未成为实友书苑公司股东,实友书苑公司违背收取投资款之目的为由,要求实友书苑公司返还投资款并解除股权投资合作关系。

实友书苑公司、石某提交的《实友书苑公司专项审计报告》显示:公司的主要资金来源是投资人的投资,绝大部分作为"其他应付款——暂借款"处理,其中 200 万元登记为实收资本。截至 2014 年 4 月 30 日,公司出资人 53 人。附件股东出资明细显示:股东曹某某,出资金额 100 万元,会计科目为"其他应付款——暂存款"。

曹某某和何某某、石某均认可实友书苑公司未变更为股份有限公司,未成立股份有限公司。实友书苑公司、石某称因实友书苑公司账目有些问题,目前正在着手将百人会成员转到百川汇公司,由百川汇公司变更为股份有限公司。

诉讼过程

曹某某向北京市朝阳区人民法院起诉,请求:(1)实友书苑公司返还曹某某投资款 100 万元并给付利息(以 100 万元为基数,按照中国人民银行同期贷款利率的标准,自 2015 年 11 月 14 日起计算至付清之日止);(2)石某在减少出资的 160 万元范围内对实友书苑公司返还投资款及给付利息承担补充赔偿责任;(3)何某某在减少出资的 160 万元范围内对实友书苑公司返还投资款及给付利息承担补充赔偿责任;(4)实友书苑公司、石某、何某某承担本案诉讼费用。诉讼请求获得部分支持后不服该院一审判决,向北京市第三中级人民法院提起上诉。

裁判结果

北京市朝阳区人民法院于 2017 年 7 月 27 日作出(2017)京 0105 民初 4769 号民事判决,判决实友书苑公司返还曹某某投资款 100 万元并支付利息、驳回曹某某的其他诉讼请求。宣判后,曹某某、实友书苑公司提出上诉。北京市第三中级人民法院于 2017 年 11 月 27 日作出(2017)京 03 民终 13422 号民事判决,改判实友书苑公司返还曹某某投资款 100 万元并支付利息、石某、何某某在 160 万元范围内对实友书苑公司应承担的义务中不能清偿的部分承担补充赔偿责任。

主要争点

曹某某认为,2012 年 3 月,石某、何某某等五人发起成立了实友书苑公司。实友书苑公司成立后,倡议成立百人股东会,同步成立实友会投资公司,并增资转化为实友会股份公司,为此召集投资股东,每人出资 100 万元作为股权投资款。曹某某于 2012 年 8 月交付实友书苑公司投资款 100 万元。曹某某交付投资款后,实友书苑公司百人股东会、实友会投资公司和实友会股份公司一直未成立,亦未增资;反之,2014 年 4 月 8 日,实友书苑公司将注册资本由 1000 万元减资为 200 万元,原发起股东石某等五人因此分别不再缴付后期 160 万元出资。该次减资以及公司名称变更、数次经营范围变更,实友书苑公司从未告知曹某某。曹某某认为,实友书苑公司以倡议成立百人股东会、公司增资名义收取曹某某投资款 100 万元,但此后百人股东会并未成立,公司反而减资,曹某某亦未成为实友书苑公司及所谓百人股东会、实友会投资公司股东,未享有任何投资权益及收益。2015 年 11 月 12 日,曹某某依法委托律师发出《律师函》终止相关合作关系,在此情况下,实友书苑公司继续占有曹某某交付的 100 万元款项,无法律依据,应当返还,并承担相应利息。石某、何某某在公司设立时未缴付全部出资,应当在未缴付出资即减资范围内对实友书苑公司返还投资款及利息承担补充赔偿责任。

实友书苑公司、石某、何某某共同辩称:实友书苑公司成立后,为扩大经营,公司希望吸收新的股东,拟成立百人股东会。2012 年 5 月 31 日,实友书苑公司举办了创会股东会议,曹某某以股东身份参加会议,之后向公司出资 100 万元。2012 年 8 月 31 日,实友书苑公司向曹某某出具了《股东资格证明》等一系列法律文件,并将曹某某记载于股东名册,至此,曹某某已成为实友书苑公司的股东。2013 年 1 月 15 日,曹某某出席了实友书苑公司 2013 年第一次股东会会议,大会选举了新一届董事会成员和监事会成员,曹某某签署了股东会决议。2013 年 11 月 2 日,实友书苑公司举办了 2013 年度董事会扩大会议,曹某某出席会议并发言。此后,实友书苑公司进行了几次工商变更登记,包括经营范围、公司名称、注册资本、法定代表人。2014 年 7 月 2 日,实友书苑公司举行了 2014 年度股东会,曹某某参加了股东会会议。该次股东会会议上,全体股东讨论并就以下事项作出了股东会决议:5 位原创始股东之外新增股东工商登记事宜、5 位创始股东减资事宜以及已出资的出资人拟退出公司等 14 项相关事宜,曹某某签署了股东会决议。曹某某已向实友书苑公司出资 100 万元,实友书苑公司也将曹某某记载于股东名册,曹某某已依法成为实友书苑公司的股东。工商登记的目的在于对外公示公司股东的具体情况,而非创设股权的必要程序,只有在第三人主张权利时作为对抗第三人的要件。曹某某的股东身份及出资性质在公司内部得到了实质性的确认。曹某某分别于 2012 年 5 月 31 日、2013 年 1 月 15 日、2014 年 7 月 2 日参加了实友书苑公司的股东会会议,并签署了相应的股东会决议,并于 2013 年 11 月 2 日参加了董事会扩大会议并在会上发言,进一步印证了曹某某的股东身份及其已经实际行使了股东权利。曹某某向公司支付了出资款 100 万元,属于公司资产,由公司使用和支配。曹某某作为完全民事行为能力人,其以成为实友书苑公司股东为目的而支付股东的出资款 100 万元,不存在疏忽、误解或过错的情况,其无权主张取回其股东出资款,实友书苑公司也不承担任何返还股东出资款的法律义务和责任。2014 年 7 月 2 日股东会上,实友书苑公司将公司减资及注册资本现状向全体股东作出公示,曹某某在该股东会决议上签字,其已经知晓了公司减资事宜,并未提出反对,此外,其未按照股东会决议规定退出机制申请退出公司,视为曹某某认可公司减资、放弃成为公司债权人、同意继续保持新公司股东身份。曹某某与石某同样是实友书苑公司的股东,其要求石某在减少出资的范围内承担补充赔偿责任无法律依据,请求驳回曹某某的诉讼请求。

本案主要争点可以归纳为:(1)曹某某向实友书苑公司支付款项的性质问题;

(2)实友书苑公司与曹某某法律关系状态及其应承担何种责任的问题;(3)曹某某是否应认定为实友书苑公司已知债权人;(4)石某、何某某应否承担责任以及承担何种责任。

裁判说理

根据《百人股东会入会须知》的内容,支付100万元加入百人股东会的行为并未明确指向成为特定公司的股东,而是以成为股东为前提作为投资款支付,其中"股权投资款"应作将来可能转化为股权之表示。同时,在实友书苑公司关于减资的股东会决议作出前,实友书苑公司向曹某某发函、出具《百人股东会资格证明》以及《百人股东会投资确认书》显示,曹某某符合进入实友书苑公司百人股东会的资格。百人股东会资格并非《公司法》中规定的公司股东资格,曹某某亦未通过直接登记、间接持有等形式成为实友书苑公司之股东。故在实友书苑公司减资前,曹某某既非实友书苑公司之股东,亦未存在当时尚未成立且尚不确定的其他主体的股东或投资人且基于此种关系能够排除实友书苑公司与曹某某债权债务关系之情形。曹某某向实友书苑支付的100万元款项性质应为成为股东而支付的投资款,其投资行为并未明确指向成为特定公司之股东,该投资应视为公司债权,曹某某应属公司债权人。

根据《百人股东会入会须知》《百人股东会投资确认书》等文件,曹某某向实友书苑公司支付的100万元,系为成为实友会股份公司百人会成员,而非仅为成为实友书苑公司的股东。首先,《百人股东会入会须知》显示的百人股东会成立阶段,第一阶段由实友书苑公司的5位具名股东与其他35位股东签订股权委托代持协议,使实友书苑公司注册资金为1000万元,前40位股东到位同时成立实友会股份公司。同时,实友书苑公司提交的《实友书苑公司专项审计报告》显示,截至2014年4月30日,出资人数已经至少53人。其次,2014年7月2日实友书苑公司召开百人会议,形成《实友书苑公司2014年7月2日百人会决议》,该决议包括实友书苑公司与曹某某就计划的股份公司设立中股东资格选择、股东资格转换方式等内容的约定。约定如不愿成为实友书苑公司变更而成的股份有限公司股东,应在15日内予以回复,未回复视为决定成为正式股东。从实际履行看,曹某某签字表明其对决议表示同意,亦未在规定时间内就是否愿意成为实友书苑公司变更而成的股份公司股东进行回复。根据决议内容,应视为决定成为股份公司正式股东。同时根据入会须知内容及实际投入资金情况,实友书苑公司收取的资金已经达到成立股份公司的条件。但实友书苑公司并未按其承诺,进行股权登记、成立实友会股份公司等事项。以及在2014年7月2日会议召开后,实友书苑公司既未提供任何关于公司在办理变更为股份有限公司的相关材料,又表示实友书苑公司账目出现问题,已经着手将实友书苑公司的股东转至百川汇公司,将百川汇公司变更为股份有限公司。上述情况并未征得曹某某同意。实友书苑公司上述行为表明其并未且将不再按照 2014 年 7 月 2 日会议决议中的有关内容履行,成立所谓的实友会股份公司的目的已无法实现。曹某某有权解除双方权利义务关系。根据《合同法》(已失效)第 97 条的规定,曹某某有权要求实友书苑公司返还 100 万元。实友书苑公司未及时返还 100 万元,由此导致曹某某的资金占用损失,曹某某亦有权主张。

曹某某与实友书苑公司的债权债务在实友书苑公司减资前已经形成,曹某某应为实友书苑公司能有效联系的已知债权人。百人会议于 2014 年 7 月 2 日召开,该时间晚于实友书苑公司办理减资完成时间。公司决议中虽约定百人会会员于即日起 15 日内决定是否成为公司变更而成的股份有限公司的正式股东,足额出资的百人会成员 15 日内未予回复的,视为决定成为正式股东,并有曹某某签字确认。但曹某某的签字行为应表示其同意成为有可能成立的股份公司之股东,即在约定中的股份公司成立前,曹某某并未成为所谓股份公司的股东,亦并不因此排除实友书苑公司应负有之债务责任。未有证据证明曹某某对实友书苑公司进行的减资程序有所知悉,曹某某表示同意作为实友书苑公司变更为股份有限公司的股东之时间晚于实友书苑公司减少注册资本的工商变更登记时间,并不当然意味着曹某某同意实友书苑公司的减资行为并在此基础上认可成为约定中的股份有限公司的股东。实友书苑公司于 2014 年 2 月 21 日做出减少注册资本至 200 万元的股东会决议,并称同日在报纸上刊登减资公告,但其并未提供证据证明就减资事宜通知曹某某。根据《公司法》第 177 条的规定,"通知债权人"与"在报纸上公告"属于并列适用之义务,减资主体应同时履行。实友书苑公司作为曹某某的债务人,在公司减资决议作出当天即登报公告,却未履行通知债权人曹某某的义务,其上述行为违反《公司法》关于减少注册资本应通知债权人之法定程序。亦使曹某某丧失了在实友书苑公司减资前要求其清偿债务或提供担保的权利。

石某、何某某均为实友书苑公司设立时的股东。实友书苑公司 2012 年 3 月 8 日设立时注册资本为 1000 万元,石某、何某某各认缴 200 万元,设立时石某、何某某实缴 40 万元,各自剩余 160 万元的出资时间均为 2014 年 3 月 5 日。而实友书苑公司进行减资的工商登记变更时间为 2014 年 4 月,该时间晚于石某、何某某应实缴注册资本的时间,石某、何某某之行为构成未全面履行出资义务。同时,实友书苑公司的减资行为违反法定程序,实友书苑公司虽进行了减资的工商变更登记,但无法排除石某、何某某所应承担的未全面履行出资义务之责任。石某、何某某未全面履行出资义务的金额各为160万元,根据《公司法解释三》第13条第2款的规定,曹某某有权请求石某、何某某在160万元范围内对实友书苑公司不能清偿的债务承担补充赔偿责任。

专业点评

司法实践中,存在发起人欲成立目标公司(如股份有限公司),但在目标公司尚不具备成立条件前,先成立准关联公司(有限责任公司),通过准关联公司吸收投资,待该公司具备一定规模后再行成立目标公司,由目标公司吸收准关联公司,从而将准关联公司的投资人纳入目标公司股东范围的情况。在该种情形下,发起人和投资人、目标公司和准关联公司之间存在多种法律关系,因目标公司不能如期成立发生纠纷后,如何认定上述主体之间的法律关系,成为审判实践中的难点问题。在处理上述问题时,需要厘清以下几个方面:其一,投资人投入的款项系直接流向准关联公司,而非设立中的目标公司,投资人投入款项的性质究竟属于目标公司的股权认购款,还是准关联公司的债权,需要加以明确。其二,投资人因目标公司未成立要求返还投资款时,确定该公司和项目发起人各自应承担何种法律责任的前提是准确认定投资人与准关联公司之间存在何种法律关系。其三,根据《公司法》的规定,公司作出减少注册资本等重要事项变更的决议前应履行通知债权人的手续,是法律为公司设置的法定义务。因此,确定投资人是否属于公司已知债权人,也是认定公司是否应当向其履行通知手续的基础。其四,项目发起人可能利用其为准关联公司实际控制人的便利条件,作出损害投资人利益的种种安排,在投资人向准关联公司主张投资款返还无法得到充分救济的情况下,能否认定发起人就投资人的投资款返还承担法律责任,是投资人的权利能否得到充分保障的关键问题。

法条链接

1.《合同法》①

第九十四条　有下列情形之一的,当事人可以解除合同:

(一)因不可抗力致使不能实现合同目的;

(二)在履行期限届满之前,当事人一方明确表示或者以自己的行为表明不履行主要债务;

(三)当事人一方迟延履行主要债务,经催告后在合理期限内仍未履行;

(四)当事人一方迟延履行债务或者有其他违约行为致使不能实现合同目的;

(五)法律规定的其他情形。

第九十七条　合同解除后,尚未履行的,终止履行;已经履行的,根据履行情况和合同性质,当事人可以要求恢复原状、采取其他补救措施,并有权要求赔偿损失。

2.《公司法》(2013 年)②

第一百七十七条　公司需要减少注册资本时,必须编制资产负债表及财产清单;公司应当自作出减少注册资本决议之日起十日内通知债权人,并于三十日内在报纸上公告;债权人自接到通知书之日起三十日内,未接到通知书的自公告之日起四十五日内,有权要求公司清偿债务或者提供相应的担保。

3.《公司法解释三》(2014 年)③

第十三条第二款　公司债权人请求未履行或者未全面履行出资义务的股东在未出资本息范围内对公司债务不能清偿的部分承担补充赔偿责任的,人民法院应予支持;未履行或者未全面履行出资义务的股东已经承担上述责任,其他债权人提出相同请求的,人民法院不予支持。

三、公司减资未履行通知债权人义务的,债权人可以请求减资股东承担补充赔偿责任

案件名称

新余光大公司诉郭某、丁某某公司减资纠纷案

---

① 现已修改为《民法典》第 563 条、第 566 条。

② 现已修改为《公司法》(2018 年)第 177 条。

③ 现已修改为《公司法解释三》(2020 年)第 13 条第 2 款。

案号

一审:(2020)赣0402民初1525号;二审:(2021)赣04民终234号

裁判要旨

因公司的减资系按股东会决议而为,减资的股东基于维持原有资本充足的责任,应对减资程序存在瑕疵给债权人带来的损害在减少资本的数额内就公司无法清偿的部分承担补充赔偿责任,减少注册资本的股东与债权人之间实质为损害赔偿关系。

案情简介

上诉人(原审被告):郭某

上诉人(原审被告):丁某某

被上诉人(原审原告):新余光大公司

原审第三人:九江信华电建有限公司

新余光大公司与第三人九江信华电建公司买卖合同纠纷一案,江西省新余市渝水区法院于2016年10月27日作出(2016)赣0502民初1548号民事判决书,该判决生效后,第三人未履行该生效民事判决书所确定的金钱给付义务,原告于2016年12月8日向江西省新余市渝水区法院申请强制执行。后因江西省新余市渝水区法院未发现第三人有可供执行的财产,裁定终结本次执行程序。该裁定书确认未能执行的标的款为1,548,428.75元、逾期利息及执行费17,884元。

九江信华电建公司原工商注册登记名称为九江信华电气有限公司,于2019年9月11日工商登记变更为现名。落款时间为2018年10月18日的《九江信华电气有限公司股东会决议》显示,九江信华电气有限公司于2018年10月18日在本公司办公室召开股东会,出席本次会议的股东共二人,代表公司股东100%的表决权,所作出的决议经公司股东表决权的100%通过。决议事项如下:(1)同意将公司注册资本减少至200万元人民币;(2)由股东郭某减少投资792万元,减资后出资额为198万元人民币(认缴198万元,实缴198万元),占注册资本的99%;(3)由股东丁某某减少投资8万元,减资后出资额为2万元人民币(认缴2万元,实缴2万元),占注册资本的1%;(4)认缴注册资本200万元,已于公司成立时缴足,股东以认缴资本承担有限责任。2018年10月18日,该公司制作《九江信华电气有限公司债务清偿/债务负担情况的说明》,该说明第二段记载:本公司已按《公司法》的规定,在作出减少注册资本决定之日起10日内通知债权人，并于30日内在报纸上公告。本公司减资公告刊登于2018年8月14日的《经济晚报》。自公告之日起45日内，未有个人、团体要求本公司清偿债务或者提供相应的担保；未有个人、团体对本公司减少注册资本提出异议。上述股东会决议及说明均盖有九江信华电气有限公司印章并有股东郭某、丁某某的签名。2018年8月14日，九江信华电气有限公司在《经济晚报》上发布减资公告，公告中载明注册资金由1000万元减少到200万元。2018年10月23日，江西省九江市濂溪区市场和质量监督管理局根据九江信华电气有限公司的申请，为九江信华电气有限公司办理了工商注册资本变更，将注册资金由1000万元变更为200万元，减资800万元，股东郭某出资额198万元，占注册资本的99%，股东丁某某出资额为2万元，占注册资本的1%，出资时间均为2017年2月15日。

诉讼过程

新余光大公司向一审法院起诉，请求法院依法判令被告郭某、丁某某在800万元减资范围内对于第三人在各自减少的注册资本范围内对原告在(2016)赣0502民初1548号民事判决书中未清偿的债务承担补充赔偿责任。一审法院支持原告诉讼请求，原审被告郭某、丁某某不服提起上诉，江西省九江市中级人民法院驳回上诉，维持原判。

裁判结果

一审判决：判决被告郭某在792万元减资范围内、被告丁某某在8万元减资范围内对江西省新余市渝水区法院(2016)赣0502民初1548号民事判决书项下的第三人九江信华电建有限公司之债务承担连带补充赔偿责任。

二审判决：驳回上诉，维持原判。

主要争点

一审法院认为，为了保障债权人的权利，《公司法》对公司减资的法定程序和限制及公司债权人此时享有的相应权利和救济途径作出明确的规定，即公司应当自作出减少注册资本决议之日起10日内通知债权人，并于30日内在报纸上公告。债权人自接到通知书之日起30日内，未接到通知书的自公告之日起45日内，有权要求公司清偿债务或者提供相应的担保。上述直接通知义务系针对公司作出减资决议时的已知债权人,公告通知义务系针对公司作出减资决议时的未知债权人。第三人作出减资的时间是2018年10月18日,而原告对第三人享有的债权早于第三人减资时间,且该债权是经人民法院生效裁判文书确定的债权。第三人虽然在报纸上发布了减资公告,但未依法向原告履行公司减资的法定通知义务,违反了《公司法》第177条的规定,第三人的减资行为对已知债权人即本案原告不产生拘束力。参照《公司法解释三》第14条的规定,两被告作为实际减资股东,应在其减资范围内对于第三人的债务向原告承担连带补充赔偿责任。

郭某、丁某某上诉认为:(1)一审法院适用法律错误,恳请二审法院撤销原判,发回重审或依法改判驳回被上诉人的全部诉讼请求。(2)一审、二审的诉讼费用由被上诉人承担。事实与理由:(1)一审法院适用法律错误。一审法院认为第三人作出减资的时间是2018年10月18日,被上诉人对第三人享有的债权早于第三人减资时间,且该债权是经过人民法院生效裁判文书确定的债权。第三人虽然在报纸上发布了减资公告,但未依法向被上诉人履行公司减资的法定通知义务,违反了《公司法》的规定,第三人的减资行为对已知债权人即本案被上诉人不产生拘束力。一审法院的上述认定忽视了《公司法》第177条所规定的被上诉人主张权利和救济途径的对象,因此被上诉人主张权利的对象应该为本案的第三人,而本案的上诉人没有。本案中第三人的减资行为已经过公司登记机关确认,被上诉人要求上诉人在800万元的范围内对第三人债务承担清偿责任无法律依据。上诉人作为股东认缴的200万元注册资本已出资到位,上诉人作为第三人的股东,对第三人的债务不应当承担任何责任。如果法院判令上诉人在800万元的减资范围内对第三人的债务承担清偿责任,属于对生效行政行为的忽视。公司登记行为是行政行为,第三人的减资行为已经完成,且已经公司登记机关登记确认,公司登记机关的登记行为已经发生法律效力。(2)一审法院认为,参照《公司法解释三》第14条的规定,上诉人作为实际减资股东,应当在其减资范围内对第三人的债务向被上诉人承担补充赔偿责任的裁判理由不够充分,有违基本法理和公司法的基本原则。减资是法律许可的行为,是公司行为,抽逃出资是法律禁止的行为,是股东个人行为,两者存在本质的区别。民事审判中,以违法减资实质上等于抽逃出资,判决股东在减少的注册资本的范围内对公司债务承担清偿责任,属于民事审判直接否定公司登记行为的行政法律效力,不利于行政行为的公信力。减资决议时,股东是以公司机构的形式进行表决,是公司意志和行为,不是股东个人意志和行为。如果不顾股东在减资决议时的表决是形成公司意思,而将减资的股东决议等同于股东个人意志,则是对公司人格的否认。(3)公司法的相关规定赋予了公司违法减资时的救济途径,无须民事审判以违法减资实质等同于抽逃出资的理由,对债权人救济。

新余光大公司认为,原判认定事实清楚,证据充分,请求维持原判。(1)被上诉人与第三人买卖合同纠纷一案已由浙江省新余市渝水区人民法院作出生效判决,且被上诉人已申请强制执行,当前上述法院已穷尽执行措施,仍未发现第三人名下有可供执行的财产,即第三人财产已不足以清偿被上诉人的合法债权。(2)从浙江省新余市渝水区人民法院生效判决书及执行裁定书可见,被上诉人与第三人的债权债务关系发生在2018年之前,而第三人于2018年10月进行减资,被上诉人系第三人已知债权人。(3)根据第三人工商档案登记信息可见第三人仅在《经济晚报》刊登公告,而被上诉人作为第三人的已知债权人,从未收到第三人的书面通知。由此可见,第三人减资程序明显违法。同时,两名上诉人作为第三人的股东,对第三人的违法减资行为存在重大过错,理应对第三人未能清偿的债务向被上诉人承担相应的补充赔偿责任。第三人减资完全取决于股东的意志,两上诉人作为第三人的股东,对第三人日常经营及重大决策均具有决定作用,同时两股东对减资的法定程序及法律后果也应属明知,但其明知第三人负有到期债务的情况下,仍通过股东会决议减少注册资本,并向工商部门出具虚假的《有关债务清偿及担保情况说明》,主观上存在过错,严重损害了被上诉人的合法利益,两名上诉人应承担责任。(4)第三人减资未依法通知债权人,导致债权人未能要求公司清偿债务或者提供相应的担保。减资后,公司的清偿能力降低,公司债权人的权益受到损害,股东是唯一的受益方。股东作为减资的实际运作人,对于公司没有依法通知债权人有过错(甚至是故意的),股东的这种行为与未缴纳或未足额缴纳出资或抽逃出资无异。债权人有权参照《公司法解释三》关于抽逃出资的相关规定,申请追加股东在减资范围内对公司未能清偿的债务承担补充赔偿责任。

本案的主要争议焦点为:公司减资未通知债权人,债权人能否请求股东在减资范围内承担赔偿责任?

裁判说理

法院认为:根据《公司法》第177条的规定,公司虽可以减少注册资本,但对于减资设置了特别的要求,即必须编制资产负债表、财产清单,并通知债权人。债权人视情形可以选择要求提前清偿或提供担保。公司如未履行编制减资时的资产负债表及财产清单,并将相关资产、负债、财产等相关情况全面通知债权人的义务,债权人即无法了解减资对其债权的实质影响,侵害了债权人基于公司资本充足而产生的信赖利益。因公司的减资系按股东会决议而为,减资的股东基于维持原有资本充足的责任，应对减资程序存在瑕疵给债权人带来的损害在减少资本的数额内就公司无法清偿的部分承担补充赔偿责任，故减少注册资本的股东与债权人之间实质为损害赔偿关系。本案中，九江信华电建公司采用虚构负债信息并作出减资的时间是2018年10月，而新余光大公司对九江信华电建公司享有的债权早于九江信华电建公司减资时间，且该债权是经人民法院生效裁判文书确定的债权。九江信华电建公司虽然在报纸上发布了减资公告，但未依法向原告履行公司减资的法定通知义务，减资程序不合法，已经严重危及涉案债权。两上诉人作为九江信华电建公司的股东做出减资的股东会决议，主观上存在过错，客观上降低了九江信华电建公司的偿债能力，其减资决议产生了和股东抽逃出资一致的法律效果，应对九江信华电建公司不能清偿的债务承担补充赔偿责任，即上诉人郭某在792万元减资范围内、上诉人丁某某在8万元减资范围内对江西省新余市渝水区法院（2016）赣0502民初1548号民事判决书项下的第三人九江信华电建有限公司之债务承担连带补充赔偿责任。

专业点评

公司减资未通知债权人，使得债权人失去了要求公司清偿债务或提供担保的权利，损害了债权人对于公司资本充足的信赖利益，在减资股东存在过错的情形下，股东行为与债权人利益受损之间存在因果关系，其实质效果类似于股东抽逃出资，债权人可要求股东在减资范围内承担损害赔偿责任。建议减资务必通知债权人，否则减资股东也可能承担损害赔偿责任。

公司注册资本对内对外都具有重大意义。对公司自身而言，是其获得独立人格的法律基础，其因具有独立的资本而获得民商事法律主体的地位；对于公司股东而言，出资份额直接关系其股东权利，一般情况下，其也因此而承担有限责任。对外而言，是获得外部交易相对人信任的基础。公司注册资本的增加、减少和增减的幅度，对公司、股东和交易相对人影响都极为重大。公司作为法人与交易相对人进行商事活动的基础在于其拥有独立于股东的资产。此即要求：（1）公司的资产来自股东；（2）来自股东的资产为公司所排他地占有或使用，股东不得任意撤回；（3）公司因此资产而具有独立人格，与其他法律主体发生法律关系，享有权利、承担义务和责任;(4)股东不得任意减少其出资,而有损公司的独立人格;(5)对于交易相对人而言,公司资产的独立和充足是对其债权的保护。因此,宏观地看,任何不当减少公司资本的行为,对内有损公司独立人格,对外有损交易相对人的交易安全。典型的不当减少公司资本表现为抽逃出资和瑕疵减资。瑕疵减资,即公司未按法定程序或未于法定期间内通知债权人而径自减少注册资本的行为。公司股东可以瑕疵减资来规避其资产损失,将公司的注册资本收回,从而损害公司的独立人格,进而直接动摇公司资本对债权人的担保作用。从这一方面来看,瑕疵减资与抽逃出资在本质上是一致的,其导致的危害也是相同的,都对公司和债权人的利益产生重大影响,危及公司独立人格及债权人受偿债务的可能性。但《公司法》只规定了减资过程中公司应尽的义务,《公司法》和司法解释未对瑕疵减资的责任承担予以规定。

鉴于民事案件法官可自由心证、自由裁量,可类推适用法律。本案中,尽管《公司法》规定公司减资时的通知义务在于公司,但公司是否减资系股东会决议的结果,是否减资以及如何进行减资完全取决于股东的意志,股东对公司减资的法定程序及后果亦属明知,同时,公司办理减资手续需股东配合,对于公司通知义务的履行,股东亦应当尽到合理注意义务。因此,本案中类推适用关于抽逃出资的规定,以股东为被告追究其在减少出资范围内的责任。

法条链接

1.《公司法》(2018 年)

第一百七十七条　公司需要减少注册资本时,必须编制资产负债表及财产清单。

公司应当自作出减少注册资本决议之日起十日内通知债权人,并于三十日内在报纸上公告。债权人自接到通知书之日起三十日内,未接到通知书的自公告之日起四十五日内,有权要求公司清偿债务或者提供相应的担保。

2.《公司法解释三》(2020 年)

第十四条　股东抽逃出资,公司或者其他股东请求其向公司返还出资本息、协助抽逃出资的其他股东、董事、高级管理人员或者实际控制人对此承担连带责任的,人民法院应予支持。

公司债权人请求抽逃出资的股东在抽逃出资本息范围内对公司债务不能清偿的部分承担补充赔偿责任、协助抽逃出资的其他股东、董事、高级管理人员或者实际控制人对此承担连带责任的,人民法院应予支持;抽逃出资的股东已经承担上述责任,其他债权人提出相同请求的,人民法院不予支持。

四、减资股东对于债权人的赔偿请求能否适用诉讼时效抗辩

案件名称

吴某某诉彭某、夏某某公司减资纠纷案

案号

一审:(2020)赣 0403 民初 2405 号;二审:(2020)赣 04 民终 1991 号

裁判要旨

减资程序不合法,严重危及债权人利益,债权人要求股东承担赔偿责任,被告股东以出资义务或者返还出资义务超过诉讼时效期间为由进行抗辩的,人民法院不予支持。

案情简介

上诉人(原审原告):吴某某

被上诉人(原审被告):彭某

被上诉人(原审被告):夏某某

2012 年 2 月 27 日至 12 月 18 日,衡达公司先后向汤某维借款 333 万元,并向汤某维出具收条一份,注明:借款 133 万元整,交款人汤某维。2019 年 9 月 3 日,汤某维与原告签订一份债权转让协议,将上述债权转移给原告,并通知了衡达公司。衡达公司后未还款,原告即向法院提起对衡达公司的诉讼,法院于 2019 年 9 月 24 日立

案受理,于2019年12月25日作出(2019)赣0403民初3920号民事判决,判决:衡达公司在判决生效后15日内向原告返还借款133万元并按照中国人民银行同期一年期贷款利率支付自2019年9月25日起至还清之日止的利息。该判决生效后,原告于2020年5月6日申请执行,执行过程中查明衡达公司名下房产位于江西省九江市,已予以查封,因上述房产已有另案查封,属轮候查封,暂无法处置,未查到衡达公司有其他财产可供执行,遂裁定终结本次执行。

衡达公司成立于2006年12月14日,原名称为"九江恒达金属精密加工有限公司"。2015年4月13日,衡达公司在《九江日报》第4版中缝中刊登减资公告,载明经股东会决议,拟向登记机关申请减少注册资本金,由2200万元减至400万元。2015年5月25日,衡达公司通过股东会决议,表决注册资本减资议题,会议作出决议:公司注册资本由2200万元减至400万元。2015年6月2日,衡达公司经登记机关核准办理登记手续,将上述减资及股权进行了变更登记。

诉讼过程

吴某某向江西省九江市浔阳区人民法院对彭某、夏某某提起诉讼:请求两被告连带向原告支付本金133万元以及利息。吴某某认为,2015年6月2日(本案债务发生在2012年),衡达公司的股东彭某的出资由1210万元变更为出资170.5万元,减资1039.5万元,股东夏某某的出资由900万元变更为出资139.5万元,减资760.5万元。上述减资程序未有效通知债权人,并且未编制资产负债表以及财产清单。根据相关案例,应按照减资金额的范围承担连带清偿责任。现衡达公司无法执行,而上述两股东减资的金额又远大于本案的债务金额,因此二被告应当对涉案债务承担连带支付责任。江西省九江市浔阳区人民法院判决吴某某败诉,后吴某某又向九江市中级人民法院上诉,二审法院撤销原判,依法改判。

裁判结果

一审判决:(1)撤销江西省九江市浔阳区人民法院(2020)赣0403民初2405号民事判决,即"驳回原告吴某某的诉讼请求";(2)被上诉人彭某在减资1039.5万元、夏某某在减资760.5万元范围内对(2019)赣0403民初3920号民事判决所确定的衡达公司欠上诉人吴某某的133万元及利息。

二审判决:撤销原判,改判彭某在减资1039.5万元、夏某某在减资760.5万元范围内对(2019)赣0403民初3920号民事判决所确定的衡达公司欠上诉人吴某某的

133万元及利息承担连带补充赔偿责任。

主要争点

被告彭某认为:第一,原告与衡达公司债权债务形成在2012年,两被告均不是该期间的股东,衡达公司最早的注册资本为100万元,在原告与衡达公司形成债权债务期间,衡达公司的注册资本为200万元。2013年4月2日,原公司股东刘某祥、董某松、钟某红通过增资将公司注册资本增至2200万元,2015年5月5日两被告通过股权转让方式作为衡达公司的股东,2015年6月2日衡达公司减少注册资本至400万元。目前为止,衡达公司的注册资本为400万元,该注册资本与原告形成期间的200万元不但没有减少,反而增加,衡达公司的增资减资行为属于正常的行为,并未损害债权人利益。第二,衡达公司是有限责任公司,该公司有独立的法人地位,在公司人格被否定之前原告主张股东承担责任缺乏法律依据。第三,衡达公司减少注册资本通过在《九江日报》公告的方式进行了公告,原告也没有向衡达公司主张过任何权利,现提起诉讼已过诉讼时效,且衡达公司的减资行为已履行相应的法律程序,被告作为股东不应当承担连带责任,原告与衡达公司民间借贷纠纷案件已过诉讼时效,两名被告作为公司股东对该案借贷的诉讼并不知情。第四,衡达公司目前进入困境的原因主要是由于九江恒达金属精密加工有限责任公司原控制人吴某华被控非法吸收公众存款和集资诈骗导致衡达公司的房产和土地被法院查封。目前为止,衡达公司已向法院提请申诉,因为该查封行为是错误的,九江恒达金属精密加工有限责任公司于2011年成立,而衡达实业的前称为九江恒达金属精密加工有限责任公司,后来变更为衡达公司,但是在2008年取得的房产和土地使用权的名称没有变更,仍然登记在九江恒达金属精密加工有限责任公司的名称下,所以导致在吴某华刑事案件中属于衡达公司的房产和土地被错误查封,江西省九江市中级人民法院正在对衡达公司的申请进行审查,目前并没有证据证实衡达公司资不抵债或者原告的债权得不到保障。第五,衡达公司名下有11,561平方米土地使用权,房产面积12,499.67平方米,总资产在3000万元左右,原告在执行期间也仅仅是由于吴某华的刑事案件与衡达公司的民间借贷纠纷在执行期间交织在一起,导致执行暂时陷入僵局,但并不代表衡达公司的债务不能清偿。

被告夏某某辩称,虽然其是股东,但没参与公司具体经营,也没有在公司担任职位,借贷和其他的事情都不知情,股份为代操某海持有。其余意见与被告彭某相同。

一审法院认为,《公司法》第3条规定:“公司是企业法人,有独立的法人财产,享有法人财产权。公司以其全部财产对公司的债务承担责任。有限责任公司的股东以其认缴的出资额为限对公司承担责任”；第35条规定：“公司成立后，股东不得抽逃出资。”从以上规定可知，股东对公司的出资属于公司的财产，股东负有在出资范围内维持公司资本充足的责任。根据《公司法》第177条的规定，公司虽可以减少注册资本，但对于减资设置了特别的要求，即必须编制资产负债表、财产清单，并通知债权人。债权人视情形可以选择要求提前清偿或提供担保。公司如未履行编制减资时的资产负债表及财产清单，并将相关资产、负债、财产等相关情况全面通知债权人的义务，债权人即无法了解减资对其债权的实质影响，侵害了债权人基于公司资本充足而产生的信赖利益。因公司的减资系按股东会决议而为，减资的股东基于维持原有资本充足的责任，应对减资程序存在瑕疵给债权人带来的损害在减少资本的数额内就公司无法清偿的部分承担补充赔偿责任，故减少注册资本的股东与债权人之间实质为损害赔偿关系。本案中，衡达公司只以公告方式通知拟进行减资，且并无证据证明其已履行全面告知相关财务信息的义务，损害了案涉债权原债权人的合法权利，本应承担相应责任，但衡达公司对减资在媒体上进行公告后，已向登记机关办理了核准变更登记手续，资本变动情况即已向社会进行公示，债权人自变更登记之日起应视为已知其权利受损，按照当时有效的《民法通则》第135条、第137条的规定，其应在2年内向人民法院主张权利，而其在时隔5年后才以减资存在瑕疵为由起诉两名被告直接清偿公司债务，已过诉讼时效。故被告关于诉讼时效的抗辩成立，予以采信，对原告的诉请不予支持。

上诉人吴某某的上诉请求：撤销原判，改判彭某在减资1039.5万元，夏某某在减资760.5万元范围内连带向吴某某支付本金133万元以及利息。被上诉人在减资过程中未有效通知债权人，本案不应适用诉讼时效。

被上诉人彭某辩称：被上诉人的减资已履行相应的法律程序，上诉人主张赔偿已过法定时效。《公司法解释三》第19条的规定与本案实际情况不符，请求维持原判。

综上所述，本案的主要争议焦点为债权人对于公司减资未通知本人情形下的减资股东损害赔偿请求，是否受诉讼时效约束？

裁判说理

二审法院认为，衡达公司在减资时未通知债权人或对涉案债权进行清偿或提供担保人，减资程序不合法，已经严重危及涉案债权。两名被上诉人作为衡达公司股东做出了减资的股东会决议，主观上存在过错，客观上降低了衡达公司的偿债能力。其减资决议产生了和股东抽逃出资一致的法律效果，应对衡达公司不能清偿的债务承担补偿赔偿责任，即彭某在减资 1039.5 万元，夏某某在减资 760.5 万元范围内对衡达公司的债务承担连带补充赔偿责任。根据《公司法解释三》第 19 条的规定，公司债权人的债权未过诉讼时效期间，其依照该规定第 13 条第 2 款、第 14 条第 2 款的规定，请求未履行或者未全面履行出资义务或者抽逃出资的股东承担赔偿责任，被告股东以出资义务或者返还出资义务超过诉讼时效期间为由进行抗辩的，人民法院不予支持。本案中，衡达公司的减资行为未对已知债权人进行通知，该情形与股东违法抽逃出资在本质上并无不同。依据上述法律，对被上诉人提出的诉讼时效抗辩，法院不予支持。

专业点评

一审法院虽然在实体上认可了减资股东与债权人之间形成损害赔偿责任关系，但一审法院以被告诉讼时效抗辩成立为由未支持债权人的损害赔偿请求。二审法院通过类比适用抽逃出资情形下的损害赔偿责任，支持了债权人的赔偿请求。该裁判观点与前述案例类似，均认为减资股东未依法定程序通知债权人的，从而对债权人利益造成损害，其实质效果类似于股东抽逃出资，通过这一巧妙的裁判思路，更有力地保障了债权人的利益。也给公司治理提出了要求，公司减资务必遵循法定程序，否则股东可能承担不利后果。

法条链接

1.《公司法》(2018 年)

第一百七十七条　公司需要减少注册资本时，必须编制资产负债表及财产清单。

公司应当自作出减少注册资本决议之日起十日内通知债权人，并于三十日内在报纸上公告。债权人自接到通知书之日起三十日内，未接到通知书的自公告之日起四十五日内，有权要求公司清偿债务或者提供相应的担保。

2.《公司法解释三》(2020 年)

第十四条　股东抽逃出资，公司或者其他股东请求其向公司返还出资本息、协助抽逃出资的其他股东、董事、高级管理人员或者实际控制人对此承担连带责任的，人民法院应予支持。

公司债权人请求抽逃出资的股东在抽逃出资本息范围内对公司债务不能清偿的部分承担补充赔偿责任、协助抽逃出资的其他股东、董事、高级管理人员或者实际控制人对此承担连带责任的,人民法院应予支持;抽逃出资的股东已经承担上述责任,其他债权人提出相同请求的,人民法院不予支持。

第十九条　公司股东未履行或者未全面履行出资义务或者抽逃出资,公司或者其他股东请求其向公司全面履行出资义务或者返还出资,被告股东以诉讼时效为由进行抗辩的,人民法院不予支持。

公司债权人的债权未过诉讼时效期间,其依照本规定第十三条第二款、第十四条第二款的规定请求未履行或者未全面履行出资义务或者抽逃出资的股东承担赔偿责任,被告股东以出资义务或者返还出资义务超过诉讼时效期间为由进行抗辩的,人民法院不予支持。

3.《民法通则》(2009 年)①

第一百三十五条　向人民法院请求保护民事权利的诉讼时效期间为二年,法律另有规定的除外。

第一百三十七条　诉讼时效期间从知道或者应当知道权利被侵害时起计算。但是,从权利被侵害之日起超过二十年的,人民法院不予保护。有特殊情况的,人民法院可以延长诉讼时效期间。

同类案例

陈某华诉上海孝诚健康信息咨询有限公司等案[(2011)沪一中民一(民)终字第 1488 号,载《人民法院报》2011 年 10 月 13 日,第 6 版]

五、公司减资并未通知减资前已发生但尚未确定的债权人,减资股东是否应对其承担赔偿责任

案件名称

陈某某诉蔡某、伍某某、马某等公司减资纠纷案

① 现已修改为《民法典》第 188 条。

案号

一审：(2019)川0683民初2499号；二审：(2020)川06民终748号

裁判要旨

对于第三人减资发生时，该债务尚处争议之中。虽发布了减资公告，但未直接通知该债权人，属于违反法律程序，相关股东应当在减资额范围承担补充赔偿责任。

案情简介

上诉人(原审被告)：蔡某
被上诉人(原审原告)：陈某某
原审被告：伍某某
原审被告：马某
原审第三人：鼎达公司

2018年5月9日，四川省绵竹市人民法院作出(2018)川0683民初590号民事判决书，认定双方买卖电线、开关、砂浆网等材料的对账时间为2014年10月9日。判决：鼎达公司应于本判决生效之日起10日内向陈某某支付货款758,411元及资金利息。2018年8月7日，陈某某依据已生效的(2018)川0683民初590号民事判决向四川省绵竹市人民法院申请执行。2018年12月11日，四川省绵竹市人民法院作出(2018)川0683执777号之一执行裁定书，认为被执行人鼎达公司暂无财产可供执行，裁定终结本次执行程序。

2018年5月9日，四川省绵竹市人民法院作出(2018)川0683民初592号民事判决书，认定双方买卖电线、开关、砂浆网等材料的对账时间为2013年12月26日。判决：鼎达公司应于本判决生效之日起10日内向陈某某支付货款179,028元及资金利息。2018年7月10日，陈某某依据已生效的(2018)川0683民初592号民事判决向四川省绵竹市人民法院申请执行。2018年12月5日，四川省绵竹市人民法院作出(2018)川0683执739号之一执行裁定书，查明鼎达公司名下的土地、房产已被多家法院查封且有抵押(一审法院系轮候查封，不具备处置权)，鼎达公司名下的土地已被德阳市中级人民法院进行公开拍卖，正在拍卖过程中，除此之外未发现鼎达公司有可供执行的财产。裁定终结本次执行程序。

2014年12月4日，四川省绵竹市工商行政管理局准予鼎达公司投资人(股权)变更，注册资本(金)变更登记申请。变更前注册资本(金)为2000万元，其中马某的出资比例为95%,蔡某的出资比例为5%;变更后注册资本(金)为4000万元,其中马某的出资比例为47.5%,蔡某的出资比例为2.5%,伍某某认缴出资额2000万元,出资比例为50%。

2015年8月12日,鼎达公司在《四川工人日报》上刊登减资公告。

2015年11月18日,四川省绵竹市工商行政管理局准予鼎达公司注册资本(金)变更登记申请。变更后注册资本(金)为2000万元,其中马某出资比例47.5%,认缴出资额950万元,认缴出资额日期为2009年7月30日,出资方式为实物、货币;伍某某出资比例50%,认缴出资额1000万元,认缴出资日期为2015年12月31日,出资方式为货币;蔡某出资比例2.5%,认缴出资额50万元,认缴出资日期为2001年8月1日,出资方式为实物。

诉讼过程

陈某某向四川省绵竹市人民法院起诉请求:(1)判令伍某某、马某、蔡某在2015年11月18日2000万元的减资范围内连带赔偿陈某某(2018)川0683民初590号买卖合同纠纷货款本金758,411元、利息106,681.42元、诉讼费5692元。(2)判令伍某某、马某、蔡某在2015年11月18日2000万元的减资范围内连带赔偿陈某某(2018)川0683民初592号买卖合同纠纷货款本金179,028元、利息29,040.55元、诉讼费1940元。(3)判令伍某某、马某、蔡某在2015年11月18日2000万元的减资范围内连带赔偿陈某某上述两案应当加倍支付的迟延履行期间的债务利息87,767.73元。以上三项合计共1,168,560.7元。(4)判令伍某某、马某、蔡某承担本案诉讼费用、保全费用及诉讼保全担保费用。庭审中,陈某某变更诉讼请求中利息的计算方式为:2019年8月20日前,按人民银行同期存款利率计算,2019年8月20日后,按全国银行间同业拆借中心公布的贷款市场报价利率计算。同时,陈某某明确其诉讼请求系要求伍某某、马某、蔡某对鼎达公司就(2018)川0683民初590号民事判决书和(2018)川0683民初592号民事判决所确定的给付责任承担连带补充赔偿责任。一审支持原告诉讼请求,蔡某对一审判决不服提起上诉,二审驳回上诉,维持原判。

裁判结果

(1)被告伍某某应于本判决发生法律效力之日起10日内在减资额1000万元内对四川省绵竹市人民法院(2018)川0683民初590号民事判决和(2018)川0683民初592号民事判决确定的鼎达公司的给付义务中不能清偿的部分向原告陈某某承

担补充赔偿责任。(2)被告马某应于本判决发生法律效力之日起10日内在减资额950万元内对四川省绵竹市人民法院(2018)川0683民初590号民事判决和(2018)川0683民初592号民事判决确定的鼎达公司的给付义务中不能清偿的部分向原告陈某某承担补充赔偿责任。(3)被告蔡某应于本判决发生法律效力之日起10日内在减资额50万元内对四川省绵竹市人民法院(2018)川0683民初590号民事判决和(2018)川0683民初592号民事判决确定的鼎达公司的债务中不能清偿的部分向原告陈某某承担补充赔偿责任。(4)驳回原告陈某某的其他诉讼请求。蔡某提出上诉,四川省德阳市中级人民法院驳回上诉,维持原判。

主要争点

蔡某上诉请求:(1)撤销一审判决,驳回被上诉人的一审诉讼请求;(2)本案一审的诉讼费、保全费及二审诉讼费由被上诉人承担。蔡某认为:(1)2015年11月18日第三人减资前,被上诉人并未直接与第三人有直接业务往来,但直到被上诉人起诉至法院,上诉人才知晓该债务存在,对于第三人减资发生时,该债务并未确定,第三人无法直接通知被上诉人,但上诉人已经按照减资程序,公告了减资决议,已经尽到告知未直接通知债权人的义务。且被上诉人与第三人发生债务时,第三人的注册资本是2000万元,该债务经人民法院于2018年5月9日作出判决确认后,第三人的注册资本已经变回到2000万元,该注册资本的变化不存在抽逃出资的情况,对被上诉人债务承担没有实质影响。(2)公司的债务应当由公司独立承担,公司股东不应当承担公司的补充责任。(3)公司的增减资行为合法,公司股东没有通过抽逃资金来损害被上诉人的合法权益。

陈某某辩称:鼎达公司减资未通知债权人,注册资本变化对债务承担有实质影响。一审判决认定事实清楚,证据充分,应当驳回上诉,维持原判。

伍某某、马某、鼎达公司辩称:鼎达公司与被上诉人债务形成是在公司增减注册资本前发生,鼎达公司的增减资行为的注册资本金都不低于2000万元,被上诉人与鼎达公司债务形成并确定时的注册资本金未发生变化,故鼎达公司的债务应当由公司独立承担,作为公司股东的上诉人不应承担公司不能完全履行其债务时的补充赔偿责任。同时,增资、减资行为依法通过工商登记机关合法变更,不存在逃避债务或公司股东抽逃资金的行为。

本案的主要争议焦点为鼎达公司减资行为是否违反法律的程序,相关股东是否应当在减资额范围承担补充赔偿责任。

裁判说理

一审法院认为,本案诉争债权虽于2018年5月9日经人民法院判决确认,但(2018)川0683民初590号民事判决,认定双方买卖电线、开关、砂浆网等材料的对账时间为2014年10月9日,(2018)川0683民初592号民事判决,认定双方买卖电线、开关、砂浆网等材料的对账时间为2013年12月26日。上述对账日期均早于第三人鼎达公司减资日期2015年11月18日。依照《公司法》第177条第2款"公司应当自作出减少注册资本决议之日起十日内通知债权人,并于三十日内在报纸上公告。债权人自接到通知书之日起三十日内,未接到通知书的自公告之日起四十五日内,有权要求公司清偿债务或者提供相应的担保"的规定,第三人鼎达公司应当自作出减少注册资本决议之日起10日内通知原告陈某某。因鼎达公司未直接通知陈某某,致使陈某某不能及时要求其清偿债务或提供相应担保。现鼎达公司暂无财产可供执行,无法履行(2018)川0683民初590号民事判决和(2018)川0683民初592号民事判决确定的给付义务,故对原告陈某某要求股东伍某某、马某、蔡某在减资额范围内承担补充赔偿责任的诉讼请求,一审法院予以支持。三名被告应在各自的减资额范围内承担补充赔偿责任,对原告陈某某要求三名被告承担连带责任的诉讼请求,一审法院不予支持。关于原告的第1项、第2项、第3项诉讼请求,实质是对鼎达公司就(2018)川0683民初590号民事判决和(2018)川0683民初592号民事判决确定的给付义务未履行部分的具体例举。

关于被告伍某某、马某、蔡某及第三人鼎达公司辩解原告享有对第三人鼎达公司的债权,第三人具有偿还能力,故不应要求三名被告承担。一审法院认为,一审法院(2018)川0683执739号之一执行裁定、(2018)川0683执777号之一执行裁定均认定鼎达公司暂无财产可供执行,故对该辩解意见,一审法院不予采纳。若第三人鼎达公司具有偿还能力,其已经清偿及此后清偿的部分,三名被告均无须再承担补充赔偿责任。

关于第三人鼎达公司提出已履行部分(2018)川0683民初590号民事判决和(2018)川0683民初592号民事判决确定的给付义务,因三被告承担的是补充赔偿责任,对鼎达公司已经履行的部分以及此后履行的部分,均应予扣减。

二审法院认为,本案二审争议焦点为:鼎达公司减资行为是否违反法律的程序,相关股东是否应当在减资额范围承担补充赔偿责任。《公司法》第177条第2款规定"公司应当自作出减少注册资本决议之日起十日内通知债权人,并于三十日内在报纸上公告。债权人自接到通知书之日起三十日内,未接到通知书的自公告之日起四十五日内,有权要求公司清偿债务或者提供相应的担保",本案中,案涉陈某某与鼎达公司债权债务关系在鼎达公司增资、减资前已发生，且经过双方对账确认，鼎达公司未履行债务经陈某某起诉主张权利虽未形成终审判决，但并不影响该债权债务关系形成时间。故鼎达公司应当自作出减少注册资本决议之日起10日内通知债权人陈某某，蔡某有关鼎达公司通过公告即已尽到了减资通知义务的上诉理由不能成立。

因鼎达公司未直接通知陈某某，致使陈某某不能及时要求其清偿债务或提供相应担保，相关债权清偿利益受到损害。现鼎达公司经人民法院强制执行仍无法履行生效裁判确定的给付义务，故对陈某某要求相关股东在减资额范围内承担补充赔偿责任的诉讼请求，一审法院予以支持，并无不当。

专业点评

公司减资程序的设置核心就在保护股东和债权人的利益，对于债权人利益的保护又尤为周全。本案的核心问题是债权债务在公司减资之前尚未确定，处于争议之中，此时，减资公司是否应当通知债权人。法院的裁判观点是债权债务关系只要形成于减资之前，都应作为已知债权人而得到公司的减资通知。企业在经营管理过程中应充分注意该问题，在减资程序中务必通知到位。

法条链接

《公司法》（2018年）

第一百七十七条　公司需要减少注册资本时，必须编制资产负债表及财产清单。公司应当自作出减少注册资本决议之日起十日内通知债权人，并于三十日内在报纸上公告。债权人自接到通知书之日起三十日内，未接到通知书的自公告之日起四十五日内，有权要求公司清偿债务或者提供相应的担保。

六、判断减资股东是否需要对债权人承担补充赔偿责任的关键是减资程序是否合法，与减资目的无关

案件名称

李某某诉唐某公司减资纠纷案

案号

一审：(2019)湘0105民初3048号；二审：(2020)湘01民终7682号

裁判要旨

减资未直接通知债权人的，即使减资不影响全部债权的实现，减资是为合理规避因经营不善带来的风险，而不是为了逃避债务，也应认为公司未尽相应的注意义务，减资的目的对认定减资程序违法不造成影响。对债权人造成损害的，股东应承担补充赔偿责任。

案情简介

上诉人（原审被告）：唐某

被上诉人（原审原告）：李某某

原审被告：王某某

湖南活天下水业有限公司原名湖南活天下水业股份有限公司，于2014年4月23日成立，注册资本1000万元，法定代表人唐某，股东唐某、王某某，公司章程载明：唐某认缴100万元、王某某认缴900万元，缴付期限至2064年4月20日。2016年1月，湖南活天下水业有限公司股东会决议同意注册资本从1000万元减少至500万元。公司登报减资公告：自本公告见报之日起45日内，债权人有权要求公司清偿债务或者提供相应的担保。2016年3月，湖南活天下水业有限公司章程修正案载明：唐某实缴50万元，王某某实缴450万元，出资时间2014年10月9日。随后，公司注册资本1000万元变更登记为500万元。2017年，唐某、王某某退出公司，股东变更为刘某某、左某某，法定代表人变更为左某某。

2015年5月10日，李某某成为湖南活天下水业有限公司的湖南省邵东区域经销商，合同期限至2015年12月31日。2015年8月19日，李某某与公司对账，确认

李某某期末余额为99,925元(含10,000元保证金),注明公司累计总返还件数686件(550ml/件),从2015年8月17日起550ml山泉水按照底价15元操作。2017年8月,李某某提起诉讼,湖南省长沙市开福区人民法院作出(2017)湘0105民初4470号民事判决,判决:湖南活天下水业有限公司向李某某支付剩余预付款99,925元、应补货款10,290元,共计110,215元,以及逾期付款利息,该案受理费2504元,公告费560元,共计3064元。之后,李某某申请强制执行,经查公司无财产可供执行,于2018年12月终结本次执行。

诉讼过程

李某某向一审法院起诉请求:(1)王某某、唐某在减资范围内对(2017)湘0105民初4470号民事判决的债权承担补充赔偿责任;(2)王某某、唐某承担本案诉讼费用。一审法院判决:(1)唐某、王某某于本判决生效之日起10日内对湖南活天下水业有限公司在(2017)湘0105民初4470号民事判决中的110,215元付款义务承担补充赔偿责任;(2)驳回李某某的其他诉讼请求。后一审两被告上诉,二审法院驳回上诉,维持原判。

裁判结果

一审判决:(1)唐某、王某某于本判决生效之日起10日内对湖南活天下水业有限公司在(2017)湘0105民初4470号民事判决中的110,215元付款义务承担补充赔偿责任;(2)驳回李某某的其他诉讼请求。

二审驳回上诉维持原判。

主要争点

一审法院认为:《公司法》第177条第2款规定:公司应当自作出减少注册资本决议之日起10日内通知债权人,并于30日内在报纸上公告。债权人自接到通知书之日起30日内,未接到通知书的自公告之日起45日内,有权要求公司清偿债务或者提供相应的担保。本案中,李某某与湖南活天下水业有限公司对账时间为2015年8月,债权在2016年减资前形成,李某某是已知债权人。公司股东会决议同意减资,取决于股东意志,股东唐某、王某某在减资时对已知债权人负有注意义务。唐某仅提供减资公告,未举证证明已按《公司法》规定通知李某某,不符合法律规定。唐某主张已经实缴出资,无须对减资承担责任。虽然公司章程修正案及审计报告记载实缴500万元,但是未提交验资报告,也不能改变减资500万元的事实,该500万元去向不明,影响公司的清偿能力,损害李某某的债权,应承担相应的法律责任。该情形与股东违法抽逃出资对债权人的影响相似,因此参照《公司法》司法解释规定,由股东唐某、王某某在减资数额范围内对公司债务承担补充赔偿责任。考虑在减资前尚未产生生效判决确认的逾期付款利息和诉讼费用3064元,故酌定唐某、王某某的补充赔偿责任以本金110,215元为限。

唐某上诉请求:(1)撤销一审判决,依法改判驳回李某某对唐某的全部诉讼请求,即改判唐某无须对湖南活天下水业有限公司欠付的债务承担补充赔偿责任或将本案发回重审。(2)本案诉讼费由李某某承担。事实与理由:(1)唐某不存在违法减资的行为,不应对湖南活天下水业有限公司欠付的债务承担补充赔偿责任。(2)公司具有独立的人格,具备履行的能力,应当以公司财产偿还李某某货款,且唐某已履行完毕全部实缴义务,不应当对欠付的债务承担补充赔偿责任。

李某某辩称:(1)湖南活天下水业有限公司未对已知债权人进行减资通知,导致降低了公司承担责任能力,直接影响到公司债权人利益,该情形与股东未全面履行出资义务在法律评价以及对债权人利益的影响方面,在本质上并无不同,故唐某应在其减资范围内对湖南活天下水业有限公司承担赔偿责任。(2)湖南活天下水业有限公司在减资时未通知已知债权人,违反了《公司法》第3条"有限责任公司的股东以其认缴的出资额为限对公司承担责任"的规定,导致湖南活天下水业有限公司的清偿能力不足,损害了李某某的合法权益。

本案的主要争议焦点为:(1)湖南活天下水业有限公司是否存在违法减资行为;(2)唐某是否应对湖南活天下水业有限公司承担补充赔偿责任。

裁判说理

二审法院认为,根据双方当事人辩诉意见及查明的事实,本案的争议焦点为:(1)湖南活天下水业有限公司是否存在违法减资行为;(2)唐某是否应对湖南活天下水业有限公司承担补充赔偿责任。

关于焦点一:湖南活天下水业有限公司的减资行为未履行相关法律规定的程序,存在违法减资行为。理由如下:根据《公司法》第177条第2款的规定,公司应当在作出减少注册资本决议后,通知债权人,债权人有权要求公司清偿债务或者提供相应的担保。本条的目的在于保障债权人的债权,避免在债权人不知情的情况下,债务人减少注册资本,致使债务人清偿能力减弱,损害债权人的利益,所以我国《公司法》对于公司减少资本规定了比增加资本更为严格的法律程序。本案中,李某某与湖南活天下水业有限公司对账时间为2015年8月,债权在2016年减资前形成,李某某是已知债权人,不存在通知无法送达的情形。虽然湖南活天下水业有限公司发布了减资公告,但并未就减资事项直接通知李某某,故该通知方式不符合减资的法定程序,也使李某某丧失了在湖南活天下水业有限公司减资前要求其清偿债务或提供担保的权利。唐某主张湖南活天下水业有限公司减资后注册资本为500万元,即使减资亦不影响李某某全部债权的实现,湖南活天下水业有限公司减资的原因为合理规避因经营不善带来的风险,而不是为了逃避债务,因此湖南活天下水业有限公司不存在违法减资行为。法院认为,湖南活天下水业有限公司未履行通知的义务,可认为湖南活天下水业有限公司未尽相应的注意义务,存在过错,至于减资的目的对认定减资程序违法不造成影响。且因为湖南活天下水业有限公司未通知李某某,致使李某某无法在公司减资前实现债权或要求提供担保,即在减资行为作出时,客观上就已经对李某某的债权造成损害,唐某主张在湖南活天下水业有限公司作出减资决议时,不影响李某某债权的实现,此抗辩理由不能成立。

关于焦点二:唐某应当对湖南活天下水业有限公司承担补充赔偿责任。理由如下:虽然《公司法》规定,作出减资决议后,公司为通知的主体,但是否减资完全取决于股东的意志,股东对公司减资的程序和结果知情,同时,公司办理减资手续需股东配合,对于公司通知义务的履行,股东亦应当尽到合理注意义务。本案中,在湖南活天下水业有限公司作出减资决议前,李某某的债权就已经存在,唐某作为湖南活天下水业有限公司的股东应当知情,唐某却未履行通知李某某的义务,导致湖南活天下水业有限公司的清偿能力减弱,无法清偿李某某的债权,故唐某应承担相应的法律责任。《公司法》规定,有限责任公司的股东应按其认缴的出资额履行足额出资义务,股东认缴的出资未经法定程序不得抽回、减少。本案中,湖南活天下水业有限公司在未向李某某履行通知义务的情况下,经公司股东会决议减资退股,违反了公司资本维持的原则,与股东未履行或未全面履行出资义务造成的法律后果相同。因此,一审法院根据《公司法解释三》第13条第2款的规定,判决唐某应当在其减资数额范围内对湖南活天下水业有限公司不能清偿的部分承担补充赔偿责任,并无不当,法院予以支持。

专业点评

债权人在公司资本结构中具有重要的法律地位。在现代公司发展中，债权人成为主要参与者、重要的利益相关者。公司注册资本是公司对外债务的一般担保，如果公司随意减少公司注册资本，必然导致对公司债权人清偿能力的降低，从而危及债权人的债权，本书前几个案例已经充分说明了该问题。公司法规定，公司减资通知债权人后，债权人有权要求公司清偿债务或提供相应的担保。在本案中，对于债权人的保护似乎更进一步。唐某未履行通知李某某的义务，导致湖南活天下水业有限公司的清偿能力减弱，无法清偿李某某的债权，故唐某应承担相应的法律责任。即便减资实质上不对债权人利益造成损害，也可以要求承担责任，这是对债权人程序性权利、债权的周到保护。笔者认为，可以借用刑法中的危险理论分析这一问题，公司违法减资只需要对债权人构成一种“抽象危险”即可，而无须深入考察其中具体利害关系，不要求达到“具体危险”程度。

法条链接

1.《公司法》(2018 年)

第一百七十七条　公司需要减少注册资本时，必须编制资产负债表及财产清单。

公司应当自作出减少注册资本决议之日起十日内通知债权人，并于三十日内在报纸上公告。债权人自接到通知书之日起三十日内，未接到通知书的自公告之日起四十五日内，有权要求公司清偿债务或者提供相应的担保。

2.《公司法司法解释三》(2014 年)①

第十三条　股东未履行或者未全面履行出资义务，公司或者其他股东请求其向公司依法全面履行出资义务的，人民法院应予支持。

公司债权人请求未履行或者未全面履行出资义务的股东在未出资本息范围内

① 现已修改为《公司法解释三》(2020 年)第 13 条。

对公司债务不能清偿的部分承担补充赔偿责任的，人民法院应予支持；未履行或者未全面履行出资义务的股东已经承担上述责任，其他债权人提出相同请求的，人民法院不予支持。

股东在公司设立时未履行或者未全面履行出资义务，依照本条第一款或者第二款提起诉讼的原告，请求公司的发起人与被告股东承担连带责任的，人民法院应予支持；公司的发起人承担责任后，可以向被告股东追偿。

股东在公司增资时未履行或者未全面履行出资义务，依照本条第一款或者第二款提起诉讼的原告，请求未尽公司法第一百四十七条第一款规定的义务而使出资未缴足的董事、高级管理人员承担相应责任的，人民法院应予支持；董事、高级管理人员承担责任后，可以向被告股东追偿。

第三篇

公司增资纠纷

导 语

公司作为营利性社团法人，其以公司财产对外独立承担民事责任，增加注册资本对交易安全和债权人利益保障来说是好事，所以，外部人员一般都希望增加注册资本。但是，从股东之间权利义务分配而言，增资如果不改变原先的股本结构，那么，无论大小股东都需要同比增加投入。虽然有限责任公司有比较强的人合性，在设立之初，股东之间是因为达成共识才走在一起的，但是，当控股股东提出增资时，并不一定会得到所有股东的赞成和支持。因为对公司未来愿景的评估、对现有经营团队的认可度以及各股东彼此的经济实力都不一样，如果不能同比增资，对于股东之间表决权、收益权都会存在此消彼长的现象。

《公司法》第 43 条第 2 款有关公司增资的规定，主要是明确公司增资必须经过股东会决议，必须经过代表 2/3 以上表决权的股东通过，《公司法》第 103 条第 2 款明确规定，公司增加注册资本必须经出席会议的股东所持表决权的 2/3 以上通过，同时明确公司增加注册资本，应当依法向公司登记机关办理变更登记。另外，《公司法》第 168 条规定，公司资本公积金可以转为增加公司资本。同时，根据《公司法》第 27 条规定，股东可以用货币出资，也可以用实物、知识产权、土地使用权等可以用货币估价并可以依法转让的非货币财产作价出资；但是，法律、行政法规规定不得作为出资的财产除外。对作为出资的非货币财产应当评估作价，核实财产，不得高估或者低估作价。法律、行政法规对评估作价有规定的，从其规定。

在司法实践中，公司增资纠纷往往是股东与股东，股东与公司之间，增资作为公司并购重组、引进战略投资者时经常会涉及对赌协议和股权回购等同股不同权的情形，由此产生对该类合同条款的法律效力在各地法院之间也会存在不同的认识。但是，我们要注意，如果对赌协议是投资人与目标公司股东对赌的，有效，如果投资人是与目标公司对赌的，无效。同时，全体股东签字确认的可以视为目标公司的意志。

一、新增资本的优先认缴权应有合理的行权期间

案件名称

红日公司、蒋某诉科创公司股东会决议效力及公司增资纠纷案

案号

一审:(2010)民提字第 48 号;二审:(2006)川民终字第 515 号

裁判要旨

公司作为行为主体实施法律行为的过程可以划分为两个层次:一是公司内部意思形成阶段,通常表现为股东会或董事会决议;二是公司对外作出意思表示的阶段,通常表现为公司对外签订的合同。出于保护善意第三人和维护交易安全的考虑,在公司内部意思形成过程存在瑕疵的情况下,只要对外表示行为不存在无效的情形,公司就应受其表示行为的制约;根据《公司法》第 35 条的规定,公司新增资本时,股东有权优先按照实缴的出资比例认缴出资。从权利性质上来看,股东对新增资本的优先认缴权应属形成权。现行法律并未明确规定该项权利的行使期限,但从维护交易安全和稳定经济秩序的角度出发,结合商事行为的规则和特点,人民法院在处理相关案件时应限定该项权利行使的合理期间,对于超出合理期间行使优先认缴权的主张不予支持。

案情简介

申请再审人(一审被告、二审被上诉人):科创公司

法定代表人:陈某某

申请再审人(一审第三人、二审被上诉人):陈某某

被申请人(一审原告、二审上诉人):红日公司

被申请人(一审原告、二审上诉人):蒋某

科创公司于 2001 年 7 月成立。在 2003 年 12 月科创公司增资扩股前,公司的注册资金 475.37 万元。其中蒋某出资额 67.6 万元,出资比例 14.22%,为公司最大股东;红日公司出资额 27.6 万元,出资比例 5.81%。科创公司第一届董事长由蒋某担任。

2003 年 3 月 31 日,科创公司作为甲方,林某某、陈某某作为乙方,高新区管委会作为丙方,签订了合作开发建设四川省绵阳市锦江城市花园的合作协议书(石桥铺项目)。2003 年 7 月 2 日,全体股东大会通过选举李某为公司董事长,任期两年的决议。此后蒋某在科创公司的身份为董事。2003 年 12 月 5 日,科创公司发出召开股东代表大会的通知,该通知主要记载了开会时间、开会地点、参会人员、列席人员及议题。开会时间定于 2003 年 12 月 16 日下午 4 时,议题是:(1)关于吸纳陈某某为

新股东的问题;(2)关于公司内部股权转让问题;(3)新科创公司的新股东代表、监事、会计提名等。2003 年 12 月 16 日下午,蒋某、红日公司的委托代表常某出席了股东会。该次股东代表会表决票反映,蒋某对上述 3 项议题的第 2 项投了赞成票,对第 1 项和第 3 项投了反对票;红日公司的委托代表常某对第 2 项和新会计的提名投了赞成票,其余内容投了反对票,并在意见栏中注明:“应当按照《公司法》(1999)第 39 条第 2 款规定先就增加资本拿出具体框架方案,按公司原股东所占比重、所增资本所占增资扩股后所占比重先进行讨论通过,再决定将来出资,要考虑原股东享有公司法规定的投资(出资)权利”。该次股东会担任记录的梁某平整理了会议纪要,除蒋某、红日公司和投弃权票的 4 名股东未在会议纪要上签名外,其余股东在会议纪要上签名。该纪要中记载:应到股东代表 23 人,实到 22 人,以记名方式投票表决形成决议;讨论了陈某某的入股协议,同意吸纳陈某某为新股东(经表决 75.49% 同意,20.03% 反对,4.48% 弃权);同意科创公司内部股份转让(经表决 100% 同意)。纪要还记载了与陈某某合作方式的六点建议和关于新科创公司的新股东代表、监事、会计提名的表决情况及有股东代表建议应由大股东作为公司董事的意见等。此后蒋某在科创公司的身份为监事。

2003 年 12 月 18 日,科创公司为甲方,陈某某为乙方签订了《入股协议书》,该协议主要记载:乙方同意甲方股东大会讨论通过的增资扩股方案,即同意甲方在原股本 475.37 万股的基础上,将总股本扩大至 1090.75 万股,由此,甲方原股东所持股本 475.37 万股占总股本 1090.75 万股的 43.6%;乙方出资 800 万元人民币以每股 1.3 元认购 615.38 万股,占总股本 1090.75 万股的 56.4%;科创公司的注册资金相应变更为 1090.75 万元,超出注册资本的 184.62 万元列为资本公积金;该项资本公积金不用于弥补上一年的经营亏损,今后如用于向股东转增股本时,乙方所拥有的股份不享有该权利;本协议签字 7 天内,乙方应将 800 万元人民币汇入甲方指定账号,款到 7 个工作日之内,甲方负责开始办理股东、董事及法定代表人和公司章程等变更的工商登记手续,税务等其他有关部门的变更登记手续于一个月办妥;双方同意乙方投资的 800 万元人民币专项用于支付甲方通过政府挂牌出让程序已购得的四川省绵阳市高新区石桥铺 376.65 亩住宅用地的部分地价款;乙方入股后预计先期投入 3000 万元人民币开发四川省绵阳市高新区石桥铺 376.65 亩住宅用地项目;甲乙双方与高新区管委会于 2003 年 3 月 31 日签订的合作协议书继续有效,与本协议具有同等法律效力;本协议一式四份,甲乙双方各执两份,经双方签字且 800 万元人民币到账后生效,该协议还就董事会组成、抵押担保、财务管理、利润分配和盈亏分担等内容作了约定。2003 年 12 月 22 日,陈某某将 800 万元股金汇入科创公司的指定账户。

2003 年 12 月 22 日，红日公司向科创公司递交了《关于要求作为科创公司增资扩股增资认缴人的报告》，该报告的主要内容为：主张蒋某和红日公司享有优先认缴出资的权利，愿意在增资扩股方案的同等条件下，由红日公司与蒋某共同或由其中一家向科创公司认缴新增资本 800 万元人民币的出资。2003 年 12 月 25 日，工商部门签发的科创公司的企业法人营业执照上记载：法定代表人陈某某、注册资本 1090.75 万元、营业期限自 2003 年 12 月 25 日至 2007 年 12 月 24 日。2003 年 12 月 25 日科创公司变更后的章程记载：陈某某出资额 615.38 万元，出资比例 56.42%，蒋某出资额 67.6 万元，出资比例 6.20%，红日公司出资额 27.6 万元，出资比例 2.53%。2003 年 12 月 26 日，红日公司向四川省绵阳市高新区工商局递交了《请就科创公司新增资本、增加新股东作不予变更登记的报告》。此后，陈某某以科创公司董事长的身份对公司进行经营管理。2005 年 3 月 30 日，科创公司向工商部门申请办理公司变更登记，提交了关于章程修正案登记备案的报告、公司章程修正案、股份转让协议书、陈某某出具的将 614.38 万股股份转让给固生公司的股份增减变更证明、收据等材料。章程修正案中记载的股东名称、出资额、出资比例是：固生公司出资额 615.38 万元、出资比例 56.42%；陈某某出资额 116.24 万元、出资比例 10.66%；蒋某出资额 67.6 万元，出资比例 6.20%；红日公司出资额 27.6 万元，出资比例 2.53%。

诉讼过程

2005 年 12 月 12 日，蒋某和红日公司向一审法院提起诉讼，请求确认科创公司 2003 年 12 月 16 日股东会通过的吸纳陈某某为新股东的决议无效，确认科创公司和陈某某 2003 年 12 月 18 日签订的《入股协议书》无效，确认其对 800 万元新增资本优先认购，科创公司承担其相应损失。一审原告诉讼请求被驳回，蒋某和红日公司不服一审判决，向四川省高级人民法院提起上诉，二审判决撤销原判，支持了蒋某和红日公司诉讼请求。后科创公司、固生公司、陈某某向最高人民法院申请再审。最高人民法院于 2009 年 11 月 16 日以（2008）民申字第 1457 号民事裁定，提审本案。

裁判结果

红日公司、蒋某的诉讼请求部分成立，但四川省高级人民法院（2006）川民终字第 515 号民事判决认定红日公司和蒋某可以行使优先认缴科创公司 2003 年新增

615.38万股股份的权利,事实根据不足,适用法律不当,应予撤销。法院判决:(1)撤销四川省高级人民法院(2006)川民终字第515号民事判决,撤销四川省绵阳市中级人民法院(2006)绵民初字第2号民事判决;(2)科创公司2003年12月16日作出的股东会决议中由陈某某出资800万元认购科创公司新增615.38万股股份的决议内容中,涉及新增股份20.03%的部分无效,涉及新增股份79.97%的部分及决议的其他内容有效;(3)驳回红日公司、蒋某的其他诉讼请求。

主要争点

四川省绵阳市中级人民法院一审认为,2003年12月16日,股东会决议和《入股协议书》合法有效。红日公司和蒋某在2003年12月22日向科创公司主张优先权时,上述两协议已经生效并已在履行过程中,但红日公司和蒋某没有及时采取进一步的法律措施实现其优先权。本案起诉前,围绕科创公司和公司股权又发生了一系列新的民事、行政关系,形成了一系列新的交易关系,为保障交易安全,红日公司和蒋某在本案中的主张不能成立。据此四川省绵阳市中级人民法院以(2006)绵民初字第2号民事判决书判决:驳回红日公司、蒋某的诉讼请求。

红日公司和蒋某不服一审判决,向四川省高级人民法院提起上诉称:科创公司只提前11日通知召开股东会,违反了公司法规定提前15日通知的强制性法定义务,且通知内容没有公司增资扩股的具体方案和《入股协议书》草案,股东会中突袭表决,议事程序违法。股东会上红日公司和蒋某投了反对票,提出同意增资800万元,但不放弃优先出资权。股东会决议中公司增资800万元有效,但吸纳陈某某为新股东的决议和《入股协议书》因侵犯其优先认缴出资权而无效。《公司法》对股东行使优先认缴出资权的诉讼时效没有规定,应适用《民法通则》规定的两年诉讼时效。红日公司和蒋某知道权利被侵害的时间是2003年12月22日,诉讼时效从此时起算直至2005年12月22日才届满,本案于2005年12月12日提起诉讼,未超过诉讼时效期间。一审判决参照适用《公司法》对公司回购股东股份所规定的90日,是适用法律错误。陈某某是固生公司法定代表人,固生公司取得股份并非善意,其股东身份也不合法,因此不存在保护交易安全的问题。请求二审法院撤销原判,依法改判。

被上诉人科创公司、固生公司和陈某某答辩称:虽然科创公司召开股东会通知程序不符合公司法关于要提前15日通知的规定,但该条款是任意性规范,且公司股东均准时参加,不影响决议效力。科创公司所提"吸纳陈某某先生为新股东"的含义是定向增资扩股,该议题已经2/3表决权的股东表决通过,陈某某尽到了合理的注意义务，根据《公司法》第 39 条的规定，该议题的决议合法有效。公司增资扩股，由公司与新股东签订入股协议，法律并无禁止性规定，并且代表了公司绝大多数股东的意志，未违反《公司法》第 33 条的规定。红日公司和蒋某提出优先认缴时，《入股协议书》已经成立并在履行过程中，应为有效。科创公司是因公司面临土地价款无法缴纳，土地将被政府收回的困境而吸收陈某某入股，陈某某出资 800 万元，以 1.3 元溢价购股，且承诺成为新股东后不得再以股东身份分享科创公司在合作协议项目中应分得的 35% 的盈利，该决议使公司利益最大化，保证了原股东利益。此后，陈某某将股份以赠与和转让方式转给固生公司，陈某某和固生公司均是善意第三人。而红日公司和蒋某在长达两年时间内多次参加陈某某主持的董事会和股东会，没有就优先出资权进一步采取法律措施，却在公司稍有起色的情况下提起诉讼，缺乏合理性和正当性。请求驳回上诉，维持原判。

四川省高级人民法院二审认为，科创公司于 2003 年 12 月 16 日召开的股东会议所通过的关于“吸纳陈某某先生为新股东”的决议，结合股东会讨论的《入股协议书》，其内容包括了科创公司增资 800 万元和由陈某某通过认缴 800 万元新增出资成为科创公司新股东两个方面的内容。根据《公司法》第 38 条第 1 款第 8 项关于“股东会行使对公司增加或者减少注册资本作出决议的职权”，第 39 条第 2 款关于“股东会对公司增加或者减少注册资本、分立、合并、解散或者变更公司形式作出决议，必须经代表三分之二以上表决权的股东通过”的规定，科创公司增资 800 万元的决议经代表科创公司 75.49% 表决权的股东通过，应属合法有效。根据《公司法》第 33 条关于“公司新增资本时，股东可以优先认缴出资”的规定以及科创公司章程中的相同约定，科创公司原股东蒋某和红日公司享有该次增资的优先认缴出资权。在股东会议上，蒋某和红日公司对由陈某某认缴 800 万元增资股份并成为新股东的议题投反对票并签注“要考虑原股东享有公司法规定的投资（出资）权利”的意见，是其反对陈某某认缴新增资本成为股东，并认为公司应当考虑其作为原股东所享有的优先认缴出资权，明确其不放弃优先认缴出资权的意思表示。2003 年 12 月 22 日和 26 日，蒋某和红日公司又分别向科创公司递交了《关于要求作为科创公司增资扩股增资认缴人的报告》，向原四川省绵阳市高新区工商局递交了《请就科创公司新增资本、增加新股东作不予变更登记的报告》，进一步明确主张优先认缴出资权。上述事实均表明，红日公司和蒋某从未放弃优先认缴出资权。但是，科创公司在没有以恰当的方式征询蒋某和红日公司的意见以明确其是否放弃优先认缴出资权，也没有给予蒋某和红日公司合理期限以行使优先认缴出资权的情况下，即于 2003 年 12 月 18 日与陈某某签订《入股协议书》，并于 2003 年 12 月 25 日变更工商登记，将法定代表人变更成陈某某，将公司注册资本变更为1090.75万元，其中新增资本615.38万元登记于陈某某名下。该系列行为侵犯了法律规定的蒋某和红日公司在科创公司所享有的公司新增资本时的优先认缴出资权，根据《民法通则》第58条第1款第5项关于“违反法律或者社会公共利益的民事行为无效”的规定，股东会决议中关于由陈某某认缴新增资本800万元并由此成为科创公司股东的内容无效，科创公司和陈某某签订的《入股协议书》也相应无效。虽然本案所涉股东会决议经代表2/3以上表决权的股东投票通过，但公司原股东优先认缴新增出资的权利是原股东个体的法定权利，不能以股东会多数决的方式予以剥夺。故蒋某和红日公司所提股东会议决议中，关于吸收陈某某为股东的内容、《入股协议书》无效，其享有优先认缴科创公司800万元新增资本的上诉理由依法成立，二审法院予以支持。

按照《民法通则》第61条的规定，民事行为被确认为无效或者被撤销后，当事人因该行为取得的财产，应当返还给受损失的一方，因此，陈某某依据该部分无效决议和《入股协议书》所取得的股权应当返还。虽然之后陈某某将其名下的股份赠与和转让给固生公司，但陈某某系固生公司的法定代表人，固生公司知道或者应当知道陈某某认缴出资侵犯了他人的优先认缴出资权，故并非善意取得，其间的赠与和转让行为也无效。固生公司应当将其所持有的科创公司615.38万股股份返还给科创公司，由红日公司和蒋某优先认购；科创公司应当将800万元认股款及其资金占用利息返还给陈某某。

关于有限责任公司股东请求人民法院保护其认缴新增资本优先权的诉讼时效问题，现行法律无特别规定，应当适用《民法通则》规定的两年普通诉讼时效。蒋某和红日公司在2003年12月22日书面要求优先认缴新增资本800万元，至2005年12月19日提起诉讼，符合该法关于两年诉讼时效的规定，其所提应当优先认缴800万元新增资本的请求依法成立，二审法院予以支持。蒋某和红日公司所提应由科创公司承担其相应损失的请求因无相应证据证明，二审法院不予支持。原判认定事实不清，适用法律有误，应当予以纠正。二审法院判决：(1)撤销四川省绵阳市中级人民法院(2006)绵民初字第2号民事判决；(2)科创公司于2003年12月16日作出的股东会决议中关于吸收陈某某为股东的内容无效；(3)科创公司于2003年12月18日与陈某某签订的《入股协议书》无效；(4)蒋某和红日公司享有以800万元购买科创公司2003年12月16日股东会决定新增的615.38万股股份的优先权；(5)蒋某和红日公司于本判决生效之日起15日内将800万元购股款支付给科创公司；(6)在蒋某和红日公司履行上述第5项判决后15日内，由福建省固生投资有限公司向科创公司返还其所持有的该公司615.38万股股权，并同时由科创公司根据蒋某和红日公司的认购意愿和支付款项情况将该部分股权登记于蒋某和红日公司名下;(7)在福建省固生投资有限公司履行上述第6项判决后3日内,由科创公司向陈某某返还800万元及利息(从2003年12月23日至付清之日止按中国人民银行流动资金同期贷款利率计算);(8)驳回蒋某和红日公司的其他诉讼请求。

科创公司、固生公司、陈某某不服四川省高级人民法院上述二审民事判决,向最高人民法院申请再审。再审认为:(1)二审判决认定的事实缺乏证据支持,2003年12月16日科创公司作出的“关于吸纳陈某某为新股东”的股东会决议、2003年12月18日陈某某与科创公司签订的《入股协议书》均合法有效。①二审法院将科创公司2003年12月16日股东会关于吸纳陈某某为新股东的决议内容拆分为“科创公司增资800万元”和“由陈某某通过认缴800万元新增出资成为科创公司新股东”两部分,与事实严重不符,这两项内容是不可分的,增资800万元是以吸纳陈某某为新股东为前提的。②红日公司在股东会反对票上的签注不能作为其不放弃优先认缴出资权的意思表示,红日公司的签注援引了《公司法》第39条第2款的规定,即股东会对公司增资或减资等决议的表决程序,与第33条股东优先认缴权无关。且红日公司2003年12月22日提交的报告上没有蒋某的签名,不能认为蒋某主张了优先认缴权。③优先认缴权是形成权,其行使应有合理期限。科创公司是在急于支付石桥铺项目土地出让金的现实情况下吸收陈某某出资的,蒋某和红日公司行使优先认缴权的期限应不超过科创公司支付土地出让金的最后期限,即2003年12月31日。④固生公司和陈某某取得科创公司的股权没有恶意,签订《入股协议书》时不存在恶意串通的情形。(2)二审判决适用法律错误。二审判决依据《民法通则》第58条第1款第4项、第5项,在没有证据证明陈某某与科创公司恶意串通、《入股协议书》违反法律或社会公共利益的情况下引用上述条文判决股东会决议及《入股协议书》无效,显属适用法律错误,据此引用的《民法通则》第61条及《合同法》第58条也与事实不符。即使蒋某和红日公司关于行使优先认缴权的主张能够得到支持,按照《公司法解释一》第2条和《公司法》第35条之规定,也只能按照其实缴的出资比例认缴出资,而不能全部认缴800万元新增出资。且二审法院适用《民法通则》规定的两年普通诉讼时效也存在错误,股东优先认缴权属形成权,应适用除斥期间的规定,不超过一年。(3)陈某某入股科创公司后投入了大量的资金和智慧。促使公司的经营管理和石桥铺项目都取得了巨大进展,科创公司的股权价值大幅增值,早已超过当年的购买价格,二审判决在未对股权价值进行重新评估的基础上支持红日公司和蒋某以2003年的价格购买该股权,有违公平原则。综上所述,请求撤销四川省高级人民法院作出的(2006)川民终字第515号民事判决,维持四川省绵阳市中级人民法院作出的(2006)绵民初字第2号民事判决,中止对四川省高级人民法院作出的(2006)川民终字第515号民事判决的执行,由被申请人红日公司、蒋某承担本案一审、二审全部诉讼费用。

被申请人红日公司、蒋某答辩称:(1)二审判决认定事实清楚、证据确凿。"吸纳陈某某为新股东"这一决议并不是在公司面临无力交款,土地将被收回的严峻形势下作出的。红日公司和蒋某当时完全有能力进行增资扩股交清土地出让金,未交清的原因是科创公司与高新区管委会之间还有多笔账务没有结算。"吸纳陈某某为新股东"这一决议可以拆分为"科创公司增资800万元"和"由陈某某通过认缴800万元新增出资成为科创公司新股东"来理解。红日公司、蒋某投反对票并签注的意思表明其同意"科创公司增资800万元"而反对"由陈某某认缴800万元新增出资成为科创公司新股东"。即使红日公司、蒋某对这两项内容均表示反对,也不会影响"科创公司增资800万元"的法律效力,增资扩股的表决通过是符合《公司法》规定的,并没有侵犯原股东的优先认缴出资权,只是"由陈某某通过认缴800万元新增出资成为科创公司新股东"这一部分侵犯了原股东的优先认缴出资权。红日公司在表决票上的签注明确表明增资需按《公司法》第39条第2款的规定进行,并且应按第33条的规定考虑原股东的优先认缴出资权,已表明其没有放弃优先认缴出资权。红日公司和蒋某在股东会召开当天才知道科创公司即将增资扩股800万元,因此其行使优先认股权的期限应为从2003年12月16日起算的一个合理期间,而不是当天必须行使权利。红日公司在2003年12月22日就向科创公司递交了《关于要求作为科创公司增资扩股增资认缴人的报告》,作出了行使优先认缴权的意思表示,且该时间早于陈某某与科创公司签订的《入股协议书》约定的生效时间。陈某某在科创公司原股东有能力认缴新增出资且主张了优先认缴权的前提下,仍然与科创公司订立《入股协议书》,显然侵犯了红日公司和蒋某的优先认缴权。《入股协议书》中关于公司新一届董事会的组成及陈某某任董事长、总经理的约定,关于800万元新增资本的投资问题、财务人员的安排问题、利润分配问题等,均违反了《公司法》第37条、第38条、第46条及科创公司章程第24条的规定,越权行使了属于股东会和董事会的法定职权,依法也应被认定为无效。固生公司是陈某某及其家人出资设立,陈某某是固生公司的法定代表人,因此该公司可以认定为陈某某自己的公司。陈某某取得的科创公司股份是不合法的,其转让行为属于无权处分,而固生公司作为陈某某个人的公司受让股权显然恶意。(2)二审判决适用法律正确。对《民法通则》第58条第4项应当理解为,只要行为人意识到该行为有可能侵犯到第三人利益而故意为之,就构成恶意。科创公司在召开2003年12月16日股东会以前,已经与陈某某达成《入股协议书》和承包经营协议草案,且陈某某在签订《入股协议书》时也清楚红日公司和蒋某反对其成为科创公司的新股东,因此陈某某与科创公司签订的《入股协议书》应属恶意串通之行为。如果认为优先认缴权是形成权,红日公司和蒋某在2003年12月22日已经行使了优先认缴权,在这一权利受到侵犯时就应当适用两年普通诉讼时效的规定。(3)本案中陈某某进入科创公司以来,对公司基本没有投入,公司资产基本无增长,公司的石桥铺项目至今基本未进行开发,陈某某的行为引起了当地百姓的不满和一系列社会问题。总之,二审判决事实认定清楚,法律适用正确,再审申请人的申请理由不能成立,应依法予以驳回。

综上所述,本案的主要争议焦点为:(1)2003年12月16日,科创公司作出的股东会决议和2003年12月18日,科创公司与陈某某签订的《入股协议书》是否有效;(2)红日公司和蒋某是否能够行使对科创公司2003年新增的615.38万股股份的优先认缴权。

裁判说理

关于第一个争议焦点。2003年12月16日科创公司作出股东会决议时,现行公司法尚未实施,根据《公司法解释一》第2条的规定,当时的法律和司法解释没有明确规定的,可参照适用现行《公司法》的规定。1999年《公司法》第33条规定:"公司新增资本时,股东可以优先认缴出资。"根据《公司法》第35条的规定,公司新增资本时,股东的优先认缴权应限于其实缴的出资比例。2003年12月16日,科创公司作出的股东会决议,在其股东红日公司、蒋某明确表示反对的情况下,未给予红日公司和蒋某优先认缴出资的选择权,径行以股权多数决的方式通过了由股东以外的第三人陈某某出资800万元认购科创公司全部新增股份615.38万股的决议内容,侵犯了红日公司和蒋某按照各自的出资比例优先认缴新增资本的权利,违反了上述法律规定。《公司法》第22条第1款规定:"公司股东会或者股东大会、董事会的决议内容违反法律、行政法规的无效。"根据上述规定,科创公司2003年12月16日股东会议通过的由陈某某出资800万元认购科创公司新增615.38万股股份的决议内容中,涉及新增股份中14.22%和5.81%的部分因分别侵犯了蒋某和红日公司的优先认缴权而归于无效,涉及新增股份中79.97%的部分因其他股东以同意或弃权的方式放弃行使优先认缴权而发生法律效力。四川省绵阳市中级人民法院(2006)绵民初字第2号民事判决认定决议全部有效不妥,应予纠正。该股东会将吸纳陈某某为新股东列为一项议题,但该议题中实际包含增资800万元和由陈某某认缴新增出资两方面的内容,其中由陈某某认缴新增出资的决议内容部分无效不影响增资决议的效力,科创公司认为上述两方面的内容不可分割缺乏依据,本院不予支持。

2003 年 12 月 18 日,科创公司与陈某某签订的《入股协议书》系科创公司与该公司以外的第三人签订的合同,应适用合同法的一般原则及相关法律规定认定其效力。虽然科创公司于2003 年 12 月 16 日作出的股东会决议部分无效,导致科创公司达成上述协议的意思存在瑕疵,但作为合同相对方的陈某某并无审查科创公司意思形成过程的义务,科创公司对外达成协议应受其表示行为的制约。上述《入股协议书》是科创公司与陈某某作出的一致意思表示,不违反国家禁止性法律规范,且陈某某按照协议约定支付了相应对价,没有证据证明双方恶意串通损害他人利益,因此该协议不存在《合同法》第 52 条所规定的合同无效的情形,应属有效。《入股协议书》对科创公司新一届董事会的组成及董事长、总经理人选等公司内部事务作出了约定,但上述约定并未排除科创公司内部按照法律和章程规定的表决程序作出决定,不导致合同无效。二审法院根据《民法通则》第 58 条第 1 款第 5 项的规定认定该《入股协议书》无效属适用法律错误,法院予以纠正。

关于第二个争议焦点问题,虽然科创公司 2003 年 12 月 16 日股东会决议因侵犯了红日公司和蒋某按照各自的出资比例优先认缴新增资本的权利而部分无效,但红日公司和蒋某是否能够行使上述新增资本的优先认缴权还需要考虑其是否恰当地主张了权利。股东优先认缴公司新增资本的权利属形成权,虽然现行法律没有明确规定该项权利的行使期限,但为维护交易安全和稳定经济秩序,该权利应当在一定合理期间内行使,并且由于这一权利的行使属于典型的商事行为,对于合理期间的认定应当比通常的民事行为更加严格。在本案中,红日公司和蒋某在科创公司 2003 年 12 月 16 日召开股东会时已经知道其优先认缴权受到侵害,且作出了要求行使优先认缴权的意思表示,但并未及时采取诉讼等方式积极主张权利。在此后科创公司召开股东会、决议通过陈某某将部分股权赠与固生公司提案时,红日公司和蒋某参加了会议,且未表示反对。红日公司和蒋某在股权变动近两年后又提起诉讼,争议的股权价值已经发生了较大变化,此时允许其行使优先认缴出资的权利将导致已趋稳定的法律关系遭到破坏,并极易产生显失公平的后果,故四川省绵阳市中级人民法院(2006)绵民初字第 2 号民事判决认定红日公司和蒋某主张优先认缴权的合理期间已过并无不妥。故法院对红日公司和蒋某行使对科创公司新增资本优先认缴权的请求不予支持。

红日公司和蒋某在一审诉讼请求中要求科创公司承担其相应损失,但未明确请求赔偿的损失数额,也未提交证据予以证明,法院对此不予审理。案件再审期间,红日公司一方主张基于新增股权对科创公司进行了投入,该主张不属于本案审理范围，其对此可以另行提起诉讼。

专业点评

本案中，科创公司通过股东多数决作出“关于吸纳陈某某为新股东”的股东会决议。红日公司和蒋某两名股东对该决议事项投反对票。陈某某与科创公司随后签订《入股协议书》。蒋某和红日公司诉请法院确认科创公司该股东会决议无效，确认相关《入股协议书》无效，确认其对新增资本优先认购。最高人民法院认为，科创公司增资决议涉及新增股份中14.22%和5.81%的部分因分别侵犯了蒋某和红日公司的优先认缴权而无效，该股东会决议属于部分无效，相关《入股协议书》也存在瑕疵，但陈某某作为合同相对方并无审查科创公司意思形成过程的义务，科创公司对外达成协议应受其表示行为的制约。出于保护善意第三人和维护交易安全的考虑，在公司内部意思形成过程存在瑕疵时，只要对外合同行为不存在无效情形，公司就应受其合同行为的约束。本案涉及公司决议的外部效力问题，我国的现行法律是一种侧重于保护善意相对人为基点的制度设计。《民法典》第85条的回应是，决议撤销的，“营利法人依据该决议与善意相对人形成的民事法律关系不受影响”。《公司法解释四》第6条规定，决议无效、撤销的，“公司依据该决议与善意相对人形成的民事法律关系不受影响”。本案中，最高人民法院认为“出于保护善意第三人和维护交易安全的考虑，在公司内部意思形成过程存在瑕疵的情况下，只要对外的表示行为不存在无效的情形，公司就应受其表示行为的制约”。该裁判观点与现行规定是相呼应的；此外，本案的经典之处在于，认定了股东对于新增资本的认缴权属于形成权，应受除斥期间限制。

法条链接

1.《公司法》(2005年)①

第二十条　公司股东应当遵守法律、行政法规和公司章程,依法行使股东权利,不得滥用股东权利损害公司或者其他股东的利益;不得滥用公司法人独立地位和股东有限责任损害公司债权人的利益。

公司股东滥用股东权利给公司或者其他股东造成损失的,应当依法承担赔偿责任。

公司股东滥用公司法人独立地位和股东有限责任,逃避债务,严重损害公司债权人利益的,应当对公司债务承担连带责任。

第二十二条　公司股东会或者股东大会、董事会的决议内容违反法律、行政法规的无效。

股东会或者股东大会、董事会的会议召集程序、表决方式违反法律、行政法规或者公司章程,或者决议内容违反公司章程的,股东可以自决议作出之日起六十日内,请求人民法院撤销。

股东依照前款规定提起诉讼的,人民法院可以应公司的请求,要求股东提供相应担保。公司根据股东会或者股东大会、董事会决议已办理变更登记的,人民法院宣告该决议无效或者撤销该决议后,公司应当向公司登记机关申请撤销变更登记。

第三十五条　股东按照实缴的出资比例分取红利;公司新增资本时,股东有权优先按照实缴的出资比例认缴出资。但是,全体股东约定不按照出资比例分取红利或者不按照出资比例优先认缴出资的除外。

第三十八条　股东会行使下列职权:

(一)决定公司的经营方针和投资计划;

(二)选举和更换非由职工代表担任的董事、监事,决定有关董事、监事的报酬事项;

(三)审议批准董事会的报告;

(四)审议批准监事会或者监事的报告;

(五)审议批准公司的年度财务预算方案、决算方案;

(六)审议批准公司的利润分配方案和弥补亏损方案;

(七)对公司增加或者减少注册资本作出决议;

---

① 现已修改为《公司法》(2018年)第20条、第22条、第34条、第37条、第43条、第74条。

（八）对发行公司债券作出决议；

（九）对公司合并、分立、变更公司形式、解散和清算等事项用出决议；

（十）修改公司章程；

（十一）公司章程规定的其他职权。对前款所列事项股东以书面形式一致表示同意的，可以不召开股东会会议，直接作出决定，并由全体股东在决定文件上签名、盖章。

第四十四条　股东会的议事方式和表决程序，除本法有规定的外，由公司章程规定。股东会会议作出修改公司章程、增加或者减少注册资本的决议，以及公司合并、分立、解散或者变更公司形式的决议，必须经代表三分之二以上表决权的股东通过。

第七十五条　有下列情形之一的，对股东会该项决议投反对票的股东可以请求公司按照合理的价格收购其股权：

（一）公司连续五年不向股东分配利润，而公司该五年连续盈利，并且符合本法规定的分配利润条件的；

（二）公司合并、分立、转让主要财产的；

（三）公司章程规定的营业期限届满或者章程规定的其他解散事由出现，股东会会议通过决议修改章程使公司存续的。

自股东会会议决议通过之日起六十日内，股东与公司不能达成股权收购协议的，股东可以自股东会会议决议通过之日起九十日内向人民法院提起诉讼。

2.《公司法司法解释一》（2020 年）

第二条　因公司法实施前有关民事行为或者事件发生纠纷起诉到人民法院的，如当时的法律法规和司法解释没有明确规定时，可参照适用公司法的有关规定。

3.《公司法解释四》（2014 年）

第四条　股东请求撤销股东会或者股东大会、董事会决议，符合民法典第八十五条、公司法第二十二条第二款规定的，人民法院应当予以支持，但会议召集程序或者表决方式仅有轻微瑕疵，且对决议未产生实质影响的，人民法院不予支持。

第五条　股东会或者股东大会、董事会决议存在下列情形之一，当事人主张决议不成立的，人民法院应当予以支持：

（一）公司未召开会议的，但依据公司法第三十七条第二款或者公司章程规定可以不召开股东会或者股东大会而直接作出决定，并由全体股东在决定文件上签名、盖章的除外；

（二）会议未对决议事项进行表决的；

（三）出席会议的人数或者股东所持表决权不符合公司法或者公司章程规定的；

（四）会议的表决结果未达到公司法或者公司章程规定的通过比例的；

（五）导致决议不成立的其他情形。

第六条　股东会或者股东大会、董事会决议被人民法院判决确认无效或者撤销的，公司依据该决议与善意相对人形成的民事法律关系不受影响。

4.《公司法解释五》（2020 年）

第五条　人民法院审理涉及有限责任公司股东重大分歧案件时，应当注重调解。当事人协商一致以下列方式解决分歧，且不违反法律、行政法规的强制性规定的，人民法院应予支持：

（一）公司回购部分股东股份；

（二）其他股东受让部分股东股份；

（三）他人受让部分股东股份；

（四）公司减资；

（五）公司分立；

（六）其他能够解决分歧，恢复公司正常经营，避免公司解散的方式。

5.《民法通则》（2009 年）①

第五十八条　下列民事行为无效：

（一）无民事行为能力人实施的；

（二）限制民事行为能力人依法不能独立实施的；

（三）一方以欺诈、胁迫的手段或者乘人之危，使对方在违背真实意思的情况下所为的；

（四）恶意串通，损害国家、集体或者第三人利益的；

（五）违反法律或者社会公共利益的；

（六）以合法形式掩盖非法目的的；

无效的民事行为，从行为开始起就没有法律约束力。

第六十一条　民事行为被确认为无效或者被撤销后，当事人因该行为取得的财产，应当返还给受损失的一方。有过错的一方应当赔偿对方因此所受的损失，双方都有过错的，应当各自承担相应的责任。

双方恶意串通，实施民事行为损害国家的、集体的或者第三人的利益的，应当追缴双方取得的财产，收归国家、集体所有或者返还第三人。

① 现已修改为《民法典》第 153 条、第 154 条、第 155 条、第 188 条。

第一百三十五条　向人民法院请求保护民事权利的诉讼时效期间为二年,法律另有规定的除外。

6.《合同法》[1]

第五十八条　合同无效或者被撤销后,因该合同取得的财产,应当予以返还;不能返还或者没有必要返还的,应当折价补偿。有过错的一方应当赔偿对方因此所受到的损失,双方都有过错的,应当各自承担相应的责任。

二、知识产权被宣告无效,原出资股东是否承担补足出资责任

案件名称

青海威德公司诉北京威德公司、殷某、张某公司增资纠纷案

案号

一审:(2018)青民初 123 号;二审:(2019)最高法民终 959 号

裁判要旨

知识产权在增资时有效,经专业验资机构评估具有相当价值,但在公司后续经营中,知识产权被宣告无效,公司请求增资股东履行补足出资义务并承担赔偿责任,公司高管承担连带责任的,须证明股东出资时存在恶意,双方亦无知识产权出资后需补充出资的约定。否则,增资股东不承担补足出资的责任。

案情简介

上诉人(一审原告):青海威德公司

上诉人(一审被告):北京威德公司

被上诉人(一审被告):殷某

被上诉人(一审被告):张某

青海威德公司成立于 2002 年 10 月 30 日,工商登记的企业类型为有限责任公司。2009 年 11 月 27 日,受北京威德公司委托,北京大正评估公司对北京威德公司

[1] 现已修改为《民法典》第 157 条。

拥有的"一种以菊芋或菊苣为原料制造菊粉的新方法"发明专利及相关全套工业生产技术、"红菊芋"注册商标、"wede"注册商标三项无形资产作出国友大正评报字(2009)第168号《北京威德拟以无形资产对外投资项目资产评估报告》(以下简称168号评估报告)评估报告。至评估基准日2009年9月29日,上述三项无形资产的评估价值为1300万元,评估结论使用有效期自评估基准日起一年。2010年4月9日,青海威德公司股东会作出决议,同意北京威德公司以上述3项无形资产向青海威德公司增资,并以评估结果1300万元认定增资数额。随后,青海威德公司完成了无形资产的增资并依法变更了工商登记。

2015年8月25日,原国家工商行政管理总局商标评审委员会作出商标无效宣告请求裁定书,宣告"红菊芋"商标无效并进行了公告。2016年12月30日,国家知识产权局原专利复审委员会作出无效宣告请求审查决定书,宣告"一种以菊芋或菊苣为原料制造菊粉的新方法"发明专利无效并进行了公告。

诉讼过程

青海威德公司提起本案诉讼,请求判令北京威德公司向青海威德公司补充缴纳出资1300万元,并赔偿自2010年4月9日至实际给付之日按照中国人民银行同期贷款基准利率计算的经营利益损失7,118,768元(暂计算至2018年6月30日),请求殷某、张某承担连带责任。一审判决原告败诉,青海威德公司不服青海省高级人民法院(2018)青民初123号民事判决,向最高人民法院提起上诉。

裁判结果

驳回青海威德公司的上诉请求;一审判决认定事实清楚,适用法律正确,应予维持。

主要争点

北京威德公司及殷某答辩认为:青海威德所诉无事实依据,其诉讼请求均应予以驳回。(1)北京威德公司在2010年4月已全面履行了出资义务,不存在出资不实的情形。北京威德公司以其所有的"一种以菊芋或菊苣为原料制造菊粉的新方法"的发明专利及其全套工业生产技术、"Wede"注册商标、"红菊芋"注册商标转让给青海威德公司,经北京大正评估公司评估并出具168号评估报告,三项无形资产评估价值1300万元作为向青海威德公司的出资,并办理了无形资产的过户以及工商变更手续,此时该三项无形资产均在有效期内,没有被宣告无效的情形,且青海威德公司当时并未对168号评估报告评估价值提出异议,故北京威德公司已全面履行了出资义务。(2)"Wede"注册商标已于2010年4月20日变更所有权,青海威德公司在该商标到期后未办理续展手续,与北京威德公司无关。(3)"一种以菊芋或菊苣为原料制造菊粉的新方法"发明专利权和"红菊芋"注册商标被宣告无效是两项无形资产已转移至青海威德公司名下后发生的,与北京威德公司无关。发明专利在2016年12月30日被国家知识产权局宣告无效,红菊芋注册商标在2015年8月25日被原国家工商行政管理总局商标局宣告无效,均在已转移至青海威德公司名下后发生,且在申请人申请这两项无形资产无效时,青海威德公司怠于行使相应的抗辩权,在相关的决定书送达后也未向北京知识产权法院提起诉讼,也未告知北京威德公司及相关的专利发明人,造成这两项无形资产被宣告无效的责任完全在青海威德公司,与北京威德公司无关。(4)青海威德公司主张的经营收益损失无事实与法律依据。北京威德公司已全面履行了出资义务,不应承担青海威德公司主张的经营收益损失。(5)殷某等股东不应承担连带责任。《公司法》第30条规定:"有限责任公司成立后,发现作为设立公司出资的非货币财产的实际价额显著低于公司章程所定价额的,应当由交付该出资的股东补足其差额;公司设立时的其他股东承担连带责任。"本案中青海威德公司起诉北京威德公司补足出资是基于2010年4月9日股东会决议,该股东会决议明确北京威德公司是以无形资产进行的增资,而非青海威德公司设立时北京威德公司的出资,故不符合《公司法》第30条的规定,且青海威德公司起诉殷某等股东也非公司设立时的股东,亦不符合《公司法》第30条的规定,故殷某等股东不应承担连带责任。

一审法院认为,北京威德公司以注册商标、专利权等非货币财产对青海威德公司进行增资,且依法进行了评估验资,青海威德公司无证据证明北京威德公司出资时存在恶意,双方亦无关于无形资产贬值后需补充出资的约定,故青海威德公司主张补足出资的诉求不能成立。基于此,其要求北京威德公司承担经营利益损失及青海威德公司高级管理人员承担相应责任的主张亦因缺乏事实和法律依据,不能成立。

青海威德公司上诉请求:(1)撤销一审判决;(2)判令北京威德公司向青海威德公司补充出资1300万元;(3)判令北京威德公司向青海威德公司赔偿自2010年4月9日至实际给付之日的按照中国人民银行同期贷款基准利率计算的经营利益损失;(4)判令殷某、张某对第二项、第三项诉讼请求承担连带责任。事实和理由:一审判决错误适用《专利法》第47条第2款及《商标法》第47条第2款的规定,本案应适用《公司法》第 27 条第 2 款、第 28 条第 2 款的规定。北京大正评估公司作出的 168 号评估报告和评估说明记载，评估假设不成立的，评估结果不成立。应认定：(1)从评估基准日到评估报告使用日的时间段内被评估单位的经营者完全遵守所有有关的法律法规的假设不成立；(2)在评估基准日作出的青海威德公司 2010 年的生产规模可以达到生产菊粉 2000 吨、低聚果糖 1000 吨的假设不成立；(3)在评估基准日专利的持续使用假设不成立。另外，北京威德公司对于案涉专利、"红菊芋"商标随时可能被宣告无效是明知的，具有主观过错，不适用《公司法解释三》关于客观因素导致贬值的规定。

被上诉人北京威德公司、殷某辩称，青海威德公司由北京威德公司、殷某、张某共同创建。黄某华利用虚假文件将法定代表人由殷某变更为黄某华。青海威德公司五年前已停产，现在尚未清算，公司的资产已被黄某华转移。公司是否增资由股东决定，青海威德公司的起诉无事实依据，请求驳回上诉，维持原判。

被上诉人张某辩称，青海威德公司于 2002 年由张某、殷某及另外几个股东共同创建，创建时是北京威德公司的全资子公司。案涉商标权和专利权 2009 年之前在北京威德公司名下，青海威德公司无偿使用。2009 年，青海威德公司被当地政府列为重点上市企业，政府要求青海威德公司进行股份改革，不能存在关联交易，要求将北京威德公司的专利及商标权转到青海威德公司名下。黄某华、盖某霞等股东此时才加入青海威德公司，对上述事实也是知情的。黄某华入股后积极要求担任董事长，其担任董事长后免除了张某的总经理职务，任命自己为总经理。青海威德公司利用专利及商标权得到了很多国家补贴。专利及商标权无效的申请人是黄某华，申请无效时亦未通知专利发明人殷某答辩，专利无效后青海威德公司一直在使用。黄某华是江苏圣典律师事务所的律师，与青海威德公司有关的案件均由江苏圣典律师事务所代理。青海威德公司是青海省农业产业化的高新技术龙头企业，在享受国家对高新技术企业补贴的同时，又申请宣告专利技术无效，现在又要求补足出资，缺乏事实依据。

本案的争议焦点在于，增资是否到位，股东是否需要履行补足出资的义务。

裁判说理

最高人民法院经审理认为，根据《公司法》第 27 条的规定，股东可以用知识产权等可以用货币估价并可以依法转让的非货币财产作价出资，对作为出资的非货币财产应当评估作价，核实财产，不得高估或者低估作价。《公司法解释三》第 15 条亦规定，出资人以符合法定条件的非货币财产出资后，因市场变化或者其他客观因素导致出资财产贬值,该出资人不承担补足出资责任,除非当事人另有约定。据此,出资人以知识产权出资的,知识产权的价值由出资时所作评估确定,出资人不对其后因市场变化或其他客观因素导致的贬值承担责任,除非当事人另有约定。本案中,北京威德公司于2010年委托北京大正评估公司对其所有的知识产权价值进行评估,并据此增资入股至青海威德公司,双方未作其他约定。随后,青海威德公司召开股东会会议,决议同意北京威德公司以知识产权评估作价1300万元入股青海威德公司,并履行了股东变更工商登记手续。上述事实表明,北京威德公司的出资严格遵循了公司法对知识产权出资的要求。青海威德公司未能提交证据证明本案评估存在违法情形或者北京威德公司在评估时存在违法情形,现以案涉两项知识产权被确认无效,要求北京威德公司承担补足出资和赔偿损失的责任,缺乏事实和法律依据。

青海威德公司上诉提出,168号评估报告有明确的假设条件,北京威德公司明知假设条件不成立,存在主观恶意,一审法院未审理假设条件是否成立,处理错误。法院认为,根据《商标法》第47条和《专利法》(2008年)第47条的规定,注册商标或者专利被宣告无效,对宣告无效前已经履行的商标或者专利转让不具有追溯力,除非证明权利人存在主观恶意。168号评估报告载明,评估结果形成的基础是委托方及被投资单位提供的资料,资料的真实性、准确性和完整性由委托方和被评估单位负责并承担相应的责任。本案的被投资人青海威德公司向北京大正评估公司提供了资产权属、生产经营管理、财务会计等评估资料。正是在这些资料的基础上,北京大正评估公司将北京威德公司的知识产权估价为1300万元,故青海威德公司对评估具有足够的控制力和识别力。同时,168号评估报告对两项知识产权的价值及其假设条件进行了明确清晰的表述,青海威德公司股东会决议同意北京威德公司以168号评估报告确定的价值增资入股,即表明对168号评估报告的全面认可,亦包含对报告中假设条件的认可。青海威德公司未能提交证据证明北京威德公司在向该公司股东会提交168号评估报告时存在故意隐瞒假设条件等主观恶意行为,未能证明北京威德公司存在明知其知识产权会被宣告无效的恶意情形,故该公司关于北京威德公司存在主观恶意的主张不具有事实依据,关于一审法院应对假设条件是否成立进行审理的上诉理由缺乏法律依据,法院不予支持。一审法院认定北京威德公司增资到位,判令驳回青海威德公司对北京威德公司、殷某、张某的诉讼请求,处理正确,法院予以维持。

专业点评

知识产权出资是知识产权改革的重要内容。新修订的《公司法》规定股东可用知识产权作价出资，且取消了出资比例70%的限制。赋予知识产权出资更大的自由对于激发企业创新活力，推动企业创业发展具有积极作用。《公司法》第30条规定，有限责任公司成立后，发现作为设立公司出资的非货币财产的实际价额显著低于公司章程所定价额的，应当由交付该出资的股东补足其差额；公司设立时的其他股东承担连带责任。知识产权作为非货币财产的一种形式，股东当然有权以知识产权形式对公司出资。但是，知识产权具有特殊性，其法律状态存在一定的不确定性，事后有可能被宣告无效，实践中较为多见。假设知识产权在出资时是有效的，但在出资后被宣告无效，以该知识产权出资的股东是否需要承担补足出资责任，不无疑问。从本案可知，知识产权出资后被宣告无效，出资股东不承担补足出资责任，必须同时具备以下条件：(1)在宣告无效前，知识产权业经依法评估作价，并办理财产权转移手续，股权出资义务已依法履行完毕；(2)出资股东对知识产权被宣告无效不存在主观恶意，如出资前不明知其知识产权会被宣告无效；(3)当事人对知识产权被宣告无效的情形未另有约定。

我国《公司法》对知识产权出资入股的具体实现条件、方式、途径、程序、责任等并没有明确规定，一旦出现争议或纠纷，仍可能陷入无法可依的困境。因此，在当前背景下，为了预防知识产权出资后被宣告无效的法律风险，各方当事人应当从不同角度作出防范：(1)对于以知识产权出资的股东来说，建议及时办理评估作价和财产权转移手续，完成出资义务。(2)对于公司及其他股东来说，应当审慎评估知识产权的价值，明确约定出资后其知识产权被宣告无效的，出资股东应当承担补足出资责任。

法条链接

1.《公司法》(2018 年)

第二十七条　股东可以用货币出资,也可以用实物、知识产权、土地使用权等可以用货币估价并可以依法转让的非货币财产作价出资;但是,法律、行政法规规定不得作为出资的财产除外。

对作为出资的非货币财产应当评估作价,核实财产,不得高估或者低估作价。法律、行政法规对评估作价有规定的,从其规定。

第二十八条　股东应当按期足额缴纳公司章程中规定的各自所认缴的出资额。股东以货币出资的,应当将货币出资足额存入有限责任公司在银行开设的账户;以非货币财产出资的,应当依法办理其财产权的转移手续。

股东不按照前款规定缴纳出资的,除应当向公司足额缴纳外,还应当向已按期足额缴纳出资的股东承担违约责任。

2.《公司法解释三》(2014 年)①

第十五条　出资人以符合法定条件的非货币财产出资后,因市场变化或者其他客观因素导致出资财产贬值,公司、其他股东或者公司债权人请求该出资人承担补足出资责任的,人民法院不予支持,但是,当事人另有约定的除外。

3.《商标法》(2013 年)②

第四十七条　依照本法第四十四条、第四十五条的规定宣告无效的注册商标,由商标局予以公告,该注册商标专用权视为自始即不存在。

宣告注册商标无效的决定或者裁定,对宣告无效前人民法院做出并已执行的商标侵权案件的判决、裁定、调解书和工商行政管理部门做出并已执行的商标侵权案件的处理决定以及已经履行的商标转让或者使用许可合同不具有追溯力。但是,因商标注册人的恶意给他人造成的损失,应当给予赔偿。

依照前款规定不返还商标侵权赔偿金、商标转让费、商标使用费,明显违反公平原则的,应当全部或者部分返还。

4.《专利法》(2008 年)③

第四十七条　宣告无效的专利权视为自始即不存在。

宣告专利权无效的决定,对在宣告专利权无效前人民法院作出并已执行的专利侵权的判决、调解书,已经履行或者强制执行的专利侵权纠纷处理决定,以及已经履

---

① 现已修改为《公司法解释三》(2020 年)第 15 条。

② 现已修改为《商标法》(2019 年)第 47 条。

③ 现已修改为《专利法》(2020 年)第 47 条。

行的专利实施许可合同和专利权转让合同,不具有追溯力。但是因专利权人的恶意给他人造成的损失,应当给予赔偿。

依照前款规定不返还专利侵权赔偿金、专利使用费、专利权转让费,明显违反公平原则的,应当全部或者部分返还。

三、股东投资意思表示不明确的应认定全体股东间增资合意不成立

案件名称

唐某诉澳仪公司等公司增资纠纷案

案号

一审:(2016)沪0105民初24805号;二审:(2018)沪01民终2769号

裁判要旨

因股东投资意思表示不明确致使公司股东会未通过增资决议的,公司增资行为不成立。股东投资意思表示不明确的,全体股东间的增资协议因无合意而不成立。对于具有相同增资意思表示的部分股东之间是否成立事实上的增资协议,应当根据是否有利于保护股东新增资本优先认购权、是否有利于优化公司治理、是否有利于平衡大小股东利益等标准进行判断。若股东对增资协议的不成立不存在过错,且向公司实际给付款项又不能认定为借款的,应当按照不当得利规则处理法律后果。

案情简介

上诉人(原审原告):唐某
被上诉人(原审被告):澳仪公司
被上诉人(原审第三人):茅某
原审第三人:王某

2010年4月14日,澳仪公司被核准设立。设立时澳仪公司拥有股东3名,分别为茅某、王某以及唐某,其中茅某出资60万元,王某出资30万元,唐某出资10万元,共计注册资本为100万元,于2010年4月9日前均已出资到位。

公司设立后,大股东茅某向澳仪公司转账共计102万元。王某向澳仪公司转账

共计 51 万元,其中 21 万元的大款进账单上载明用途为“借款”,30 万元的现金缴款单上载明款项来源为“股东借款”。唐某分两次向澳仪公司转账共计 17 万元,但仅在第二次的打款进账单上写了“投资款第三期”。

关于澳仪公司设立后,公司再次向 3 名股东融资的款项性质,3 名股东认识存在分歧:大股东茅某认为 3 名股东达成了按原有股权比例增资的口头协议,因为各股东投入的资金数额符合原有股权 6∶3∶1 的比例;王某认为系借款,并曾向法院起诉,要求澳仪公司返还借款 51 万元。法院支持了王某的诉请,判决澳仪公司返还王某借款 51 万元;唐某亦曾向法院起诉,要求澳仪公司返还借款 17 万元及利息,但法院认为,唐某以借款关系主张还款证据不足,判决驳回了唐某的该项诉讼请求。

2017 年 2 月 8 日,澳仪公司的 3 名股东召开临时股东会会议,由于 3 名股东意见分歧较大,未通过《关于推进公司增资扩股事宜的议案》。2017 年 6 月至 2018 年 2 月,澳仪公司逐月的资产负债表显示,澳仪公司资本公积一栏的数额经常变动,绝大多数月份唐某投入的 17 万元和茅某投入的 102 万元未同时列入资本公积。其间,2018 年 1 月和 2 月的资产负债表显示,唐某投入的 17 万元列入资本公积,而茅某投入的 102 万元列入其他应付款。

本案中,唐某认为,澳仪公司没有将其 17 万元款项用于增资扩股,又由于 3 名股东产生矛盾无法达成相应的增资决议,客观上无法实现增资的目的,故起诉。

诉讼过程

唐某因无法实现增资的目的,故向一审法院起诉请求:(1)澳仪公司返还增资款 17 万元;(2)澳仪公司支付相应的增资款利息。一审法院判决唐某败诉,唐某不服上海市长宁区人民法院(2016)沪 0105 民初 24805 号民事判决,向上海市第一中级人民法院提起上诉。

裁判结果

一审法院判决驳回唐某的全部诉讼请求。二审法院判决:(1)撤销一审民事判决;(2)澳仪公司返还唐某增资款 17 万元;(3)唐某的其他诉讼请求不予支持。

主要争点

唐某上诉认为:(1)公司增资系要式法律行为,本案所涉增资事项未召开股东会会议并形成有效决议,原审判决没有事实依据。(2)原审判决不应适用《公司法》第

37 条的规定,属于适用法律错误。如果按照原审判决,还会严重损害其他股东参与重大决策以及新增资本优先认购等权利。此外,原审判决证据采信存在错误。庭审中,唐某向法庭明确表示,不愿意将其交付澳仪公司的 17 万元,根据公司章程的规定确定为增资款。

澳仪公司和茅某辩称,不同意唐某的上诉请求,原审判决认定事实清楚,适用法律正确,请求维持原判。(1)增资系唐某真实意思表示,另案生效的民事判决中已认定为增资款。上诉人反悔增资,阻碍形成股东会决议,违反《民法总则》第 7 条的规定,应当按照《民法总则》第 159 条的规定视为条件成就。(2)临时股东会期间,王某表态拒绝增资,而在另案借款纠纷中王某已经收回 51 万元,故不会影响其利益。

王某诉称,公司 3 名股东从未就增资达成合意,另案生效判决判令公司向其返还 51 万元,因此 3 名股东打入公司的钱款不是增资款。如果其他股东自行增资,将会稀释其股权比例,损害其合法权益。

本案争议焦点为:唐某的 17 万元款项投入是否构成对澳仪公司的有效增资。

裁判说理

一审法院认为,唐某、茅某和王某在公司成立并经营后,均向公司注入了资金,各出资额亦符合各自所占的股份比例。其中,唐某与茅某的出资明确为投资,意思表示真实,不违反公司章程以及《公司法》的规定。由于唐某与茅某两名股东所占公司股份的比例已经超过了公司章程对公司重大决策表决权的要求,所以王某主张公司返还其借款,亦不影响唐某与茅某作为公司股东对公司已经实施的投资行为的效力。即使王某不同意按其股份比例追加投资,唐某与茅某亦完全可以根据公司章程的规定,按照股东实际出资情况,对股东所占公司股份比例重新进行登记。因此,唐某所称澳仪公司不能实现增资的行为,不符合案件事实。唐某称其投资没有用于公司增资,但未能充分举证予以证明,故亦不予采信。根据《公司法》关于公司资本维持的原则,澳仪公司返还王某的款项不代表澳仪公司可以返还唐某出资到公司的投资款。故唐某要求澳仪公司返还投资款及相应利息,无事实和法律依据,法院不予支持。据此,一审法院判决驳回唐某的全部诉讼请求。

二审法院认为:本案的争议焦点在于唐某的 17 万元款项投入是否构成对澳仪公司的有效增资。

第一,根据另案生效判决,王某投入澳仪公司的 51 万元被认定为借款,且王某表示股东间未就增资达成协议,在无其他证据证明的情况下,两名股东单独增资的方式,不应被认为具有合理性和可行性。

第二，增资作为公司重要事项，属于要式法律行为，不仅需要合意基础，还需要符合法律以及公司章程规定的股东会决议、工商登记变更等形式和手续。从本案来看，既不存在股东之间书面的增资协议，也没有形成增资的股东会决议，当然也就不可能发生工商登记变更事项。

第三，澳仪公司2017年6月至2018年2月逐月的资产负债表显示，资本公积一栏的数额经常变动，且唐某投入的17万元并非始终列入资本公积。而茅某作为大股东和公司法定代表人，多数情况下未将自己投入的102万元列入资本公积一栏。这说明，茅某本人也并未积极促成增资目的的实现。

第四，澳仪公司3名股东就增加投资一事引发纠纷，自实际出资以来已有8年左右，其间引发多起诉讼，对公司治理、股东行权以及权益保障都会产生负面影响。目前，澳仪公司难以形成涉案相关的增资决议，在增资事项上可能会长期形成僵局。基于公司治理的正当考量，也应当选择有利于促成公司有效治理，并且有利于维护股东特别是非控股股东利益的方案。

基于上述因素，二审法院认为，涉案增资行为因不具备法律规定的要件而不成立，自然也不发生法律效力，澳仪公司应当返还唐某已经投入的17万元款项。但是，增资目的之所以落空，关键在于公司3名股东就增资事项未能在充分协商基础上形成书面协议，以致产生不同理解，并在实际履行过程中引发纷争，故对唐某主张的相关利息请求不予支持。

专业点评

公司增资是股权融资的具体形式，增资行为的构成要件包括多方一致的意思表示，以及符合法律或者章程规定的方式和程序。因股东投资意思表示不明确，以致公司股东会未形成有效增资决议的，应当视为欠缺意思表示要件而造成公司增资行为不成立，自然也就不发生公司法上的增资效果。此时，应当结合《公司法》相关规定按公司增资行为不成立的法律后果来处理。股东投资意思表示不明确的增资协议不成立。股东向公司作出投资，但对投资的性质属于股权抑或债权，各方未能达成共识，也无法达成补充协议的，应当视作股东投资意思表示不明确。在已经发生给付且不能认定为借款，而增资协议又不成立的情况下，则符合不当得利的构成要件,即没有法律根据(合同不成立)、取得不当利益(公司获得款项)、造成他人损失(给付款项的股东受损),应当按照《民法总则》第122条的规定来处理,没有法律根据的获利方应当将利益返还受损方。

法条链接

1.《民法总则》[①]

第七条　民事主体从事民事活动,应当遵循诚信原则,秉持诚实,恪守承诺。民事主体从事民事活动,应当遵循诚信原则,秉持诚实,恪守承诺。

第一百二十二条　因他人没有法律根据,取得不当利益,受损失的人有权请求其返还不当利益。

第一百五十九条　附条件的民事法律行为,当事人为自己的利益不正当地阻止条件成就的,视为条件已成就;不正当地促成条件成就的,视为条件不成就。

2.《公司法》(2013年)[②]

第三十七条　股东会行使下列职权:

(一)决定公司的经营方针和投资计划;

(二)选举和更换非由职工代表担任的董事、监事,决定有关董事、监事的报酬事项;

(三)审议批准董事会的报告;

(四)审议批准监事会或者监事的报告;

(五)审议批准公司的年度财务预算方案、决算方案;

(六)审议批准公司的利润分配方案和弥补亏损方案;

(七)对公司增加或者减少注册资本作出决议;

(八)对发行公司债券作出决议;

(九)对公司合并、分立、解散、清算或者变更公司形式作出决议;

(十)修改公司章程;

(十一)公司章程规定的其他职权。

对前款所列事项股东以书面形式一致表示同意的,可以不召开股东会会议,直

---

① 现已修改为《民法典》第7条、第122条、第158条。

② 现已修改为《公司法》(2018年)第37条。

接作出决定,并由全体股东在决定文件上签名、盖章。

四、增资协议解除的规则适用与法律效果处理

案件名称

西北工业公司、北方能源公司诉被告上海富电公司等公司增资纠纷案

案号

一审:(2018)沪 0117 民初 15120 号;二审:(2019)沪 01 民终 11265 号

裁判要旨

增资协议具有合同和组织双重属性,因此在司法审查中,应平衡适用《合同法》与《公司法》,协议解除时并不当然产生《合同法》上恢复原状、返还增资款的法律效果。应当以协议内容所涉内外部关系为依据进行区分:对于增资协议中尚未支付的增资款,因仅涉及签订协议主体的内部关系可依据《合同法》终止履行,但对于已经投入公司并经登记变更的增资款,因涉及公司资本维持、债权人利益保护等外部关系,则依据《公司法》规定不得要求返还。

案情简介

上诉人(原审被告、反诉原告):上海富电公司

被上诉人(原审原告、反诉被告):西北工业公司

被上诉人(原审原告、反诉被告):北方能源公司

被上诉人(原审第三人、反诉被告):李某甲、朱某、马某某、王某甲、李某乙、王某乙、陈某某、冯某、王某丙、祁某某和物华公司

原审第三人:北京富电有限公司

2017 年 5 月 9 日,上海富电公司(投资方,甲方)与北方能源公司(乙方,目标公司原股东)、西北工业公司(丙方,目标公司原股东)、10 名自然人第三人李某甲、朱某、马某某、王某甲、李某乙、王某乙、陈某某、冯某、王某丙、祁某某(丁方,目标公司原自然人股东)、物华公司(目标公司)签订增资协议书,载明:甲方通过直接增资方式对目标公司进行增资,本次增资完成后,甲方成为目标公司控股股东及实际控制

人，持有目标公司66.667%股权，各方就增资事宜达成协议。

2017年5月8日，上海富电公司支付北京××有限公司保证金2520万元，2017年5月22日，北京××有限公司将该款2520万元作为上海富电公司增资转账支付物华公司；2017年8月15日，上海富电公司支付物华公司增资款550万元；2017年11月16日，上海富电公司支付物华公司增资款180万元。

2017年5月9日，物华公司作出董事会决议，选举庞某甲为公司董事长，出任法定代表人，李某甲担任总经理。2017年5月9日，上海富电公司与北方能源公司、西北工业公司及10名自然人第三人重新作出物华公司章程，载明：公司注册资本12,600万元，股东13个，分别为上海富电公司（2017年5月9日货币出资2520万元，2017年5月31日货币出资2940万元，2017年9月29日货币出资2940万元）出资比例66.667%，北方能源公司、西北工业公司及10名自然人第三人已于2008年12月31日以货币或设备等出资，合计出资比例33.333%；自然人股东转让股权由上海富电公司优先收购；上海富电公司按实缴出资比例分取红利；股东在公司办理注册登记后，不得抽逃出资；公司设董事会，为公司决策机构，由7人组成，其中上海富电公司委派4人，北方能源公司委派1人，西北工业公司委派1人，自然人股东委派1人，董事长由上海富电公司提名，董事会选举产生；公司设总经理1名，副总经理1名，财务总监1名，由董事会决定总经理人选，财务总监由上海富电公司提名；公司须每月5日前将财务报表报送给各股东。2017年5月17日，物华公司完成公司变更登记，法定代表人变更为庞某甲，公司注册资本变更为12,600万元，上海富电公司登记为物华公司股东，享有66.667%股权。

2017年6月16日，物华公司以公司文件形式作出通知，称公司财务总监由股东上海富电公司委派的庞某乙担任，各部门报销付款审批流程中财务负责人由副总曹某转交庞某乙总监。

2017年11月12日，庞某甲、庞某乙在物华公司董事会决议表决票上签字，同意物华公司向兵工财务有限公司申请2500万元流动资金贷款并由股东按股权比例提供反担保等议案。

2017年，物华公司多位工作人员通过电子邮件向庞某甲请示或报告公司有关经营管理事务，庞某甲也通过邮件作出过工作指示。

2018年8月8日，庞某甲在物华公司关于聘请李某甲为公司代理总经理的董事会决议上签字。后李某甲、朱某等向陕西省西安市高陵区人民法院起诉物华公司，要求确认该董事会决议无效，该院经审理，于2018年12月24日判决物华公司于2018年8月8日形成的董事会决议无效，判决现已生效。

2018 年 1 月 25 日,北方能源公司、西北工业公司、10 名自然人第三人及物华公司共同委托律师向上海富电公司发出律师函,称各方签订增资协议书,因上海富电公司违约,经多次催告,第二、第三笔增资款仍未能按约如期足额到位,故通知解除该协议。上海富电公司于 2018 年 1 月 26 日收到该律师函。

诉讼过程

西北工业公司、北方能源公司向上海市松江区人民法院提起诉讼,一审判决后,上海富电公司依法提起上诉。

裁判结果

上海市松江区人民法院于 2019 年 6 月 7 日作出(2018)沪 0117 民初 15120 号民事判决:(1)确认当事人于 2017 年 5 月 19 日签订的《增资协议书》于 2018 年 1 月 26 日解除;(2)上海富电公司支付原告西北工业公司、北方能源公司违约金 300 万元;(3)驳回西北工业公司、北方能源公司其他本诉请求,驳回上海富电公司反诉请求。

宣判后,上海富电公司依法提起上诉。上海市第一中级人民法院于 2019 年 10 月 28 日作出(2019)沪 01 民终 11265 号民事判决:维持第一项、第三项判决内容,变更第二项判决为上海富电公司支付违约金 100 万元。

主要争点

原告(被上诉人)西北工业公司、北方能源公司诉称:2017 年 5 月 9 日,西北工业公司、北方能源公司及 10 名自然人股东与上海富电公司签订增资协议,约定上海富电公司向目标公司增资 8400 万元,占股 66.667%,增资分三次到位。后上海富电公司按约履行第一笔出资后,剩余出资款一直未按约缴付且经催告后仍不履行,导致目标公司流动资金不足,经营陷入困境。现请求:(1)确认当事人之间签订的增资协议书解除;(2)上海富电公司支付西北工业公司、北方能源公司违约金及赔偿损失。

被告(上诉人)上海富电公司辩称:西北工业公司、北方能源公司未履行增资协议书关于公司财务控制权等的移交约定违约在先,逾期支付增资款系西北工业公司、北方能源公司造成。同时,上海富电公司亦提起反诉,请求:(1)确认案涉增资协议书解除;(2)西北工业公司、北方能源公司及李某甲等返还上海富电公司已支付的增资款。

西北工业公司、北方能源公司及 10 名自然人第三人在起诉时向一审法院提出诉讼请求:(1)确认西北工业公司、北方能源公司及10名自然人第三人与上海富电公司间增资协议书解除;(2)上海富电公司支付西北工业公司、北方能源公司未按时履行增资协议书违约金690.15万元(计算至2018年4月20日);(3)上海富电公司赔偿西北工业公司、北方能源公司及10名自然人第三人损失68万元;(4)北京富电公司对上海富电公司上述债务承担连带赔偿责任。一审审理中,10名自然人第三人明确不对上海富电公司、北京富电公司提出诉讼请求,同时西北工业公司、北方能源公司变更诉讼请求为:(1)上海富电公司支付西北工业公司、北方能源公司违约金(计算至2018年4月20日为690.15万元;2018年4月21日之后,以5150万元为基数至判决生效日,按照日万分之五计算);(2)上海富电公司赔偿西北工业公司、北方能源公司损失68万元;(3)北京富电公司对上海富电公司的上述付款义务承担连带赔偿责任。后西北工业公司、北方能源公司又撤回上述第2项诉讼请求及第3项对北京富电公司的起诉。

上海富电公司提起反诉,请求:(1)确认西北工业公司、北方能源公司与上海富电公司及10名自然人第三人间增资协议书于2018年1月24日解除;(2)西北工业公司、北方能源公司及10名自然人第三人连带返还上海富电公司增资款本金3400万元;(3)西北工业公司、北方能源公司及10名自然人第三人连带赔偿上海富电公司资金占用损失(计算至2018年11月9日为306万元;2018年11月10日起以3400万元为基数,按照年利率6%计算至实际履行日);(4)西北工业公司、北方能源公司及10名自然人第三人赔偿上海富电公司律师费损失42万元。后上海富电公司撤回第4项律师费请求并变更反诉请求为:(1)确认西北工业公司、北方能源公司与上海富电公司及10名自然人第三人间增资协议书于2018年1月24日解除;(2)西北工业公司、北方能源公司共同返还上海富电公司增资款本金3400万元或赔偿等额损失;(3)西北工业公司、北方能源公司共同赔偿上海富电公司资金占用损失(计算至2018年11月9日为306万元;2018年11月10日起以3400万元为基数,按照年利率6%计算至实际履行日止);(4)物华公司及10名自然人第三人对西北工业公司、北方能源公司的上述付款义务承担连带清偿责任。

本案的主要争议问题为增资协议解除后的法律效果。在已完成认缴及工商变更登记的情况下,增资人能否以《合同法》关于合同解除的规定为依据,主张返还已实际缴付的增资款。

裁判说理

其一,系争增资协议书系各方当事人真实意思表示,并不违反法律、行政法规的强制性规定，对其合同效力应予认可。该协议中，各方当事人约定了合同解除条件，依据《合同法》第93条、第94条的相关规定，该增资协议书可予解除。其二，《合同法》第97条规定："合同解除后，尚未履行的，终止履行，已经履行的，根据履行情况和合同性质，当事人可以要求恢复原状、采取其他补救措施，并有权要求赔偿损失。"因此，本案中上海富电公司虽主张恢复原状、返还钱款，但仍须基于系争合同的性质、钱款的性质，依照法律的具体规定处理解除后果。其三，从增资协议书的约定来看，上海富电公司投入的3250万元是其作为目标公司新股东所需缴纳的出资，并非对西北工业公司、北方能源公司享有的普通债权。在经过公司章程修改及工商变更登记后，其股东身份、认缴数额、股权比例及公司注册资本均已对外公示，该3250万元转化为公司资本性质，已形成公司资产。其四，上海富电公司所谓因增资协议书解除而要求返还出资，从本质上说，系基于其股东身份的退出。但正如上述认缴、出资、登记等均需由各方当事人按照《公司法》关于公司增资的程序完成，股东退出公司，包括采取何种退出方式、资本、股权的处分等，亦应当适用《公司法》作为特别法的相关规定。其五，上海富电公司要求将其出资直接返还以"恢复原状"，实质上等同于股东未经法定程序任意抽回出资，将造成公司资产的不当减少，显然有违公司资本的确定、维持和不变原则，直接影响公司的经营能力和债权人利益保护。

综上所述，本案系争增资协议书的解除虽然适用《合同法》规定，但协议解除的后果，实际是处理上诉人作为原增资股东的退出问题。在上海富电公司出资已转化为公司资本的情况下，应按照《公司法》的特别规定适用执行。现本案各方当事人虽均确认协议解除，但未予明确上诉人退出的具体方式，如通过股权转让、股权回购、公司减资、公司解散等，更未经相应的法定程序，上海富电公司仅就返还出资一节单独提出主张，不符合《公司法》的规定，故二审法院不予支持。

专业点评

增资协议是在公司成立后增资认缴人与公司或公司股东达成合意，由增资认缴人向公司认缴新增注册资本的双方法律行为。就其性质而言，增资协议实质上是一种股东协议。该股东协议具有合同与组织双重属性。公司的组织规则和合同规则之间基于立场不同而存在一定差异，组织规则受到《公司法》的特殊限制，这就要求在处理股东协议问题时不能单纯适用《合同法》规则，需将两者协调适用。合同属性，是指股东协议是当事人之间基于个人意思对自身利益安排所达成的协议,本质上是一项合同,故其首先具有合同属性,实践当中对此并不存在争议。组织属性,是指股东协议虽然是以合同形式出现,但其意图在于改变公司权力分配和公司的组织架构,股东依据股东协议参与并影响公司治理,呈现通过股东协议来取代章程规定或者法定的组织规则的效果。本案所涉增资协议是认缴增资人上海富电公司同西北工业公司、李某等股东之间就注册资本、股权分配事宜等作出约定的商业合同,在性质上属于股东协议,其所具有的合同与组织双重属性决定在法律适用上不能单纯适用某一规则,而应将二者平衡适用。这种双重属性决定了其同时涉及《合同法》规则与组织法规则,而《合同法》规则同组织法规则之间的差异则决定了股东协议虽然本质上是合同,但在适用《合同法》规则的同时必须接受组织法规则的限制。对股东协议进行司法审查时需要平衡适用《合同法》规则和《公司法》规则。

法条链接

1.《合同法》①

第九十三条　当事人协商一致,可以解除合同。

当事人可以约定一方解除合同的条件。解除合同的条件成就时,解除权人可以解除合同。

第九十四条　有下列情形之一的,当事人可以解除合同:

(一)因不可抗力致使不能实现合同目的;

(二)在履行期限届满之前,当事人一方明确表示或者以自己的行为表明不履行主要债务;

(三)当事人一方迟延履行主要债务,经催告后在合理期限内仍未履行;

(四)当事人一方迟延履行债务或者有其他违约行为致使不能实现合同目的;

(五)法律规定的其他情形。

第九十七条　合同解除后,尚未履行的,终止履行;已经履行的,根据履行情

① 现已修改为《民法典》第562条、第563条、第566条。

况和合同性质,当事人可以要求恢复原状、采取其他补救措施,并有权要求赔偿损失。

2.《公司法》(2018 年)

第三十五条　公司成立后,股东不得抽逃出资。

第四篇

股权转让纠纷

导　语

股权是《民法典》第125条明确规定的民事主体可以依法享有的权利。股权在民事主体之间流转是民商事活动中常见的民事权利移转方式。股权转让,是指公司股东依照公司章程或者法律的规定,将其所持有的公司的股份通过出售、赠与、互易等方式全部或部分转让给其他自然人、公司或者其他主体的法律行为。股权转让的类型包括即时股权转让与预约股权转让、支付对价的股权转让与不支付对价的股权转让。《公司法》有关股权转让的规定有法律上允许股东之间相互转让(第71条第1款)、股东同意权及其程序设置(第71条第2款)、股东优先购买权(第71条第3款)、执行程序中优先购买权(第72条)、股份有限公司特殊股东转让股份的效力(第141条)、股份公司股份收购的法律规定(第142条)。

股权转让纠纷常涉及的是文本效力、管辖权确定、优先购买权行使、股权回购协议的效力等问题。自然人和法人虽然都可以成为股权转让的受让方,但是受让方必须满足《公司法》或者其他法律法规规定的主体资格条件。例如,《公司法》规定一人有限公司的股东必须是自然人或法人,一个自然人只能投资设立一家一人有限公司,所以,如果一个自然人已经有一家一人有限公司,那么他就不能再单独受让一家一人有限公司的股权。股权转让通常有一个过程,在这个过程中,转让方与受让方之间在对股权转让事宜签订股权转让协议之前,就股权转让达成意向签署一个法律文件,称为股权转让意向书。在股权转让意向书里面股权转让方与受让方基于商业诚信就股权转让的一些事项,如目标公司情况、拟转让的股权情况、初步交易对价、尽职调查、排他条款、保密条款、争议解决条款。最后双方达成合意,才正式签署股权转让协议。

股权转让容易产生纠纷的节点有股权转让协议的生效时间、对赌协议、业绩承诺、业绩补偿条款的效力、股权的价值评估、股东同意权和优先购买权引发的争议、股权转让中的税负约定效力、股权没有变更登记时是否完成权属变更之争。关于股权权属变更,股权变动不以办理股权工商变更登记为要件,公司股东名册变更也不是判断依据。在股权变动效力的要件公司章程没有特别规定的情况下,股东向股东之外的第三方转让股权,必须征得半数以上其他股东同意,只有其他股东表示放弃优先购买权,才发生股权变动的效力,股东之间相互转让股权的,自股权转让协议生效时发生股权变动效力,即便隐名股东之间转让股权也是如此。也正因此,如果股权转让合同生效，但是受让方并没有按照约定支付股权转让款，对转让方就非常不利，是否拥有单方解除合同的权利，应在合同中明确约定。另外，在股权转让实践中，名义股东未经隐名股东同意，擅自转让登记在其名下的股份导致隐名股东主张权利而产生纠纷。股权由于不以登记为转让生效要件，所以存在一股多卖的可能性。股权转让合同签订后，股权正式变更登记前，不排除股权被查封、被质押的风险。因为《公司法》实行注册资本认缴制，股东没有足额缴纳出资的义务，可能被债权人或者受让人要求足额缴纳所认缴的注册资本。

一、股权转让纠纷不适用分期付款买卖中的合同解除条件

案件名称

汤某诉周某股权转让纠纷案①

案号

一审：(2013)成民初字第1815号；二审：(2014)川民终字第432号

裁判要旨

有限责任公司的股权分期支付转让款中，发生股权受让人延迟或者拒付等违约情形，股权转让人要求解除双方签订的股权转让合同的，不适用分期付款买卖中，出卖人在买受人未支付到期价款的金额达到合同全部价款的1/5时即可解除合同的规定。

案情简介

上诉人(原审原告)：汤某

被上诉人(原审被告)：周某

原告汤某与被告周某于2013年4月3日签订《股权转让协议》及《股权转让资金分期付款协议》。双方约定：周某将其持有的青岛双星公司6.35%股权转让给汤

---

① 参见《最高人民法院关于发布第14批指导性案例的通知》(指导案例第67号)，载《最高人民法院公报》2017年第2期。

某。股权合计710万元,分四期付清。协议签订后,汤某于2013年4月3日依约向周某支付第一期股权转让款150万元。因汤某逾期未支付约定的第二期股权转让款,周某于2013年10月11日,以公证方式向汤某送达了《关于解除协议的通知》,以汤某根本违约为由,提出解除双方签订的《股权转让资金分期付款协议》。2013年10月12日,汤某即向周某转账支付了第二期150万元股权转让款,并按照约定的时间和数额履行了后续第三期、第四期股权转让款的支付义务。周某以其已经解除合同为由,如数退回汤某支付的4笔股权转让款。

诉讼过程

汤某向人民法院提起诉讼,要求确认周某发出的解除协议通知无效,并责令其继续履行合同。四川省成都市中级人民法院作出一审判决驳回原告诉讼请求后,汤某不服,提起上诉。四川省高级人民法院作出(2014)川民终字第432号民事判决,周某不服,向最高人民法院申请再审。

裁判结果

一审法院判决:驳回原告汤某的诉讼请求。

二审法院判决:(1)撤销原审判决;(2)确认周某要求解除双方签订的《股权转让资金分期付款协议》行为无效;(3)汤某于本判决生效后10日内向周某支付股权转让款710万元。

再审法院判决:驳回周某的再审申请。

主要争点

汤某诉称:原审判决适用法律错误。《合同法》第167条关于买卖合同分期付款的规定,根本特征是先款后货,但案涉股权转让与实物交付不同,且周某发出合同解除通知之时,股权还没有变更至汤某名下,因此,原审判决参照《合同法》第167条关于买卖合同分期付款的规定,判定汤某逾期付款超过总价款的1/5,周某有权解除合同,属适用法律错误。此外,案涉诉争股权已过户到汤某名下,且汤某愿意支付股权转让款,从维护秩序和促进交易的角度出发,《股权转让资金分期付款协议》不宜判决解除。

周某辩称:案涉股权转让款分四期支付,汤某无正当理由拒不履行支付第二笔股权转让款,且经周某催告并给予合理期限仍不支付,汤某的行为已构成根本违约,依据《合同法》第94条及第167条的规定，周某有权要求解除合同。因此，请求驳回上诉，维持原判。

综上所述，本案争议焦点为：周某是否享有《合同法》第167条规定的合同解除权。

裁判说理

法院生效判决认为：

(1)《合同法》第167条第1款规定，“分期付款的买受人未支付到期价款的金额达到全部价款的五分之一的，出卖人可以要求买受人支付全部价款或解除合同”。第2款规定，“出卖人解除合同的，可以向买受人要求支付该标的物的使用费”。最高人民法院《关于审理买卖合同纠纷案件适用法律问题的解释》第38条规定，“合同法第一百六十七条第一款规定的‘分期付款’，系指买受人将应付的总价款在一定期间内至少分三次向出卖人支付。分期付款买卖合同的约定违反合同法第一百六十七条第一款的规定，损害买受人利益，买受人主张该约定无效的，人民法院应予支持”。依据上述法律和司法解释的规定，分期付款买卖的主要特征为：一是买受人向出卖人支付总价款分三次以上，出卖人交付标的物之后买受人分两次以上向出卖人支付价款；二是多发、常见在经营者和消费者之间，一般是买受人作为消费者为满足生活消费而发生的交易；三是出卖人向买受人授予了一定信用，而作为授信人的出卖人在价款回收上存在一定风险，为保障出卖人剩余价款的回收，出卖人在一定条件下可以行使解除合同的权利。

本案系有限责任公司股东将股权转让给公司股东之外的其他人。尽管案涉股权的转让形式也是分期付款，但由于本案买卖的标的物是股权，因此具有与以消费为目的的一般买卖不同的特点：一是汤某受让股权是为参与公司经营管理并获取经济利益，并非满足生活消费；二是周某作为有限责任公司的股权出让人，基于其所持股权一直存在于目标公司中的特点，其因分期回收股权转让款而承担的风险，与一般以消费为目的分期付款买卖中出卖人收回价款的风险并不同等；三是双方解除股权转让合同，也不存在向受让人要求支付标的物使用费的情况。综上所述，股权转让分期付款合同，与一般以消费为目的分期付款买卖合同有较大区别。对案涉《股权转让资金分期付款协议》不宜简单适用《合同法》第167条规定的合同解除权。

(2)本案中，双方订立《股权转让资金分期付款协议》的合同目的能够实现。汤某和周某订立《股权转让资金分期付款协议》的目的是转让周某所持青岛双星公司

6.35%股权给汤某。根据汤某履行股权转让款的情况,除第2笔股权转让款150万元逾期支付两个月,其余3笔股权转让款均按约支付,周某认为汤某逾期付款构成违约要求解除合同,退回了汤某所付710万元,不影响汤某按约支付剩余3笔股权转让款的事实的成立,且本案一审、二审审理过程中,汤某明确表示愿意履行付款义务。因此,周某签订案涉《股权转让资金分期付款协议》的合同目的能够得以实现。另查明,2013年11月7日,青岛双星公司的变更(备案)登记中,周某所持有的6.35%股权已经变更登记至汤某名下。

(3)从诚实信用的角度,《合同法》第60条规定,"当事人应当按照约定全面履行自己的义务。当事人应当遵循诚实信用原则,根据合同的性质、目的和交易习惯履行通知、协助、保密等义务"。鉴于双方在股权转让合同上明确约定"此协议一式两份,双方签字生效,永不反悔",因此周某即使依据《合同法》第167条的规定,也应当首先选择要求汤某支付全部价款,而不是解除合同。

(4)从维护交易安全的角度,一项有限责任公司的股权交易,关涉诸多方面,如其他股东对受让人汤某的接受和信任(过半数同意股权转让),记载到股东名册和在工商部门登记股权,社会成本和影响已经倾注其中。本案中,汤某受让股权后已实际参与公司经营管理、股权也已过户登记到其名下,如果不是汤某有根本违约行为,动辄撤销合同可能对公司经营管理的稳定产生不利影响。

综上所述,本案中,汤某主张的周某依据《合同法》第167条之规定要求解除合同依据不足的理由,于法有据,应当予以支持。

专业点评

在该案例中,最高人民法院明确了有限责任公司的股权转让不同于一般的可消费性商品的买卖,因此不适用《民法典》第634条的规定,在股权转让合同可履行的情况下,如果受让人愿意继续履行合同,继续支付股权转让款,则转让人不能以受让人在分期付款中逾期付款金额达到全部价款的1/5为由解除合同。这是最高人民法院对该种情形下法律适用的明确规定,以此规范此种情形下合同双方的行为。但并不是说有限责任公司的股权转让合同不适用买卖合同相关法律规定。股权转让合同作为合同的一种,应当归类于买卖合同,应当适用买卖合同的一般法律规定,发生法律纠纷,在合同有约定的情形下,依照合同约定。合同没有约定的情形下,依照法律规定。如果合同约定违反法律强制性规定,则约定无效,依照法律规定处理。

法条链接

1.《合同法》①

第六十条　当事人应当按照约定全面履行自己的义务。

当事人应当遵循诚实信用原则,根据合同的性质、目的和交易习惯履行通知、协助、保密等义务。

第一百六十七条　分期付款的买受人未支付到期价款的金额达到全部价款的五分之一的,出卖人可以要求买受人支付全部价款或者解除合同。

出卖人解除合同的,可以向买受人要求支付该标的物的使用费。

2.最高人民法院《关于审理买卖合同纠纷案件适用法律问题的解释》(2012年)②

第三十八条　合同法第一百六十七条第一款规定的"分期付款",系指买受人将应付的总价款在一定期间内至少分三次向出卖人支付。

分期付款买卖合同的约定违反合同法第一百六十七条第一款的规定,损害买受人利益,买受人主张该约定无效的,人民法院应予支持。

二、股权转让中转让人意思表示的认定及对股权变动的影响

案件名称

左某诉北京鑫丰公司、宁强泛珠泉公司股权转让纠纷案

① 现已修改为《民法典》第509条、第634条。

② 现已修改为最高人民法院《关于审理买卖合同纠纷案件适用法律问题的解释》(2020年)第27条。

案号

一审:(2017)京0116民初2174号;二审:(2017)京03民终14093号

裁判要旨

认定股权转让合同中转让人是否具有股权转让的意思表示,首先应当从其行为意思、表示意思及效果意思等方面进行考量,在转让人不具备转让股权意思表示的主观要素时,仅因办理股权变更登记时出示了转让人身份证原件,不能推定转让人具有股权转让的真实意思表示。我国有限责任公司的股权变动采用"登记对抗主义",股权转让合同无效对股权变动的影响应区分对内效力与对外效力,在第三人善意取得被转让的股权后,被冒名转让的股东可向冒名行为人主张损害赔偿。

案情简介

上诉人(原审原告):左某

被上诉人(原审被告):北京鑫丰公司

第三人:宁强泛珠泉公司

原告左某诉称:案外人温某受北京鑫丰公司欺骗与蛊惑,在左某不知情的情形下,伪造左某对温某的委托书,由温某仿冒左某签名及印章与北京鑫丰公司签署了日期为2014年8月12日的《宁强泛珠泉公司股权转让协议》,并由第三人宁强泛珠泉公司凭该股权转让协议于2014年8月15日向原陕西省汉中市宁强县工商局申请并办理了股权变更登记,致使左某在宁强泛珠泉公司之股东身份及10%的股权丧失。在温某告知左某前,左某对于该股权转让协议、委托书的存在以及相关股权变更之事毫不知情。北京鑫丰公司与温某富伪造左某签名的行为已构成《合同法》项下之无效签约行为,基于该无效行为而形成的《宁强泛珠泉公司股权转让协议》自始无效,依法应予撤销。同时,宁强泛珠泉公司基于该无效合同而申请办理的股权变更亦无效,依法应予撤销。故诉至法院请求:(1)确认签署日期为2014年8月12日的《股权转让协议》无效;(2)鉴定费用、诉讼费用由北京鑫丰公司承担。

被告北京鑫丰公司辩称:股权转让协议是案外人温某持左某的身份证和委托书办理的,且在工商变更登记办理现场给左某打电话,左某对股权转让情况是知悉的,是左某的真实意思表示;左某系从北京鑫丰公司受让股权人,但并未支付股权转让款。

第三人宁强泛珠泉公司述称:不同意左某的诉讼请求。股权转让是左某的真实意思表示,办理工商登记手续需要核实身份证。

诉讼过程

左某向一审法院起诉请求:(1)判令撤销签署日为2014年8月12日《宁强泛珠泉公司股权转让协议》;(2)判令撤销宁强泛珠泉公司于2014年8月15日向原陕西省汉中市宁强县工商局申请并办理的股权变更登记,恢复左某在宁强泛珠泉公司的股东身份及10%股权。左某于2017年4月14日向一审法院提交了《变更诉讼请求申请书》,要求变更诉讼请求为:(1)判令确认签署日期为2014年8月12日的《宁强泛珠泉公司股权转让合同》无效;(2)判令鉴定费用、诉讼费用由北京鑫丰公司承担。左某不服北京市怀柔区人民法院(2017)京0116民初2174号民事判决,向北京市第三中级人民法院提起上诉。

裁判结果

一审法院判决:驳回左某全部诉讼请求。

二审法院判决:(1)撤销北京市怀柔区人民法院(2017)京0116民初2174号民事判决;(2)确认落款时间为2014年8月12日、以"左某"为转让方与受让方北京鑫丰公司签订的股权转让协议无效。

主要争点

左某上诉请求:撤销一审判决,改判支持左某一审变更后的诉讼请求。事实和理由:(1)一审判决认定事实不清。2010年3月24日,宁强泛珠泉公司向左某及案外人温某分别借款100万元用于征地,由于没有担保及抵押物,宁强泛珠泉公司将其20%的股权无偿转让给左某和温某各10%。此后,温某又先后借给刘某450万元,并多次向刘某催要,刘某承诺只要贷下款来就还给温某。2014年8月8日,刘某告知温某可以办理贷款了,但因银行说股东情况复杂,建议温某和左某先退出公司,批贷后再恢复股东身份。温某为了宁强泛珠泉公司尽快偿还其借款,在未告知左某的情况下配合刘某办理了股权变更手续。2015年6月,温某发现宁强泛珠泉公司的股东变成了3位自然人,才知道自己上当,并于2015年10月将此事告知左某,左某才知道自己的股权被温某和刘某合伙转走了。2015年10月20日,左某向陕西省汉中市宁强县市场监督管理局(以下简称宁强县监管局)进行举报,同时向陕西省汉中市市场监督管理局注册分局电话咨询股权变更登记的手续和流程,该局答复称:办理股权变更登记必须本人携带身份证原件到场或持有经过公证的委托书的代理人才能办理。同时,左某向当地电话举报,当时陕西省汉中市市场监督管理局注册分局局长唐某春电话中称此事不是他办的,办理中应该有录像,调查清楚后答复。(2)证据采信错误。①一审法院认定温某的证人证言证明力较低是错误的。温某与左某曾经是同事,为一般朋友关系,而温某和刘某是更为亲密的朋友关系。②一审法院认定宁强县监管局作出的《协助调查函》回复,证明温某在办理股权变更登记时出示了左某的身份证原件是错误的。宁强县监管局与宁强泛珠泉公司有重大利害关系。唐某春并非亲自办理诉争股权转让的变更登记,其在 3 年后怎么能记得温某当时出示了左某的身份证原件?其明显是在说谎,说谎的目的是掩盖违规为刘某办理股权变更手续,怕被追究责任。虽然宁强县监管局的回复加盖了公章,但实质上还是唐某春个人的证人证言,且该回复内容自相矛盾。③一审法院认定股权转让协议、委托书、鉴定意见为间接证据,仅能证明股权转让协议、委托书中左某的签字并非本人所签,但并不能够排除左某是否授意温某进行股权转让的事实是错误的。

综上所述,本案的争议焦点为:左某是否委托温某代其办理诉争股权转让事宜,即落款时间为 2014 年 8 月 12 日的股权转让协议是否为左某的真实意思表示。

裁判说理

一审法院认为:

当事人各方和证人温某均认可,股权转让协议和委托书中"左某"签字均非左某本人所签,但是对于是否属于左某真实意思表示双方存在争议。一审法院认为,本案中左某对股权转让是否具有意思表示,是本案事实认定的关键所在,而当事人的意思表示仅能通过具体事实进行推定。工商变更登记时,温某是否出示左某身份证原件这一事实是推定左某的意思表示情况的关键事实。

针对该事实,左某提交了股权转让协议、委托书、鉴定报告和证人温某的证言,用于证明股权转让非其意思表示,而是温某与北京鑫丰公司恶意串通损害其利益。股权转让协议、委托书、鉴定报告仅为间接证据,仅能证明股权转让协议和委托书中的签字并非左某所签署,但是并不能够排除左某是否授意温某进行股权转让事实。温某的证人证言属于直接证据,但是温某与左某系朋友关系,其二人尚与北京鑫丰公司存在其他诉讼,因此一审法院认为温某的证人证言证明力较低。庭审中北京鑫丰公司、宁强泛珠泉公司并未提交相应证据,但其当庭陈述足以引起法庭合理怀疑。为此,一审法院在审理过程中,向宁强县监管局两次发出《协助调查函》,宁强县监管局回复,当时办理股权变更登记时代理人温某当场出示了左某的身份证原件。宁强县监管局的回复加盖了该单位公章,后由时任陕西省汉中市市场监督管理局注册分局局长唐某春签署了证明。宁强县监管局出具的回复符合《民事诉讼法》上的证据形式,且其属于国家机关依职权制作的公文书证,其证明力大于一般书证,更大于与左某有利害关系的证人证言。故一审法院依据证据规则,对涉案股权转让时温某出具了左某身份证原件这一事实予以认可。

经法院调取的证据显示,温某在涉案股权办理变更登记时持有左某身份证原件,同时在庭审中左某陈述从未将身份证件原件交予温某,至此排除了温某基于其他原因持有左某身份证原件的可能性。基于温某在股权变更登记时持有左某身份证原件这一事实,足以推定左某对于股权转让事实表示认可,且工商变更登记也已经办理完毕。综上所述,涉案股权转让协议合法成立并生效,且已经履行完毕,对于左某主张涉案股权转让协议无效的诉讼请求该院不予支持。

二审法院认为:其一,根据已经查明的事实,2014 年 8 月 8 日的委托书并非左某本人出具,诉争股权转让协议亦非左某本人所签,温某作为本案证人也证实其代左某签订股权转让协议并未经过左某的授权。其二,根据宁强县监管局给一审法院的回函,即使温某 2014 年 8 月在办理诉争股权变更登记时当场出示了左某的身份证原件,在左某未出具委托书,亦无其他证据佐证的情况下,难以认定左某委托温某办理诉争股权转让事宜,温某亦无权代表左某签订诉争股权转让协议。因此,现有证据不足以证明诉争股权转让协议系左某的真实意思表示,故法院对左某要求确认诉争股权转让协议无效的上诉请求,依法予以支持。一审法院推定左某对于股权转让事实表示认可,并认定诉争股权转让协议生效,依据不足,法院予以纠正。

专业点评

意思表示的成立包含两个阶段:一是内心意思阶段,即表意人内心思想的形成;二是外部表示阶段,即把该内心意思通过一定方式表达出来,使内心的意思能够被了解。相应的意思表示也由主观要素与客观要素构成,通说认为意思表示的主观要素包含:行为意思、表示意思及效果意思;客观要素即表示行为。

行为意思,是指表意人自觉从事某项行为的内心意思;表示意思,是指表意人想通过特定方式传达参与法律交易或法律交往的意识;效果意思,是指表意人具有发生一定私法效果的内心意愿。表示行为,是指内心意思的外部表达,是行为人将内心意思以一定的方式表现于外部,并足以为外界所了解的行为。

股权转让中,转让人具有股权转让的意思表示,应当包含以下要素:首先,转让人有自觉进行股权转让的内心意思;其次,转让人想通过特定方式传达其转让股权的意思;再次,转让人具有发生股权转让的内心意愿;最后,转让人通过明示或默示的方式将其股权转让的意思表达于外。

法条链接

《民法典》

第一百四十三条　具备下列条件的民事法律行为有效:

(一)行为人具有相应的民事行为能力;

(二)意思表示真实;

(三)不违反法律、行政法规的强制性规定,不违背公序良俗。

三、无权处分股份多次转让后股权的归属问题

案件名称

许某、王某股东资格确认纠纷案

案号

一审:(2015)盘法民初第1935号;二审:(2016)云01民终4380号

裁判要旨

受让他人无权处分的股权,能否取得股权所有权,主要看是否符合《物权法》规定的善意取得要件,符合善意取得要件,则受让人可以取得股权,不符合善意取得要件,则不能取得股权。无论无权处分后股权发生多少次变动,法院审理此类案件时,只审查各个环节之间的股权归属问题,即是否构成善意取得。

案情简介

上诉人(原审原告):许某

被上诉人(原审被告):王某

被上诉人(原审被告):杨某

被上诉人(原审被告):李某

原审第三人:春瑞源公司

原审第三人:杨某某

原审第三人:卢某

第三人春瑞源公司于2001年3月30日注册登记设立,注册资本为人民币1,500,000元,发起人为许某某(出资额为人民币400,000元,股份比例为26.67%)、原审原告许某(出资额为人民币900,000元,股份比例为60%)、云南省昆明市春瑞源工贸有限公司(出资额为人民币200,000元,股份比例为13.33%)。许某某以云A×××××号车辆作为出资,许某以位于云南省昆明市西山区后新南街6号1幢2单元802号房屋作为出资,云南省昆明市春瑞源工贸有限公司以现金人民币200,000元作为出资。2001年6月19日,云南省昆明市春瑞源工贸有限公司将其所持第三人春瑞源公司部分股权转让给了许某并办理了工商变更登记。云南省昆明市春瑞源工贸有限公司所持第三人春瑞源公司股份比例变更为5%,出资额变更为人民币75,000元,许某所持股份比例变更为68%,出资额变更为人民币1,025,000元。2002年9月26日,许某某将其所持第三人春瑞源公司部分股权转让给许某并办理了工商变更登记。许某某所持股份比例变更为10%,出资额变更为人民币150,000元,许某所持股份比例变更为85%,出资额变更为人民币1,275,000元。2009年12月31日,云南省昆明市春瑞源工贸有限公司将其所持有的第三人春瑞源公司全部5%的股份转让给了第三人杨某某并办理了工商变更登记。2009年12月31日,许某与许某某所持有的全部85%及10%的股份全部变更登记至被告王某名下。2011年1月25日,被告王某与第三人卢某签订《股权转让协议》约定被告王某将其所持有的第三人春瑞源公司95%的股权作价人民币1,425,000元转让给第三人卢某。双方于2011年3月24日办理股权变更登记。2011年7月6日第三人卢某将其所持有的全部95%第三人春瑞源公司的股份作价人民币1,425,000元转让给了被告杨某并办理了工商登记。2013年4月2日,被告杨某将其所持有的部分第三人春瑞源公司的股份转让给了被告李某并办理了工商变更登记。被告杨某的出资认缴额变更为人民币1,200,000元,被告李某的出资认缴额为人民币225,000元。原审原告许某认为,2009年12月31日原告将其所持第三人春瑞源公司股份转让给被告王某的所有手续系被告王某伪造其签名予以办理的，并非其真实意思表示，故许某诉至一审法院：(1)确认原告拥有春瑞源公司85%的股权；(2)判令本案诉讼费由被告承担。

诉讼过程

许某因与王某、杨某、李某，原审第三人春瑞源公司、杨某某、卢某股东资格确认产生纠纷，许某向云南省昆明市盘龙区人民法院提起诉讼，请求确认其拥有春瑞源公司85%的股权。后许某不服一审判决，向云南省昆明市中级人民法院提起上诉。

裁判结果

一审法院判决：驳回原告许某的诉讼请求。

二审法院判决：(1)撤销云南省昆明市盘龙区人民法院(2015)盘法民初第1935号民事判决；(2)确认原审第三人春瑞源公司85%的股份归上诉人许某所有。

主要争点

一审宣判后，一审原告许某不服，向法院提出上诉。上诉请求为：(1)撤销云南省昆明市盘龙区人民法院(2015)盘法民初字第1935号民事判决书；(2)依法改判确认上诉人拥有春瑞源公司85%的股权；(3)本案一审、二审诉讼费、保全费等费用由被上诉人承担。其所依据的主要事实理由为：一审法院认定卢某为善意第三人无事实和法律依据。《物权法》第106条规定，无处分权人将不动产或者动产转让给受让人的，所有权人有权追回，除法律另有规定外，符合下列情形的，受让人取得该不动产或动产的所有权：受让人受让该不动产或动产时是善意的。以合理的价格转让的不动产或者动产，依照法律规定应当登记的已经登记，不需要登记的已经交付给受让人。根据该条规定，本案中认定卢某取得95%股权合法的前提，主要有两个条件：一是取得股权时是善意的，二是支付了合理的对价。上诉人认为卢某取得股权时非善意，也未支付合理对价，依法不应当认定为善意取得行为。一审法院认定卢某与杨某以及杨某与李某之间的股权转让行为与原告无关，是错误认定。杨某、李某依法应当与王某共同承担致使原告股东资格丧失的法律责任。综上所述，一审法院事实认定不清，适用法律不当。

被上诉人王某辩称：原审第三人卢某与被上诉人王某的股权转让行为是在云南省昆明市呈贡区人民法院的监督下进行的，股权转让款已经上交国库，股权转让行为有效，综上请求驳回上诉，维持原判。

被上诉人杨某辩称：请求驳回上诉，维持原判，同意第一被上诉人代理人的答辩意见。(1)股权来自卢某在云南省昆明市呈贡区人民法院专案组的监督下完成股权交易，是合理合法的，杨某和李某的股权也是从卢某处直接或间接取得，股权转让的每一个环节都是善意、合法的。(2)如果原告认为王某的签名导致其姓名权受到损害，应该另案诉讼，其股东资格已经随云南省昆明市呈贡区人民法院的执行消失。

被上诉人李某辩称：请求驳回上诉，维持原判，同意前两位被上诉人代理人的答辩意见。(1)根据《公司法》的相关法律规定认为，李某不是本案的适格被告。(2)根据《公司法》第22条规定，李某已经提供证据证明其股东资格，而上诉人没有提供任何证据证明。(3)李某不是代持王某的股权，而是支付了相应的股权对价，并有相应的收据，并在工商登记部门和公司股东名册中被记载为公司股东。综上李某具有公司股东资格。

原审第三人春瑞源公司辩称：请求驳回上诉，维持原判。

综上所述，本案争议焦点为：(1)被告王某是否系本案的适格主体；(2)原告是否享有第三人春瑞源公司85%的股权。

裁判说理

一审法院认为：针对第一个争议焦点，本案案由虽为股东资格确认纠纷，且现被告王某已非第三人春瑞源公司的股东，但究其原因系原告认为被告王某伪造其签名，致使原为原告名下的股权被转至被告王某名下，并在此之后发生多次转让，最终导致原告的股东资格丧失。即原告主张被告王某存在侵害其股东资格权利的行为，故原告将王某作为被告予以起诉并无不当，被告王某系本案的适格主体。另外，本案原告主张其股东资格的丧失系因股东个人侵权所致，而非第三人春瑞源公司侵权所致，故原告以其认为的侵权人作为被告提起诉讼并无不当。

针对第二个争议焦点，经庭审查明，原告将其享有的85%股权转让给被告王某的《股权转让协议》中原告的签名并非原告所签，即原告并未与被告王某达成股权转让的一致意见，故被告王某在此之后再行将股权转让的行为系无权处分行为。但该股权转让行为已经工商登记予以变更，即该股权转让行为已经对外产生公信力。第三人卢某在上述股权转让工商变更登记后支付了股权转让款人民币1,425,000元取得了第三人春瑞源公司95%的股权。第三人春瑞源公司注册资本为人民币1,500,000元，现第三人卢某出价人民币1,425,000元购买第三人春瑞源公司95%的股权，该价格较为合理，应视为对价。第三人卢某受让被告王某所持有的第三人春瑞源公司95%股权的行为,主观上因被告王某持有第三人春瑞源公司95%股权的事实已经工商机关予以公示认可,故为善意。客观上第三人卢某已就股权受让支付了对价并已完成了工商变更登记手续,综上所述,第三人卢某受让被告王某所持有的第三人春瑞源公司95%股权的行为系善意取得,第三人卢某系第三人春瑞源公司95%股权的合法所有权人。在此之后第三人卢某与案外人杨某之间的股权转让,以及被告杨某、李某之间的股权转让系第三人卢某与杨某之间的债权债务关系以及被告杨某、李某之间的法律关系,原告此时亦非第三人春瑞源公司10%股权的所有权人,上述转让行为已与原告无关。如原告认为被告王某伪造其签名将其股权转让,侵害了其财产权利,可另案起诉被告王某予以解决,但不得以此对抗善意第三人卢某及第三人卢某之后的股权受让人,且原告截至被告王某伪造其签名受让其股权之时,亦未按照法律规定将其实物出资过户至第三人春瑞源公司名下,以完成其出资义务,故一审法院确认原告不享有对三人春瑞源公司85%的股权。

二审法院认为,股权转让合同是双方当事人在符合公司法规定的条件下,协商一致由一方出让股东资格,另一方支付价款并成为目标公司股东的协议。受让方取得股权后,依法享有股东的权利义务。对于本案各环节的股权转让行为,是否构成善意取得的问题:其一,就王某与卢某、卢某与杨某之间的股权变更过程来看。卢某在公安机关的询问笔录中陈述"股份转到我名下后,我任公司的法定代表人,但只是名义上的,公司就这样放着,没有做任何事情""这些股份我本来就不想要,完全是帮王某的忙。后来王某保外就医出来后,具体时间我记不清了,大概也是在2011年的时候。我想着他什么都没有了。就想把这个股份给他,也不要他的钱,我就和他说了下,他就喊了个叫杨某的人来找我办理股份转让的事情,王某让我把股份转给杨某,我就签了字,王某他们就去办理了把股份转到杨某的名下的事情",杨某在公安机关的询问笔录中陈述:"我所持有的股份是从卢某那里转让过来的,一开始是王某持有95%的股份,后来在2013年王某和我说他的股份已经被法院执行过了。卢某又从法院将他的股份买出来,现在要送给他。但他还是服刑人员,身份不适合做法定代表人和股东。就让我帮他代管股份,后来我就同意了。开了股东会,股东卢某、杨某某都签字同意,从卢某名下转了95%的股份到我名下。之后,王某又让我转了15%的股份到李某的名下""没有出过资金,王某和我说是卢某送给他的股份"。从上述陈述来看,卢某从王某处受让股份并没有要成为春瑞源公司真正股东、享有股东权利承担股东义务、参与公司管理的意思表示,从其无偿将相应股份返还给王某的后续行为来看,其交款到云南省昆明市呈贡区人民法院的行为仅系帮助王某解决债务纠纷的行为,该行为并非真实的股权转让行为。虽然卢某支付了一定对价,相对春瑞源公司当时的资产状况来看，明显过低，并不符合善意取得的条件。从卢某到杨某的变更行为来看，杨某认为自己只是代王某持股，其并非真正的春瑞源公司股东。从上述当事人对股权变更性质的自我认知，结合本案王某始终实际控制的情况来看，王某持有的春瑞源公司95%的股份形式上从王某变更到卢某、再从卢某变更到杨某，王某实际控制的性质并未发生变化，即被上诉人王某仍然是该95%的股份实际持有人，因此一审判决在王某与卢某阶段适用善意取得制度进行处理是错误的，依法应予纠正。其二，就杨某到李某之间的股权变更阶段来看。李某认为，其和王某协商一致，受让春瑞源公司15%的股份，而且也支付了对价，其是该15%股权的合法持有人。法院认为，就本案查明的事实来看，春瑞源公司至今除有部分税收债务以外，其名下尚有坐落于云南省昆明市环城南路，面积为7474.8平方米的商业用地一宗，该宗土地价值2004年即评估为3794.21万元，即便不考虑该宗土地的市场溢价，春瑞源公司在2013年李某受让股份时的资产价值与其购买公司15%股份的价款仍然有巨大悬殊，该价款并非合理价款。《物权法》第106条规定，“无处分权人将不动产或者动产转让给受让人的，所有权人有权追回；除法律另有规定外，符合下列情形的，受让人取得该不动产或者动产的所有权：（一）受让人受让该不动产或者动产时是善意的；（二）以合理的价格转让；（三）转让的不动产或者动产依照法律规定应当登记的已经登记，不需要登记的已经交付给受让人。受让人依照前款规定取得不动产或者动产的所有权的，原所有权人有权向无处分权人请求赔偿损失。当事人善意取得其他物权的，参照前两款规定”。可见，被上诉人李某认为其构成善意取得的主张并不符合上述法律，法院不予采纳。被上诉人王某与卢某、卢某与杨某并没有股权转让的真实意思表示，杨某与李某之间的股权转让行为不符合善意取得的法律规定，故相关的转让行为不发生股权变动的法律后果，被上诉人王某冒充上诉人之名取得的春瑞源公司10%的股权应归上诉人所有。

专业点评

股权转让案件纷繁复杂，股权的善意取得与一般的无权处分善意取得有所不同，股权无权处分并不是一个单纯的物权处分行为，其本质是公司控制权的争夺，掺杂了公司、股东、受让人等不同主体的利益博弈行为。律师在办理此类案件时，应注重对当事人诉求的精确分析和把控，注重诉讼方案的选取，结合《民法典》

和《公司法》的相关规定，充分研究各部门法调整法律关系的区别和联系，准确确定诉讼请求，确保有牢固的请求权基础，充分掌握诉讼主动权。

法条链接

1.《公司法》(2005 年)①

第二十二条　公司股东会或者股东大会、董事会的决议内容违反法律、行政法规的无效。

股东会或者股东大会、董事会的会议召集程序、表决方式违反法律、行政法规或者公司章程，或者决议内容违反公司章程的，股东可以自决议作出之日起六十日内，请求人民法院撤销。

股东依照前款规定提起诉讼的，人民法院可以应公司的请求，要求股东提供相应担保。

公司根据股东会或者股东大会、董事会决议已办理变更登记的，人民法院宣告该决议无效或者撤销该决议后，公司应当向公司登记机关申请撤销变更登记。

2.《物权法》②

第一百零六条　无处分权人将不动产或者动产转让给受让人的，所有权人有权追回；除法律另有规定外，符合下列情形的，受让人取得该不动产或者动产的所有权：

(一)受让人受让该不动产或者动产时是善意的；

(二)以合理的价格转让；

(三)转让的不动产或者动产依照法律规定应当登记的已经登记，不需要登记的已经交付给受让人。

受让人依照前款规定取得不动产或者动产的所有权的，原所有权人有权向无处分权人请求赔偿损失。

当事人善意取得其他物权的，参照前两款规定。

---

① 现已修改为《公司法》(2018 年)第 22 条。

② 现已修改为《民法典》第 311 条。

四、股权转让合同效力的认定

案件名称

傅某与柏淋培训中心、刘某等股权转让纠纷案

案号

一审：(2015)穗荔法民二初字第1121号；二审：(2015)穗中法民二终字第1867号

裁判要旨

股权转让协议中所记载的公司名称与公司实际注册的名称存在部分出入的，如结合公司地址、股东等情况可以确定转让标的的，应当认定股权转让协议中的记载系笔误。一方当事人主张股权转让标的不明确，构成重大误解并据此请求撤销股权转让协议的，人民法院不予支持。

案情简介

上诉人(原审被告)：柏淋培训中心

上诉人(原审被告)：刘某

上诉人(原审被告)：石某

上诉人(原审被告)：施某

被上诉人(原审原告)：傅某

原审被告：柏之淋公司

2014年5月22日，傅某与刘某、石某、施某签订股份转让协议一份，协议约定：出让方(甲方)为刘某、石某、施某，受让方(乙方)为傅某；出受让标的：广东省广州市荔湾区柏之淋教育信息咨询有限公司；乙方受让甲方位于广东省广州市荔湾区南岸路荔港南湾会所三楼的柏之淋教育信息咨询有限公司的股份转让总价为27万元，所有费用分三期付清：第一期定金5万元，乙方在签订本协议时付清给甲方；第二期17万元，乙方需在2014年6月1日前付清给甲方；第三期5万元，乙方需在2014年6月20日前付清给甲方……协议签订后，傅某于2014年5月22日、23日各

支付了25,000元,柏淋培训中心向傅某出具了两张收款金额为25,000元的收据,收据内容均为“今收到傅某先生定金25,000元”。傅某主张,在向刘某、石某、施某支付了50,000元定金之后,因为刘某、石某、施某没有将合同原件交给傅某,故傅某、刘某、石某、施某发生争议,傅某就没有继续履行合同约定的第二期付款17万元的义务。后傅某、刘某、石某、施某协商不成。

工商部门没有“广东省广州市荔湾区柏之淋教育信息咨询有限公司”的登记注册资料;柏之淋公司由刘某、石某、施某出资开办。以上事实,有股份转让协议、收据、工商查询资料以及庭审笔录等在卷为凭,足资认定。

诉讼过程

傅某向广东省广州市荔湾区人民法院提起诉讼,请求判令:(1)撤销《股份转让协议》;(2)刘某、石某、施某、柏之淋公司、柏淋培训中心向傅某双倍返还定金及利息。一审判决支持了原告诉讼请求,后柏淋培训中心、刘某、石某、施某等不服一审判决,向广东省广州市中级人民法院提起上诉。

裁判结果

一审法院判决:(1)撤销傅某与刘某、石某、施某于2014年5月27日签订的《股份转让协议》;(2)刘某、石某、施某、柏淋培训中心于本判决发生法律效力之日起10日内共同向傅某返还股份转让款5万元;(3)刘某、石某、施某、柏淋培训中心于本判决发生法律效力之日起10日内共同向傅某支付利息(利息以5万元为本金,从2015年4月27日起至本判决确定的清偿之日止,按中国人民银行同期同类贷款利率计算);(4)驳回傅某的其他诉讼请求。

二审法院判决:(1)撤销广东省广州市荔湾区人民法院(2015)穗荔法民二初字第1121号民事判决;(2)驳回被上诉人傅某的全部诉讼请求。

主要争点

刘某、石某、施某不服上述判决,向法院提起上诉称:(1)涉案股权转让合同出让标的明确,权利义务约定清晰,原审法院认为因重大误解而撤销合同不当。重大误解的构成要件之一,是因为误解方自己的过错造成,而不是因为受到他人的欺骗或不当影响造成,而且傅某向原审法院提起诉讼的理由是认为存在欺诈行为,而不是认为是自己的过错对合同内容发生误解。(2)合同中的小瑕疵将“柏之淋公司”写成“广州市荔湾区柏之淋教育信息咨询有限公司”,我方已在原审庭审中明确是笔误,且提交了相关证据证明。该笔误并不影响合同的履行。(3)《股权转让协议》的内容并无涉及柏淋培训中心,其与柏之淋公司是两个独立存在的主体,没有任何关联,该公司在上述地址也没有办公场所。事实是我方向柏淋培训中心借了两张收据,但傅某的定金是我方收取的,与柏淋培训中心没有关系。因此,上诉请求:依法撤销原审判决第一项、第二项、第三项,改判驳回傅某所有诉讼请求。

针对刘某、石某、施某的上诉请求和理由,被上诉人傅某答辩称:柏淋培训中心与柏之淋公司同在一个场所办公,对外亦只挂柏之淋公司牌照,从外部无法看出是两个公司,且刘某、石某、施某也未说明该场所有两家公司在内营业,故傅某有理由相信涉案办公场地的所有资产都是转让内容。

针对刘某、石某、施某的上诉请求和理由,柏淋培训中心陈述称:我方并不是实际收款人,不应承担还款义务。

针对刘某、石某、施某的上诉请求和理由,原审被告柏之淋公司陈述称:同意刘某、石某、施某的上诉请求和理由。

一审判决后,上诉人柏淋培训中心亦不服上述判决,向法院提起上诉称:柏淋培训中心与柏之淋公司是两个独立法人,柏淋培训中心从未收取过傅某定金。柏淋培训中心曾借过收条给柏之淋公司,柏淋培训中心在柏之淋公司地址处并无办公场所,柏淋培训中心与本案无关,并不需要承担任何责任。

针对柏淋培训中心的上诉请求和理由,被上诉人傅某答辩称:同针对刘某、石某、施某上诉的答辩意见。

针对柏淋培训中心的上诉请求和理由,刘某、石某、施某陈述称:坚持我方上诉意见。

针对柏淋培训中心的上诉请求和理由,原审被告柏之淋公司陈述称:同意刘某、石某、施某及柏淋培训中心的上诉意见。

综上所述,本案争议焦点为:《股份转让协议》是否存在可撤销事由。

裁判说理

一审法院认为,《合同法》第 54 条规定:下列合同,当事人一方有权请求人民法院或者仲裁机构变更或者撤销:(1)因重大误解订立的;(2)在订立合同时显失公平的。傅某与刘某、石某、施某签订的《股份转让协议》约定的转让标的是“广州市荔湾区柏之淋教育信息咨询有限公司”的股份,但经查“广东省广州市荔湾区柏之淋教育信息咨询有限公司”并不存在。而柏之淋公司及柏淋培训中心均在广东省广州市荔湾区南岸路荔港南湾会所三楼设有办公地点,柏淋培训中心并且出具收据收取傅某转让款5万元。庭审中,傅某坚持认为根据《股份转让协议》的约定,傅某应当受让广东省广州市荔湾区南岸路荔港南湾会所三楼中包括柏淋培训中心办公场所在内的所有装修、装饰、其他设备,而刘某、石某、施某、柏之淋公司、柏淋培训中心则坚持认为傅某仅应受让柏之淋公司的资产。由此可见,傅某与刘某、石某、施某签订的《股份转让协议》对转让标的约定不明,存在重大误解。根据《合同法》第54条的规定,傅某现起诉请求撤销该《股份转让协议》,原审法院予以支持。《合同法》第58条规定:合同无效或者被撤销后,因该合同取得的财产,应当予以返还;不能返还或者没有必要返还的,应当折价补偿……根据上述法律规定,《股份转让协议》撤销后,刘某、石某、施某收取傅某的5万元转让款,应当返还给傅某。因《股份转让协议》注明傅某向甲方即刘某、石某、施某支付股份转让款,故刘某、石某、施某应承担返还5万元给傅某的民事责任。柏淋培训中心因向某波出具收据,明确其收到傅某5万元转让款,故理应与刘某、石某、施某承担共同返还5万元给傅某的民事责任。傅某要求柏之淋公司在本案承担责任依据不足,原审法院不予支持,予以驳回。因本案是因傅某、刘某、石某、施某双方存在重大误解而导致合同撤销,不存在过错方,故对傅某要求刘某、石某、施某、柏之淋公司、柏淋培训中心双倍返还10万元定金的诉讼请求,原审法院不予支持,予以驳回。至于定金的利息问题,应当从傅某提起诉讼主张行使撤销权之日起计算。

二审法院认为,本案为股权转让纠纷。傅某以刘某关于柏之淋公司招生数量陈述存在夸大其词,涉案《股份转让协议》的签订存在故意欺诈、显失公平为由,主张撤销《股份转让协议》并双倍返还支付的定金10万元。本案二审争议焦点为:《股份转让协议》是否存在可撤销事由。对此,法院认为:第一,傅某在起诉状中认为刘某对柏之淋公司招生数量存在夸大其词,但未能提供证据予以证明。傅某关于刘某存在故意欺诈的陈述,未能提供证据予以支持,法院不予采信。第二,傅某在原审庭审阶段,认为其有权根据《股份转让协议书》,获得柏淋培训中心在约定地址的所有装修、装饰及其他设备,但实际结果与此并不相符,故存在重大误解。对此,法院认为:(1)柏淋培训中心登记地址并非《股份转让协议书》约定的地址,傅某也未有证据证明柏淋培训中心在《股份转让协议书》约定的地址存有资产;(2)柏之淋公司与柏淋培训中心是两个独立的法人主体,《股份转让协议书》明确约定转让标的为"柏之淋教育信息咨询有限公司",而未提及柏淋培训中心;(3)即使柏淋培训中心在涉案地址存有资产,但涉案《股份转让协议》仅就柏之淋公司股份转让进行约定,并未涉及柏淋培训中心。傅某认为柏之淋公司、柏淋培训中心在涉案地址存在人员、财产混同,但未能提供证据予以证明。《股份转让协议》对转让标的有明确约定,傅某对签订协议后带来的权利范围也有清楚知晓,并不存在重大误解。综上所述,傅某以重大误解为由主张撤销合同,缺乏事实依据,法院对此不予支持。第三,各方均确认《股份转让协议书》签订的目的是就转让柏之淋公司股份进行约定。《股份转让协议书》虽记载“出受让标的:广东省广州市荔湾区柏之淋教育信息咨询有限公司”,刘某、石某、施某认为系笔误所致,对其陈述意见法院予以采信,理由如下:(1)广州市荔湾区柏之淋教育信息咨询有限公司未经工商登记,并不具有法律上的主体人格,故也不具有股份转让的现实可能;(2)《股份转让协议书》约定的“出受让标的”地址与柏之淋公司工商登记地址相同,且在《股份转让协议书》上签字的转让方股东名称与柏之淋公司工商登记股东相同;(3)《股份转让协议书》在对转让标的名称描述时,使用了“广东省广州市荔湾区柏之淋教育信息咨询有限公司”“柏之淋信息咨询有限公司”等不同称谓,而该两公司均未经过工商登记注册。此外,在刘某原审提交的《劳动合同》中,也存在合同文本名称使用和公章名称不相符的情况。综上所述,对于刘某、石某、施某关于系因笔误而在《股份转让协议书》中约定转让标的为“广东省广州市荔湾区柏之淋教育信息咨询有限公司”的陈述,法院予以采信,法院确认《股份转让协议书》约定转让的股份为柏之淋公司全部股份。原审法院以各方签订《股份转让协议书》对转让标的约定不明、存在重大误解为由,判决撤销《股份转让协议书》有误,法院予以更正。第四,柏之淋公司确认由柏淋培训中心出具的收据所记载的定金实际由其收取,故在《股份转让协议书》合法有效的情况下,傅某要求返还其支付的定金,于法无据,法院不予支持。

专业点评

当事人签署股权转让协议,约定转让方将其持有的目标公司股权转让给受让方,但股权转让协议中记载的目标公司名称有瑕疵,与目标公司登记注册的名称不符,应结合协议记载的公司名称瑕疵程度、协议所加盖印章、公司注册地址、公司股东等情况综合进行判断,可以明确为目标公司股权的,则应认定股权转让协议中的记载目标公司名称瑕疵为笔误,当事人不得以构成重大误解为由,主张撤销股权转让协议。

对于股权转让的双方,在签署股权转让协议前对公司名称等信息的核查都是必须要经过的最基本程序,受让方至少要通过网络公开渠道查询公司的名称、法定代表人、住所地等信息，必要时还应到工商部门调取公司的全部工商档案，要求转让方提供营业执照等资质证书以供核验，确保双方对于受让标的达成一致意见，避免之后在履行阶段产生争议。

法条链接

《合同法》[①]

第五十四条　下列合同，当事人一方有权请求人民法院或者仲裁机构变更或者撤销：

（一）因重大误解订立的；

（二）在订立合同时显失公平的。

一方以欺诈、胁迫的手段或者乘人之危，使对方在违背真实意思的情况下订立的合同，受损害方有权请求人民法院或者仲裁机构变更或者撤销。

当事人请求变更的，人民法院或者仲裁机构不得撤销。

第五十八条　合同无效或者被撤销后，因该合同取得的财产，应当予以返还；不能返还或者没有必要返还的，应当折价补偿。有过错的一方应当赔偿对方因此所受到的损失，双方都有过错的，应当各自承担相应的责任。

五、关于股权转让合同的撤销问题

案件名称

陶某、智远星维修中心股权转让纠纷

案号

一审：(2018)川0105民初37号；二审：(2019)川01民终532号

① 现已修改为《民法典》第147条、第148条、第150条、第151条、第157条。

裁判要旨

合同因欺诈而可撤销需要符合一定的要件:一是行为人存在欺诈的故意,二是行为人作出虚构事实、隐瞒真相的欺诈行为,三是被欺诈人因欺诈而陷入错误认识,并作出相应意思表示。也就是说:一方以作为或者不作为的方式实施了民事欺诈行为,使得对方陷入了错误的认识,从而作出违背自己真实意思的处分行为,即使双方签订了合同,受欺诈方也有权请求法院或者仲裁机构撤销合同。

案情简介

上诉人(原审本诉原告、反诉被告):陶某

被上诉人(原审本诉被告、反诉原告):游某

原审被告:智远星维修中心

2017年8月10日,陶某与游某签订智远星维修公司的股权转让协议,约定游某将其持有智远星维修公司20%的股权转让给陶某,转让费530,000元。后陶某分笔转账支付了200,000元股权转让款。2017年10月18日,游某以支付案涉公司经营房租的名义要求原告支付房租11.4万元。后陶某发现智远星维修公司并不存在,游某所有的只是智远星维修中心,其系个人独资企业,不存在股权份额,也不能进行相应的股权份额转让。合同签订后,陶某到智远星维修中心工作,未取得工资报酬,并未开展工作,支付推广费3800元、宣传册印刷费450元。原告认为游某、智远星维修中心虚构案涉标的,属于欺诈行为,陶某在受误导及欺诈后签订的合同非陶某真实意思表示应予撤销。为维护原告合法权益,故起诉法院:(1)判令撤销陶某与游某、智远星维修中心签订的股权转让协议,要求游某及智远星维修中心返还原告已支付的转让费200,000元;(2)判令游某及智远星维修中心返还陶某垫付的房租114,000元;(3)判令游某及智远星维修中心承担陶某工资损失及资金利息损失58,160.4元;

被告游某及智远星维修中心答辩反诉称,陶某在准备入股智远星维修中心时,已经了解该企业,双方商量即在陶某入股后将企业性质变更为有限责任公司,协议上载明的注册资本就是当时对企业的价值估算,按照陶某投入的资金,其折算的股份份额约20%,不存在所谓欺诈的事实。陶某应按照《股权转让协议》约定于2017年12月31日前付清全部转让款,故反诉请求:(1)判令反诉被告陶某向反诉原告游某支付股权转让款330,000元(审理中,游某将该项诉请变更为支付股权转让款216,000元);(2)反诉被告陶某向反诉原告游某支付违约金53,000元;(3)反诉被告陶某承担本诉及反诉诉讼费。

原告(反诉被告)陶某针对反诉辩称,双方签订股权转让协议是在陶某受欺诈时签订,该协议应予撤销。

诉讼过程

陶某向四川省成都市青羊区人民法院提起诉讼,请求撤销股权转让协议。游某反诉要求陶某支付股权转让款、相应违约金和诉讼费用,一审判决驳回了原告诉讼请求,并支持游某部分反诉请求,陶某不服,遂向四川省成都市中级人民法院提起上诉。

裁判结果

一审法院判决:(1)陶某于判决生效之日起 10 日内向游某支付股权转让款 216,000 元及违约金 21,600 元;(2)驳回陶某的诉讼请求;(3)驳回游某的其他反诉请求。

二审法院判决:驳回上诉,维持原判。

主要争点

陶某上诉请求:(1)撤销一审判决,改判游某返还陶某已支付的 314,000 元股权投资款;(2)判决游某支付陶某的工资损失及资金利息损失 58,160.4 元;(3)判决游某承担本案一审及二审诉讼费用。主要的事实和理由是:(1)陶某与游某签订的《四川省成都市智远星汽车维修股份有限公司股权转让协议》所约定的标的物不存在,陶某的合同目的不能实现。案涉《股权转让协议》约定的标的智远星维修公司,并不存在。一审法院以陶某在《股权转让协议》签订前开始参与智远星维修中心经营、陶某作为员工负责对外推广为由,认定智远星维修中心即为智远星维修公司,属于认定事实有误。陶某在任何单位工作与本案的股权转让纠纷中签订的案涉协议是否属于欺诈毫无关联。陶某与游某未签订任何劳动合同,陶某与游某持有的股权的性质、法律责任均不了解。(2)陶某的真实意思表示是要购买智远星维修公司股权,而不是购买一个根本不存在的标的。陶某签订《股权转让协议》系认为游某持有智远星维修公司股权才签订的合同,构成重大误解。陶某与游某没有签订任何协议或补充协议约定陶某购买的标的是智远星维修中心改制后的股权。双方签订《股权转让协议》的地点悬挂的是“智远星维修公司”的招牌,直接误导陶某签订案涉协议。后工作过程中,逐渐发现游某实际并未拥有智远星维修公司股权。(3)陶某作为投资方,已按约履行了相关合同义务,但游某从签订合同至今,没有任何履行合同的意思表示,游某具有欺诈的故意。

游某辩称:(1)一审判决认定事实清楚,程序合法,应予维持;(2)陶某主张的工资损失与本案无关;(3)陶某的投资已投入智远星维修中心,是对合同的履行,在无法定和约定的情况下,陶某无权要求返还。

综上所述,本案争议焦点为:(1)陶某是否受欺诈而签订股权转让协议;(2)若应撤销,游某是否应向陶某返还314,000元投资款并支付工资损失及资金利息损失58,160.4元;(3)若不应撤销,陶某是否应向游某支付股权转让款216,000元及违约金21,600元。

裁判说理

一审法院认为,陶某在2017年7月开始参与智远星维修中心的经营,且陶某的名片上印制的也是"成都智远星名车维修中心"。2017年8月10日,双方签订《股权转让协议》,在该协议骑缝处加盖的是智远星维修中心的印章,由此可以认定陶某应当知道游某经营的主体是智远星维修中心。故对陶某主张其受欺诈而签订合同,一审法院不予采信,对陶某主张撤销《股权转让协议》及退还转让费和损失,一审法院不予支持。

陶某与游某签订的《股权转让协议》系双方当事人的真实意思表示,且协议内容不违反法律、行政法规的禁止性规定,属合法有效。双方均应按照约定享受权利,履行义务。陶某应按照协议约定支付剩余股权转让款216,000元(530,000元－200,000元－114,000元),故游某主张陶某支付股权转让款216,000元,一审法院予以支持。根据《合同法》第114条之规定,当事人可以约定一方违约时应当根据违约情况向对方支付一定数额的违约金,也可以约定因违约产生的损失赔偿额的计算方法。本案中,陶某未按照约定支付股权转让款,应按照协议约定支付违约金53,000元(530,000元×10%),但鉴于陶某已支付股权转让款314,000元,故一审法院酌减违约金为未付股权转让款的10%即21,600元。

二审法院认为,关于案涉《股权转让协议》是否应予撤销的问题。陶某上诉认为,其与游某签订案涉《股权转让协议》的真实意思为购买"智远星维修公司"股权,但案涉《股权转让协议》约定的"智远星维修公司"并不存在,而陶某虽在智远星维修中心上班,但对游某持有的股权的性质、法律责任并不了解,且智远星维修中心经营地址悬挂的店招为"智远星汽车维修服务有限公司",陶某受到误导,签订了案涉合同,因此游某虚构转让标的构成欺诈,双方签订案涉合同构成重大误解。

对此,法院认为,第一,关于游某是否构成欺诈的问题。最高人民法院《关于贯彻执行〈中华人民共和国民法通则〉若干问题的意见(试行)》第 68 条规定:"一方当事人故意告知对方虚假情况,或者故意隐瞒真实情况,诱使对方当事人作出错误意思表示的,可以认定为欺诈行为"。本案中,根据审理查明的事实,案涉《股权转让合同》签订于 2017 年 8 月 10 日,而陶某于 2017 年 7 月即在智远星维修中心参与经营。同时,陶某在二审调查中陈述:"我在 12 月份才看到营业执照,才知道是个人独资企业,我私下要求其(游某)退还我的股份,且明确告知其个人独资企业无法转让股份,但对方不退还给我。"据此,陶某在签订《股权转让协议》时,应知晓游某经营主体为智远星维修中心。而对于智远星维修中心的企业性质,智远星维修中心有工商备案信息,该信息属于对外公示的内容,陶某作为商事主体应有途径知晓该内容。因此,游某在与陶某签订《股权转让协议》时并不存在欺诈行为。至于智远星维修中心经营地址悬挂的招牌为"智远星汽车维修服务有限公司",与陶某签订案涉合同之间并不具有因果关系,亦不能证明游某存在提供虚假信息或隐瞒真实情况的情形。

第二,关于双方签订《股权转让协议》是否存在重大误解的问题。最高人民法院《关于贯彻执行〈中华人民共和国民法通则〉若干问题的意见(试行)》第 71 条规定:"行为人因对行为的性质、对方当事人、标的物的品种、质量、规格和数量等的错误认识,使行为的后果与自己的意思相悖,并造成较大损失的,可以认定为重大误解。"本案中,如前所述,陶某对于游某经营主体为智远星维修中心是明知的,而双方对于转让行为、转让价格、转让份额的约定亦为双方的真实意思表示,因此,陶某与游某签订《股权转让协议》并不符合重大误解的构成要件。

综上所述,陶某关于游某存在欺诈,双方签订《股权转让协议》构成重大误解,并以此要求撤销《股权转让协议》的上诉请求不能成立,法院不予支持。鉴于此,陶某要求游某返还投资款 314,000 元及支付工资损失的上诉请求亦不成立,法院不予支持。案涉《股权转让协议》应为双方的真实意思表示,合法有效,应继续履行,故一审法院认定陶某应向游某支付股权转让款 216,000 元及违约金 21,600 元并无不当,法院予以确认。

专业点评

股权作为一种综合性权利,其反映的内容较为复杂,系公司资产、负债、经营、管理、劳动人事等一系列生产要素的集合,具有一定的高风险性。

法院在审理因欺诈、显失公平等受让方行使撤销权案件中时,普遍认为受让方应当具备一定的风险识别手段和能力,即便是有确切证据证明转让方或目标公司存在财务造假、隐瞒债务、隐瞒对外担保情况等情形,一般也较难认定股权转让合同构成欺诈、显失公平,从而支持受让方行使撤销权。

受让方在购买目标公司股权前,应委托第三方中介机构对目标公司开展财务审计、资产评估、法律尽职调查,确保在购买前对目标公司状况做全面了解,减少在实际变更登记后发现目标公司存在隐性债务、未经披露的担保责任、资产存在重大权利瑕疵等影响股权交易价值的情形。在发现转让方存在法律规定的可撤销情形时,一定要及时固定证据,及时在法律规定的撤销权期限内行使权利。

法条链接

1. 最高人民法院《关于贯彻执行〈中华人民共和国民法通则〉若干问题的意见(试行)》①

第六十八条　一方当事人故意告知对方虚假情况,或者故意隐瞒真实情况,诱使对方当事人作出错误意思表示的,可以认定为欺诈行为。

第七十一条　行为人因对行为的性质、对方当事人、标的物的品种、质量、规格和数量等的错误认识,使行为的后果与自己的意思相悖,并造成较大损失的,可以认定为重大误解。

① 根据2020年12月29日最高人民法院《关于废止部分司法解释及相关规范性文件的决定》已废止。

2.《合同法》[1]

第一百一十四条　当事人可以约定一方违约时应当根据违约情况向对方支付一定数额的违约金,也可以约定因违约产生的损失赔偿额的计算方法。约定的违约金低于造成的损失的,当事人可以请求人民法院或者仲裁机构予以增加;约定的违约金过分高于造成的损失的,当事人可以请求人民法院或者仲裁机构予以适当减少。当事人就迟延履行约定违约金的,违约方支付违约金后,还应当履行债务。

① 现已修改为《民法典》第585条。

第五篇

股东名册记载纠纷

导 语

股东名册是记载有关股东和股单事宜的名册。股东名册是证明股东身份的特征之一,而非要件。因此,其主要具备如下效力:(1)推定效力,股东名册记载的股东在法律上推定为公司的股东,记名股东无须另行举证即可被推定为具有公司股东资格,如果其他股东或者隐名股东主张某记名股东不是实际股东的应当承担举证责任。(2)对抗效力,公司可以拒绝承认未在册的股东。当然,将股东记入股东名册是公司的义务和股东的权利,如果公司拒绝作股东登记或者登记有错误,属于履行义务不当,不能直接否定某主体股东资格,而应由法院依据实际出资义务履行、公司管理权行使、股利分配以及有无代持协议等多个角度来综合认定。

股东名册变更纠纷,是指股权转让时股东名册没有及时进行变更登记,导致股东无法依据股东名册主张权利而产生的纠纷,主要包括两种类型:(1)因转让方怠于履行变更登记义务产生的纠纷;(2)因公司怠于履行变更登记义务产生的纠纷。

《公司法》第 32 条规定,有限责任公司应当置备股东名册,记载下列事项:(1)股东的姓名或者名称及住所;(2)股东的出资额;(3)出资证明书编号。记载于股东名册的股东,可以依股东名册主张行使股东权利。

公司应当将股东的姓名或者名称向公司登记机关登记;登记事项发生变更的,应当办理变更登记。未经登记或者变更登记的,不得对抗第三人。

第 96 条规定,股份有限公司应当将公司章程、股东名册、公司债券存根、股东大会会议记录、董事会会议记录、监事会会议记录、财务会计报告置备于本公司。

第 97 条规定,股东有权查阅公司章程、股东名册、公司债券存根、股东大会会议记录、董事会会议记录、监事会会议记录、财务会计报告、对公司的经营提出建议或者质询。

第 130 条规定,公司发行记名股票的,应当置备股东名册,记载下列事项:(1)股东的姓名或者名称及住所;(2)各股东所持股份数;(3)各股东所持股票的编号;(4)各股东取得股份的日期。发行无记名股票的,公司应当记载其股票数量、编号及发行日期。

股东名册纠纷往往发生在股东与公司之间,可能是股权转让,受让方由于转让方不配合或者公司原因没有完成变更登记;可能是隐名股东希望显名化,而挂名股东不认可,或者其他股东不认可,公司不予办理等产生纠纷。也可能是股东资格确认之诉之后,胜诉方要求记载于股东名册未遂而诉至法院的。

对于股东名册纠纷,根据现行法律规定,管辖法院为公司住所地,而被告通常为公司。当然,有时是因转让方不配合的,可以转让方与公司作为共同被告。对于隐名股东显名化,必须经半数股东同意,否则法院将不予支持。

一、非善意受让名义股份无权要求公司变更登记

案件名称

孙某某诉协通建设公司股东名册变更纠纷案①

案号

一审:(2011)嘉民二(商)初字第607号;二审:(2012)沪二中民四(商)终字第193号

裁判要旨

名义股东或称挂名股东与实际股东的根本区别是名义股东不需实际出资,其名下的出资实际由他人出资,且该出资的实际所有权不属于名义股东所有。股权转让中受让人主张善意取得,受让该股权时必须是善意的。受让人在支付转让款之前,已经知晓对方未履行出资义务,系名义股东,没有权利转让股权的,不符合善意取得的要求。

案情简介

上诉人(原审原告):孙某某

上诉人(原审第三人):何某某

被上诉人(原审被告):协通建设公司

何某某系协通建设公司的出资人,在协通建设公司注册资本变更为2000万元中认缴出资200万元,出资款200万元由通明贸易公司支付。1997年12月8日,协通建设公司5名股东签订章程一份,章程第17条约定了出资转让事项。1997年12

① 参见邹碧华主编:《2013年上海法院案例精选》(商事篇),上海人民出版社2014年版,第308页。

月 8 日,协通建设公司就选举董事会及监事会成员形成决议。该决议及章程中“何某某”的签名非何某某本人签署。公司成立后,何某某未以股东身份参加股东会,也未参与公司盈利分配。

2010 年 1 月 6 日,协通建设公司召开股东会并形成决议,免去公司所有董事、监事职务,重新选举朱某某、唐某某、陆某某为公司董事,选举金某健为公司监事,企业性质变更为自然人投资或控股的有限公司。该决议经原上海市工商行政管理局嘉定分局核准备案,其中“何某某”签名也非何某某本人签署。

2010 年 12 月 1 日,孙某某与何某某签订股权转让协议书一份,约定:何某某将其持有的协通建设公司 20%(2010 年 12 月 15 日双方签约更正为 10%)股份作价 150 万元转让给孙某某;签约 3 日内孙某某支付何某某定金 30 万元,股权转让款自股权转让完成之日起 10 日内支付;何某某在协议签订之日起 45 日内将协通建设公司股东对协议转让事宜的意见用书面形式告知孙某某;如股东在同等条件下购买上述股权,协议自动解除,何某某应在 3 日内将定金返还给孙某某;如公司过半数以上股东同意股权转让,何某某应于协议签订之日起 50 日内办理股权转让手续。孙某某在协议书落款处签名并填写落款日期,何某某在落款处签名,未签署日期。签约后,孙某某代何某某向协通集团公司、协通房产公司、杨某某、张某发出股权转让征求意见函,告知股权转让事宜、征询各股东是否行使优先购买权的意见并附股权转让协议书。

2010 年 12 月 13 日,协通集团公司向何某某回函并抄告孙某某,明确告知协通建设公司成立时因工商注册要求,将何某某及另外几名自然人作为名义股东进行工商登记,何某某并未出资,不是公司真实股东,也未参与协通建设公司自 1997 年起的股东分红,故何某某无权转让股权,其与孙某某的股权转让协议为无效。回函同时,通知何某某于收函后 10 日内至协通建设公司办理股权退出的工商变更登记手续。2010 年 12 月 15 日,杨某某、张某分别给何某某回函,明确向其告知两人与何某某的出资均系协通集团公司以 3 人名义出资,3 人均是挂名股东,真实股东是协通集团公司,故 3 人均不享有股东权利,无权转让协通建设公司的股权。2010 年 12 月 23 日,孙某某向协通集团公司法务部复函,对协通集团公司的回函提出疑问。

2010 年 12 月 13 日,孙某某通过其银行账户向户名为何某某账户转账 30 万元。2011 年 2 月 14 日,孙某某又向何某某名下的上述账户转账 120 万元。2011 年 2 月 14 日,案外人唐某良名下账户转账至孙某某账户 30 万元。当日由孙某某账户将该 30 万元汇入何某某账户。2011 年 2 月 15 日,何某某账户又将 30 万元转账至唐某良账户,该交易的银行卡取款凭条上客户签名栏“何某某”签名与股权转让协议中“何某某”签名不一致。2011 年 2 月 15 日,何某某账户向上海建兴家具有限公司汇款 120 万元,该笔汇款的个人结算业务申请书客户签名栏署名“何某某、孙某某”,其中孙某某系其本人签名,“何某某”签名与股权转让协议书中的“何某某”签名不一致。当日银行卡取款平台上客户“何某某”的签名情况亦同。孙某某对于何某某账户向上海建兴家具有限公司汇款 120 万元的手续由其办理,解释为孙某某系上海建兴家具有限公司员工,因何某某拖欠上海建兴家具有限公司债务,故委托其办理汇款。何某某对于委托孙某某办理汇款业务表示认可。

2011 年 1 月 17 日,何某某向孙某某出具股权转让确认函一份,告知协通房产公司未在收函后 30 日内答复,协通集团公司、杨某某、张某既反对何某某向孙某某转让股权,又不愿意购买该股权,依照《公司法》规定应视为同意转让,故请求孙某某于收函后 10 日内支付余款。

诉讼过程

2011 年 4 月,孙某某因要求协通建设公司办理股权变更登记手续未果,孙某某以股东名册记载纠纷诉协通建设公司至上海市嘉定区人民法院受理后,请求判令协通建设公司向孙某某签发出资证明书、将其记载于公司股东名册并申请登记,上海市嘉定区人民法院一审判决驳回孙某某的诉讼请求。后孙某某不服一审判决,上诉至上海市第二中级人民法院,又被判决驳回上诉。

裁判结果

一审判决:驳回原告孙某某要求被告协通建设公司向原告签发出资证明书、将原告记载于公司股东名册,并将原告作为公司股东向公司登记机关申请登记的诉讼请求。

二审判决:驳回上诉,维持原判。

主要争点

原告孙某某一审诉称,被告原有股东为何某某、杨某某、张某、某某房产公司、协通建设公司,其中何某某持股 10%。2010 年 12 月 1 日,原告与何某某签订股权转让协议书,约定何某某将其名下股权转让给原告。之后,何某某委托原告向被告全体股东发出征求意见函,某某房产公司未在收到之日起 30 日内予以答复,协通建设公司及杨某某、张某回复表示反对何某某转让股权,又不同意购买该股权,应视为同意转让。2011年1月17日,何某某向原告发出股权转让确认函,明确股权已转让,但被告拒绝履行签发、记载、申请登记义务。现要求被告向原告签发出资证明书、将原告记载于公司股东名册,并将原告作为公司股东向公司登记机关申请登记。

被告协通建设公司一审辩称,协通建设公司法务部已代表协通建设公司和某某房产公司及时复函,相关股东也在规定时间内复函,明确告知何某某未履行出资义务,系名义股东,没有权利转让股权。回函一并抄送原告。原告在明知何某某无权处分其名下股权的情况下,仍购买何某某名下股权,不符合《物权法》第106条规定的善意取得,应属无效。被告没有为原告签发、记载、申请登记的义务,故请求驳回原告诉讼请求。

第三人何某某一审诉称,第三人合法拥有被告股权,转让股权是依照法律规定的程序办理,所以原告的诉请是合法的。被告认为,何某某没有实际出资,这个问题不应该是被告提出,而应由实际股东提出。到现在为止,没有实际股东主张股东权利。如果没有实际股东,第三人何某某就是股东。第三人作为工商登记的股东,就是出资的证明。即使没有股权证,也不能证明第三人没有出资。从公司成立到现在为止,长达14年,没有人主张是实际股东,与常理不符。所以被告的辩称理由不能成立。

上诉人孙某某称:原审判决错误认定何某某是名义股东,工商登记资料明确何某某为协通建设公司的股东,且没有任何人向何某某提出要求确认何某某为名义股东,故原审认定何某某是名义股东显然是错误的。即使何某某确实是名义股东,孙某某受让其名义股权,属于善意取得。协通建设公司应当向孙某某签发出资证明书,办理股东名册变更和申请变更登记。原审判决直接损害了孙某某的利益,故请求撤销原审判决,支持其在原审中的诉请。

上诉人何某某称:原审认定何某某是协通建设公司的名义股东是错误的。确认何某某是否是实际股东是一个确权之诉,只有提出自己是实际股东的主体才能提起这一诉讼。原审却对该事实进行了审理,显然程序违法。从整个审理过程中可以发现,通明贸易公司、协通集团公司对自己是否是何某某所持有的股权的实际股东说法不一,在这样的情况下认定何某某是名义股东显然缺乏事实依据。协通建设公司成立之后,操作不规范,既没有按《公司法》及公司章程的规定召开定期的董事会,也没有召开定期的股东会,公司的情况均是通过电话告知何某某。碍于情面,何某某也不好提出查账等要求,但何某某一直怀疑实际控制公司的股东存在猫腻,公司实际情况与其向工商部门年检时提供的资料不一致,而本案诉讼也证实了这一点。而且公司向不是股东的个人支付了所谓的红利(或利息),故何某某只能亏本出让股权,原审以此推定何某某不是实际股东,显然缺乏逻辑。原审适用法律错误。由于没有人提出自己是协通建设公司持有的股权的实际股东,现原审又认定何某某是名义股东,那么这些股权变成了实际上的无主股权。原审判决中认定何某某是名义股东并适用了《公司法解释三》第 26 条,但本案中没有所谓的实际出资人主张权利,故不适用该条款。请求支持孙某某的上诉请求。

被上诉人辩称:原审认定何某某为名义股东是事实,原审法院认定正确。孙某某在股权交易时未尽谨慎义务进行股权交易,根据孙某某股权转让款的资金流向,其不属于善意取得。由于孙某某不是股东,协通建设公司无义务为其办理股东名册变更和申请变更登记。故请求维持原审判决。

由此,总结本案主要争点为:孙某某受让何某某名下股权是否为善意取得。

裁判说理

一审法院认为,本案争议焦点为:(1)何某某是协通建设公司的名义股东还是真实股东;(2)孙某某受让何某某名下股权是否善意;(3)协通建设公司应否向孙某某签发出资证明书、办理股东名册变更和申请变更登记。对争议焦点一,何某某系协通建设公司的名义股东,不是实际股东。《公司法》第 25 条规定,"股东应当足额缴纳公司章程中规定的各自所认缴的出资额"。因此,作为公司的股东,其根本义务是向公司出资。根据司法经验,名义股东或称挂名股东与实际股东的根本区别在于,名义股东不需实际出资,其名下的出资实际由他人出资,且该出资的实际所有权不属于名义股东所有。根据本案查明的事实,虽然何某某向公司认缴 200 万元出资,但是,迄今何某某本人未实际向公司履行出资 200 万元的义务。其名下的出资款 200 万元实际是由通明贸易公司支付。何某某既未举证证明其已向通明贸易公司归还 200 万元出资款,也未举证证明其与通明贸易公司之间订有借款协议,约定还款期限迄今尚未到期,又未举证证明通明贸易公司愿意无偿为其出资 200 万元。况且,何某某也未能举证证明协通建设公司成立迄今,其实际参加过公司股东会,参与公司股东的红利分配等享有股东基本权利的事实。一个股东如果向公司实际出资 200 万元的巨款,却十几年来对公司运营漠不关心,对股东权益不闻不问,这样的事实着实让人难以置信。因此,协通建设公司认为何某某仅仅是该公司名义股东,而非实际出资的股东的主张,有本案事实的合理支撑,应当予以采信。十余年来,何某某对公司出资分文未付,却欲通过股权转让获取 150 万元的非法所得,其行为不仅有违诚实信用的民法基本原则,更涉嫌严重违法。本案中,孙某某、协通建设公司如果因此而遭受财产损害,可以向公安部门报案。

对争议焦点二,鉴于何某某无权转让协通建设公司股权,孙某某只有具备善意取得的要件,才能受到法律的保护。但是,孙某某受让何某某名下股权不具有善意取得的要件。善意取得的一个基本事实应当是孙某某对何某某未出资因而无权转让股权的情况是不知晓的。但在孙某某支付转让款之前,协通建设公司的多名股东已经在抄送孙某某的回函中明确告知何某某未履行出资义务,系名义股东,没有权利转让股权。孙某某在收到告知函并已经知晓何某某转让的股权存在重大争议后,不仅未尽一个谨慎投资者应有的注意义务,进行必要的调查核实,却轻易相信何某某所言,轻率地支付转让款。且根据查明的孙某某支付转让款过程的事实,孙某某也不能让法院相信这是符合常人习惯的、真实的支付。更何况孙某某迄今并未实际取得转让的股权。因此,孙某某的行为不符合善意取得的要求。如果协通建设公司认为,何某某与孙某某及他人有共谋企图通过民事诉讼来骗取公司的股权,也可以向公安部门报案。

对于争议焦点三,法院认为协通建设公司可以拒绝孙某某的诉讼请求所要求的事项。鉴于何某某作为名义股东,明知自己未向公司实际支付分文出资,却欲单独转让他人出资的股权是一种侵害他人权益的违法行为;孙某某不具有善意受让的情况;因此,孙某某的诉讼请求缺乏案件事实的依据和法律的依据,理所当然地不能得到支持。

二审法院认为,根据相关法律、法规的规定,受让人取得不动产或动产的所有权必须具备相应的条件,其中条件之一即受让人受让该不动产或动产时必须是善意的。从本案查明的事实来看,何某某与孙某某签订股权转让协议书时,孙某某曾代何某某向协通建设公司的相关工商登记股东发出征求意见函,告知股权转让事宜,征询各股东是否行使优先购买权。之后,协通集团公司向何某某回函并抄送孙某某,明确告知何某某是作为协通建设公司的名义股东进行的工商登记,何某某非真实股东,未参与过协通建设公司的分红,故何某某无权转让股权。其他两名股东杨某某、张某也分别向何某某回函,表明包括何某某在内的 3 个自然人均为名义股东,3 人均不享有股东权利,何某某无权转让协通建设公司的股权。在此情况下,按一般常理分析,孙某某在与何某某从事股权转让过程中,知晓了何某某可能非协通建设公司真实股东,应对该项股权转让事宜产生合理怀疑并尽到审慎注意义务,但其仍向何某某支付股权转让款,且根据查明的事实,孙某某支付的股权款走向存疑,不能认定为真实的交付。因此,孙某某与何某某的该项股权转让不符合善意的特征,原审判决不予认定孙某某为善意取得并无不当。另外,从社会实际状况看,工商登记的股东与实际股东不一致的情况屡见不鲜,法院须从各方当事人提供的证据来判断何人为实际股东,并享有股东的权利。在本案审理过程中,何某某没有提供证据证明通明贸易公司的代出资行为基于其委托,或其已以其他方式实际出资,在协通建设公司章程中何某某的签名也并非本人,何某某也未参与过公司的股东会和经营管理及分红。而协通建设公司提供了相关证据证明出资资金的来源,并提供协通集团公司、通明贸易公司关于注册资金、实际股东等情况的相关函件,以证明何某某的名义股东身份。因此,在对何某某的股东身份存在争议、孙某某明知协通建设公司股权存在重大争议的情况下,其坚持与何某某进行股权转让,并要求法院判决协通建设公司向其签发出资证明书、将其记载于公司股东名册,并将其作为公司股东向公司登记机关申请登记,二审法院不予支持。综上所述,原审判决并无不当,应予维持。

专业点评

名义股东是指一方与他方约定,同意仅以其名义参加设立公司,实际上并不出资,公司注册资本均由他方投入,该实际不出资又工商登记为股东的一方。实际出资人与名义股东之间一般都有股权代持协议,但是该协议的效力仅针对签约双方,不对第三人产生法律约束力。名义股东依照形式主义原则对公司外第三人承担责任。2011 年,《公司法解释三》颁布,首次明确了名义股东的概念,并对其与实际出资人发生纠纷时应当如何适用法律进行的规定,从司法层面认可了名义股东协议在不存在违反法律强制性规定的前提下的合法性。依据我国《公司法》和《民法典》的规定,出资人的姓名和名称并不是公司取得法人资格必需的明示条件,因此,记载于公司登记机关的股东姓名或名称(名义股东)并无创设股东资格的效果。公司设立登记具有创设公司法人资格的功能,但就股东资格而言,工商登记并非设权程序,只具有对善意第三人的证权功能,因而是宣示性登记。在此背景下,司法实践中名义股东与实际股东的认定一般根据实质大于形式的判断原则,其表现为原则上以名义股东为合法股东,但他人能提供有效证据的,则认定他人为实际股东。本案中,由于何某某无上述证据证明自身为实际股东,而孙某某又明知情况而向其购买股份，因此无法认定为善意取得。

在判断的具体标准方面，要求确认自己为实际股东的，其应当提供：(1)证明曾委托名义股东代为出资的证据；(2)尽到出资义务的证据；(3)参与公司管理和分红的证据。对待名义股东产生的纠纷，基本遵循以下三个原则：一是名义股东利用实质股东的股权发生的民事法律事件一般按照善意取得的规则来处理；二是债权人要求名义股东偿还债权的，名义股东不得以其非实质股东为答辩理由，但其可以在偿还相关债权后向实质股东请求赔付；三是名义股东与实质股东的权利源于双方协议，该协议具有排他性，当事人不得以股东名册等作为抗辩的理由。相应地，实质股东也不得以其实质股权要求替代名义股东的位置。

本案中，由于何某某无上述证据证明自身为实际股东，而孙某某又明知情况而向其购买股份，因此无法认定为善意取得。

法条链接

1.《公司法》(2005 年)①

第三条　公司是企业法人，有独立的法人财产，享有法人财产权。公司以其全部财产对公司的债务承担责任。

有限责任公司的股东以其认缴的出资额为限对公司承担责任；股份有限公司的股东以其认购的股份为限对公司承担责任。

第二十六条　有限责任公司的注册资本为在公司登记机关登记的全体股东认缴的出资额。公司全体股东的首次出资额不得低于注册资本的百分之二十，也不得低于法定的注册资本最低限额，其余部分由股东自公司成立之日起两年内缴足；其中，投资公司可以在五年内缴足。

有限责任公司注册资本的最低限额为人民币三万元。法律、行政法规对有限责任公司注册资本的最低限额有较高规定的，从其规定。

第二十八条　股东应当按期足额缴纳公司章程中规定的各自所认缴的出资额。股东以货币出资的，应当将货币出资足额存入有限责任公司在银行开设的账户；以

① 现已修改为《公司法》(2018 年)第 3 条、第 26 条、第 28 条，第 26 条已修改。

非货币财产出资的,应当依法办理其财产权的转移手续。

股东不按照前款规定缴纳出资的,除应当向公司足额缴纳外,还应当向已按期足额缴纳出资的股东承担违约责任。

2.《物权法》①

第一百零六条　无处分权人将不动产或者动产转让给受让人的,所有权人有权追回;除法律另有规定外,符合下列情形的,受让人取得该不动产或者动产的所有权:

(一)受让人受让该不动产或者动产时是善意的;

(二)以合理的价格转让;

(三)转让的不动产或者动产依照法律规定应当登记的已经登记,不需要登记的已经交付给受让人。

受让人依照前款规定取得不动产或者动产的所有权的,原所有权人有权向无处分权人请求赔偿损失。

当事人善意取得其他物权的,参照前两款规定。

3.《公司法解释三》②

第二十六条第一款　名义股东将登记于其名下的股权转让、质押或者以其他方式处分,实际出资人以其对于股权享有实际权利为由,请求认定处分股权行为无效的,人民法院可以参照物权法第一百零六条的规定处理。

二、股权转让协议的履行与解除对股东资格认定的影响

案件名称

明达意航公司诉抚顺银行股东名册记载纠纷案

案号

一审:(2017)辽民初63号;(2020)最高法民终642号

① 现已修改为《民法典》第311条。

② 现已修改为《公司法解释三》(2020年)第25条第1款。

裁判要旨

股权转让交易中,受让方经履行股权转让协议并经行政机关审批作为股东记载于公司股东名册之时,即成为公司股东,转出方同时丧失公司股东身份。转出方是否在工商行政部门办理变更登记,不影响案涉股权转让的效力。受让人通过受让股权继受取得股东资格后,即依法享有参与重大决策、选择管理者、监督公司经营以及获得分配等权利。即便股权转让合同嗣后被解除,股权受让人在作为股东期间依法行使的各项权利通常仍应具有法律效力,公司亦应因股东投资以及参与公司经营决策而向其分配股息和红利。

案情简介

上诉人(一审原告):明达意航公司

被上诉人(一审被告):抚顺银行

被上诉人(一审被告):亿丰公司

被上诉人(一审被告):金信公司

2010 年 10 月 13 日,明达意航公司参与抚顺银行改制,以发起人身份分四笔共计出资 15,000 万元购买抚顺银行 15,000 万股股份,占抚顺银行总股份的 7.332%,抚顺银行于 2011 年 8 月 1 日向明达意航公司颁发股权证。

2011 年 12 月 12 日,明达意航公司授权本公司员工侯某某出席抚顺银行 2011 年第二次股东大会,股东大会决议通过《关于明达意航公司股权转让的议案》,侯某某作为明达意航公司股东代表行使表决权并在该股东大会决议上签字。

2012 年 1 月 15 日、2012 年 5 月 10 日,明达意航公司先后召开两次股东会,分别形成股东会决议,同意向亿丰公司、金信公司转让所持有的抚顺银行股权。

2012 年 2 月 9 日,明达意航公司向抚顺银行出具《担保函》,同意为浙江明达市政安装工程有限公司等七家公司在抚顺银行的所有融资业务提供连带责任保证和用其在抚顺银行的股权做质押担保。

2012 年 1 月 13 日,辽宁省高级人民法院裁定查封明达意航公司持有的抚顺银行 15,000 万股股权,最后查封期限至 2015 年 12 月 25 日。

本案审理过程中,金信公司与亿丰公司分别提交了各自与明达意航公司签订的《股权转让协议书》,约定明达意航公司将所持有的抚顺银行股权按协议约定条件转让给金信公司和亿丰公司的相关事项。两份《股权转让协议书》落款处虽均未填写签订时间,但金信公司、亿丰公司在一审庭审及历次关联案件庭审中均主张签订时间为 2012 年 5 月。明达意航公司虽主张签订《股权转让协议书》时其公司无人在场,但未否认该两份协议书上公司签章的真实性。

2012年6月8日、6月29日,中国银行保险监督管理委员会辽宁监管局(以下简称辽宁银保监局)分别作出批复,同意金信公司、亿丰公司受让明达意航公司持有的抚顺银行股权。2012年7月4日,金信公司、亿丰公司向合同约定的抚顺银行账户转账付款共计22,500万元;抚顺银行从其账户向明达意航公司账户转款24,000万元,其中,22,500万元为股权转让款,1500万元为2011年明达意航公司应获得的股利;抚顺银行又从明达意航公司账户分10笔扣划24,000万元,用于偿还明达意航公司为其关联公司借款所担保的欠付抚顺银行的到期借款本金及利息。

2012年12月,辽宁银保监局核准抚顺银行就金信公司、亿丰公司分别受让明达意航公司股权修改章程并通过,其载明:金信公司以货币出资8000万元,出资时间2012年6月8日;亿丰公司以货币出资7000万元,出资时间2012年6月29日。但上述股权因被法院执行查封,未能在原辽宁省抚顺市工商行政管理局办理过户,仍然登记在明达意航公司名下。

2015年3月16日,明达意航公司向抚顺银行出具《通知函》,载明:因其持有股权被查封,不再委托抚顺银行办理股权转让、变更、出卖等事宜,已出具的相关文件作废。2015年3月16日,明达意航公司向原辽宁省抚顺市工商行政管理局也出具内容一致的《通知函》,通知其向抚顺银行出具的相关文件作废,如抚顺银行私自使用相关文件提出登记变更申请,拒绝办理。

2017年10月24日、10月25日,亿丰公司、金信公司先后在辽宁省沈阳市中级人民法院向明达意航公司提起返还股权转让款、赔偿同期贷款利息和可得利益损失的诉讼。对于亿丰公司的诉讼,辽宁省沈阳市中级人民法院于2018年5月28日作出判决,判决明达意航公司一次性偿还亿丰公司股权转让款10,500万元。明达意航公司不服提起上诉,二审判决驳回上诉,维持原判。明达意航公司不服申请再审,最高人民法院裁定,驳回再审申请。对于金信公司的诉讼,辽宁省沈阳市中级人民法院于2018年10月26日作出判决,判决解除《股权转让协议书》,明达意航公司一次性偿还金信公司股权转让款及利息。

2018年10月19日,案外人秦某对明达意航公司提出破产清算申请,辽宁省沈阳市中级人民法院于2018年10月29日作出裁定书受理该申请,后认定明达意航公司破产,指定破产管理人。

辽宁银保监局于2020年9月17日向二审法院出具了《辽宁银保监局关于最高人民法院协助调查函的复函》(辽银保监发[2020]80号),函复内容指出,明达意航公司明显不符合《中国银保监会中资商业银行行政许可事项实施办法》关于股东资格的相关规定。

诉讼过程

2017 年,因股东资格认定产生纠纷,明达意航公司以股东名册记载纠纷诉抚顺银行、亿丰公司、金信公司至辽宁省高级人民法院,请求判令抚顺银行办理股东名册、章程等变更登记,辽宁省高级人民法院一审判决驳回明达意航公司诉讼请求。后明达意航公司不服一审判决,上诉至最高人民法院,又被判决驳回上诉。

裁判结果

一审判决:驳回明达意航公司的诉讼请求。

二审判决:驳回上诉,维持原判。

主要争点

明达意航公司向一审法院起诉请求:(1)判令抚顺银行将《抚顺银行股东名册》上登记在亿丰公司名下的 7000 万股股份和金信公司名下的 8000 万股股份变更登记至明达意航公司名下,并据此变更《抚顺银行章程》,以及申请股权托管登记中心办理股东变更登记;(2)判令抚顺银行赔偿明达意航公司自 2012 年起暂计至 2018 年的股东分红款本金 4900 万元以及逾期利息(以 700 万元/年为基数,自抚顺银行召开股东大会作出利润分配决议之日起至实际支付之日止,按照全国银行间同业拆借中心公布的贷款市场报价利率分别计算,暂计为人民币 4,029,997.22 元),亿丰公司对此承担连带责任;(3)判令抚顺银行赔偿明达意航公司自 2012 年起暂计至 2018 年的股东分红款本金 5600 万元以及逾期利息(以 800 万元/年为基数,自抚顺银行召开股东大会作出利润分配决议之日起至实际支付之日止,按照全国银行间同业拆借中心公布的贷款市场报价利率分别计算,暂计为人民币 4,605,711.12 元),金信公司对此承担连带责任;(4)判令抚顺银行、亿丰公司、金信公司连带赔偿明达意航公司在最高人民法院(2012)民一终字第 119 号案件项下多支付的迟延履行债务利息;(5)判令抚顺银行、亿丰公司、金信公司向明达意航公司连带赔偿因股权转让获得的非法利益 24,000 万元;(6)本案全部诉讼费用由抚顺银行、亿丰公司、金信公司承担。

明达意航公司上诉请求:依法撤销原审判决,发回重审或改判支持第一项、第二项、第三项、第五项诉讼请求;本案诉讼费用由被上诉人承担。

抚顺银行答辩称,原判认定事实清楚,适用法律正确。

亿丰公司答辩称,原判认定事实清楚,适用法律正确,请求驳回上诉。主要理由:(1)明达意航公司主张其为抚顺银行股东并要求变更股东名册等记载不应支持。股权具有财产性和人身性,股权转让协议解除后,股权的财产性权利归明达意航公司所有,但是否重新成为股东需要经过再次审批。而明达意航公司已经破产,不符合入股条件,其至今未依法取得有关部门的批准。(2)亿丰公司无须返还股息红利。双方自愿签订股权转让协议,亿丰公司支付转让款并获批在股东名册和章程上变更记载,有权获得红利。股权转让纠纷判决书已确认将股息红利与明达意航公司返还转让款的利息相抵销,故无须再返还。(3)明达意航公司已收到股权转让款,亿丰公司在股权转让中无侵权行为,故抚顺银行扣划款项的损失与亿丰公司无关。

金信公司答辩称,原审认定事实清楚,应予驳回上诉。

由此,总结本案主要争点为:(1)明达意航公司转让案涉股权是否为其真实意思表示,案涉两份股权转让协议是否有效;(2)明达意航公司主张为抚顺银行股东并要求办理股东名册、章程等变更登记应否支持。

裁判说理

一审法院认为,本案系股权转让合同纠纷,针对各方争议焦点论述如下:关于明达意航公司转让案涉股权是否为其真实意思表示的问题。明达意航公司决定向亿丰公司、金信公司转让所持有的抚顺银行股权并形成股东会决议。其出具的《担保函》表明,案涉两份《股权转让协议书》的签订及履行是抚顺银行依法行使明达意航公司的授权。明达意航公司虽主张签订协议时公司无人在场,但不否认该协议上公司签字盖章的真实性。抚顺银行在收到股权转让款后,加上应获红利全部转入明达意航公司账户,后又于当日依据明达意航公司为关联公司承担连带保证责任予以扣划。明达意航公司对股权转让后的收款、支出情况清楚且未提出异议,转让案涉股权确属其真实意思表示。故其主张抚顺银行未经其同意擅自转让案涉股权,缺乏事实和法律依据,一审法院不予支持。

关于案涉两份《股权转让协议书》是否有效的问题。如前所述,案涉两份转让协议的签订应当认定为各方真实意思表示,因案涉股权已在签订转让协议前被查封,未经法院允许转让被查封股权属于无权处分。案涉股权转让协议在定性上属于买卖合同性质,应当适用买卖合同的相关法律规定。根据最高人民法院《关于审理买卖合同纠纷案件适用法律问题的解释》第 3 条规定,股权转让虽属无权处分,但依法不应认定转让协议无效。且案涉两份协议有效已由生效判决予以认定,并被依法解除。

关于明达意航公司是否仍具有抚顺银行的股东资格，抚顺银行应否将股权变更至明达意航公司名下并变更章程等记载的问题。案涉股权转让协议已被法院生效判决解除，故案涉股权依法仍应归原所有权人明达意航公司所有。虽然辽宁银保监局批复、抚顺银行股东会决议、章程和股东名册均已将股东变更为金信公司和亿丰公司，但因股权被法院长期查封，一直未能在原辽宁省抚顺市工商行政管理局办理股东名称变更登记，股权仍登记在明达意航公司名下。现有证据只能认定明达意航公司对案涉股权享有所有权，不能认定其仍具有抚顺银行的股东资格。至于能否将案涉股权在股东名册上变更登记及申请股权托管登记中心办理股东变更登记，因案涉股权在执行拍卖阶段且明达意航公司进入破产清算阶段，其是否仍具备银行股东资格，需经辽宁银保监局审批确定。且案涉股权是否列入明达意航公司破产资产及如何进行分配，需待破产清算结束才能确定。鉴于明达意航公司现已资不抵债进入破产清算程序，又存在上述不确定因素，故一审法院对其关于将股权变更至其名下等主张不予支持。

关于抚顺银行应否赔偿明达意航公司股权分红款及自召开股东大会作出利润分配决议之日至实际支付之日止的逾期利息，亿丰公司、金信公司应否承担相应的共同赔偿责任的问题。案涉两份《股权转让协议书》系明达意航公司与亿丰公司、金信公司的真实意思表示，依法应认定有效。现案涉股权转让协议已被生效民事判决解除。在股权转让协议签订及履行过程中，虽然抚顺银行行使明达意航公司的授权起到了积极参与和推动作用，但主要责任在于明达意航公司明知本公司所持股权已被查封，仍然用案涉股权为关联公司借款债务进行质押担保，并授权抚顺银行在发生担保责任时对其所持股权进行对外转让、变卖等处置，体现出较为明显的主观故意，应当对协议被解除的后果承担主要过错责任。同时，抚顺银行、亿丰公司、金信公司对于所帮助转让和所购买的股权状态未做到尽职调查责任，亦存在一定过错，应当承担次要责任。根据最高人民法院《关于审理买卖合同纠纷案件适用法律问题的解释》第 3 条之规定，明达意航公司因自己主要过错责任造成股权转让协议被法院判决解除，依法应当承担返还股权转让款本金，赔偿自接收股权转让款至实际返还之日止的同期银行贷款利息责任。亿丰公司、金信公司亦应向明达意航公司返还自股权转让协议签订以来所获得的抚顺银行股权红利。明达意航公司通过案涉股权转让，共计获得 22,500 万元股权转让款，并用该款偿还所担保的多家关联企业欠付抚顺银行的贷款本息，获取了巨大利益。在股权红利上，自 2012 年 7 月 4 日至股权转让协议解除前，亿丰公司共获得股权分红款 31,452,205.48 元，金信公司共获得股权分红款27,945,205.48元,以两家公司支付的股权转让款为本金基数,折合年利率仅为5%左右,并不高于同期银行贷款利息。在明达意航公司未赔偿亿丰公司、金信公司股权转让款利息损失的情况下,亿丰公司、金信公司无须向明达意航公司返还所获得的股权红利及相关利息。抚顺银行依据案涉股权转让协议将协议签订后产生的股权红利支付给亿丰公司和金信公司亦无不当,不存在赔偿明达意航公司股权分红款及相应逾期利息的事由。故明达意航公司该主张缺乏事实和法律依据,一审法院不予支持。

关于抚顺银行、亿丰公司、金信公司应否向明达意航公司连带赔偿因本案股权转让获得的24,000万元的问题。案涉股权转让协议依法认定有效,亿丰公司、金信公司在依约分别将应支付的股权转让款交给抚顺银行后,抚顺银行于收款当日将转让款及股权红利共计24,000万元全部转入明达意航公司账户,明达意航公司即已全额收到应得股权转让款及原欠红利。至于抚顺银行后又将该笔款项扣除,系依据明达意航公司为其关联公司在抚顺银行借款债务进行担保所实施的偿还担保债务行为,有相关担保函等法律文书为凭,于法有据。明达意航公司于2012年7月31日作出并盖章的《资产负债表》中显示的长期借款较2012年6月30日《资产负债表》减少20,150万元,明达意航公司法定代表人叶某某及财务人员王某某在抚顺银行出具的《银企对账单对公》上签章也予以确认,表明明达意航公司知晓该笔款项被扣除偿还债务的事实。故不存在抚顺银行、亿丰公司、金信公司应向明达意航公司连带赔偿因本案股权转让获得的24,000万元的事实依据,一审法院对明达意航公司该主张不予支持。

二审法院认为,本案为股东名册记载纠纷,二审争议的焦点问题为:明达意航公司主张为抚顺银行股东并要求办理股东名册、章程等变更登记应否支持。

关于明达意航公司主张为抚顺银行股东并要求办理股东名册、章程等变更登记应否支持的问题。明达意航公司为抚顺银行发起人股东,持股占比逾7%,抚顺银行向其颁发的股权证上记载"股权变更和股份转让时必须到本公司办理过户"等字样。(2018)辽民终648号、(2017)辽01民初1173号生效民事判决分别认定明达意航公司与亿丰公司、金信公司签订的《股权转让协议书》有效,明达意航公司同意股权转让并收到全部股权转让款。此后经辽宁银保监局批复同意变更亿丰公司、金信公司为抚顺银行股东并记载于该行股东名册及章程。据此,亿丰公司、金信公司经履行股权转让协议并经行政机关审批作为股东记载于抚顺银行股东名册之时,即成为抚顺银行股东,明达意航公司同时丧失抚顺银行股东身份。抚顺银行是否在工商行政部门办理变更登记,不影响案涉股权转让的效力。对于明达意航公司主张执行异议之诉的民事判决已经确认亿丰公司、金信公司两家公司不构成善意取得、自始不发生股权取得的效力问题，该民事判决书仅是驳回亿丰公司、金信公司在该诉讼中以善意取得股权为由排除执行的主张，并未从《公司法》《商业银行法》等商事法律关系方面认定股权变动的效力，故不能径直据以排除对已完成案涉股权转让的认定。

股权转让交易中，受让人通过受让股权继受取得股东资格后，即依法享有参与重大决策、选择管理者、监督公司经营以及获得分配等权利。股东基于身份关系实施的决策、参与公司管理等行为，涉及其他股东的利益以及与公司交易的不特定第三方的交易关系，为保护善意相对人，维护社会交易安全和交易秩序，即便股权转让合同嗣后被解除，股权受让人在作为股东期间依法行使的各项权利通常仍应具有法律效力，公司亦应因股东投资以及参与公司经营决策而向其分配股息和红利。易言之，股权转让合同的解除通常仅对将来发生效力，并非溯及既往地导致合同根本消灭。因此，案涉《股权转让协议书》解除前，亿丰公司、金信公司的股东身份及基于股东对公司投资而获得的分红收益仍然有效。股权转让合同解除后，基于该解除不具有溯及既往的效力，明达意航公司并不能自然恢复股东资格，而需要通过重新办理股权变更程序才能再次成为抚顺银行的股东。《商业银行法》第 24 条第 1 款第 5 项关于“商业银行有下列变更事项之一的，应当经国务院银行业监督管理机构批准：……（五）变更持有资本总额或者股份总额百分之五以上的股东”的规定，案涉股权占比逾 7%，明达意航公司在股权转让协议解除后，要重新成为抚顺银行股东，除应履行公司内部的股东变更程序外，还须经银行业监督管理机构审查批准。《商业银行股权管理暂行办法》第 5 条规定：“商业银行股东应当具有良好的社会声誉、诚信记录、纳税记录和财务状况，符合法律法规规定和监管要求。”明达意航公司现已进入破产清算程序，显然不符合前述规定要求的商业银行股东的条件，辽宁银保监局亦在向本院回函中明确指出明达意航公司不符合《中国银保监会中资商业银行行政许可事项实施办法》关于股东资格的相关规定。故明达意航公司主张其为抚顺银行股东并要求变更登记的请求，缺乏事实基础和法律依据，法院不予支持。

案涉股权转让协议解除后，明达意航公司因不符合商业银行股东条件而不能重新取得抚顺银行股东身份，但其在该股权中的财产性权益却应依法予以保护，明达意航公司可通过申请拍卖案涉股份而以其价款折价补偿。故一审判决关于明达意航公司对案涉股权享有所有权但不具有抚顺银行股东资格的认定错误，予以纠正。

专业点评

本案的一个认定重点在于合法股权转让合同的解除通常仅对将来发生效力,并非溯及既往地导致合同根本消灭。这就导致本案中明达意航公司不能取得股权转让合同履行期间的股东身份及相关权利,在股权转让合同解除后亦不能直接恢复股东身份,仍需进行股东资格的合法审查。由于本案涉及商业银行股东资格,因此需要遵循《中国银保监会中资商业银行行政许可事项实施办法》关于股东资格的相关规定。

该项裁判规则主要是出于维护社会交易安全和交易秩序的考量。在此基础上,公司与股东也需注意股权转让合同的这项特性。在股东会决议作出、公司章程和股东名册变更后,直至股权转让合同在解除前,受让方取得股东资格,在此期间内均视为公司股东,享受股东权利,工商登记是否变更不影响股权实际的变更。而当股权协议解除后,尽管受让人失去股东资格,出让人亦不能直接恢复股东资格,仅能取得对股权的财产性利益。股东资格的取得,依然需要进行合法程序,进行合法认定,即最终应当取决于股东会决议以及相关法律规定。

法条链接

1.《商业银行法》(2015 年)

第二十四条　商业银行有下列变更事项之一的,应当经国务院银行业监督管理机构批准:

(一)变更名称;

(二)变更注册资本;

(三)变更总行或者分支行所在地;

(四)调整业务范围;

(五)变更持有资本总额或者股份总额百分之五以上的股东;

(六)修改章程;

(七)国务院银行业监督管理机构规定的其他变更事项。

2.《合同法》①

第三十二条 当事人采用合同书形式订立合同的,自双方当事人签字或者盖章时合同成立。

第四十四条 依法成立的合同,自成立时生效。

法律、行政法规规定应当办理批准、登记等手续生效的,依照其规定。

第五十八条 合同无效或者被撤销后,因该合同取得的财产,应当予以返还;不能返还或者没有必要返还的,应当折价补偿。有过错的一方应当赔偿对方因此所受到的损失,双方都有过错的,应当各自承担相应的责任。

第九十四条 有下列情形之一的,当事人可以解除合同:

(一)因不可抗力致使不能实现合同目的;

(二)在履行期限届满之前,当事人一方明确表示或者以自己的行为表明不履行主要债务;

(三)当事人一方迟延履行主要债务,经催告后在合理期限内仍未履行;

(四)当事人一方迟延履行债务或者有其他违约行为致使不能实现合同目的;

(五)法律规定的其他情形。

第九十七条 合同解除后,尚未履行的,终止履行;已经履行的,根据履行情况和合同性质,当事人可以要求恢复原状、采取其他补救措施,并有权要求赔偿损失。

3.《中国银保监会中资商业银行行政许可事项实施办法》(2018 年)

第十二条 境内非金融机构作为中资商业银行法人机构发起人,应当符合以下条件:

(一)依法设立,具有法人资格;

(二)具有良好的公司治理结构或有效的组织管理方式;

(三)具有良好的社会声誉、诚信记录和纳税记录,能按期足额偿还金融机构的贷款本金和利息;

(四)具有较长的发展期和稳定的经营状况;

(五)具有较强的经营管理能力和资金实力;

(六)财务状况良好,最近 3 个会计年度连续盈利;

(七)年终分配后,净资产达到全部资产的 30%(合并会计报表口径);

(八)权益性投资余额原则上不超过本企业净资产的 50%(合并会计报表口径),国务院规定的投资公司和控股公司除外;

(九)入股资金为自有资金,不得以委托资金、债务资金等非自有资金入股,法律

① 现已修改为《民法典》第 490 条、第 502 条、第 508 条,以及适用《民法典》第一编第六章的有关规定。

法规另有规定的除外；

(十)银保监会规章规定的其他审慎性条件。

第十三条　有以下情形之一的企业不得作为中资商业银行法人机构的发起人：

(一)公司治理结构与机制存在明显缺陷；

(二)关联企业众多、股权关系复杂且不透明、关联交易频繁且异常；

(三)核心主业不突出且其经营范围涉及行业过多；

(四)现金流量波动受经济景气影响较大；

(五)资产负债率、财务杠杆率高于行业平均水平；

(六)代他人持有中资商业银行股权；

(七)其他对银行产生重大不利影响的情况。

4. 最高人民法院《关于审理买卖合同纠纷案件适用法律问题的解释》(2012 年)①

第三条　当事人一方以出卖人在缔约时对标的物没有所有权或者处分权为由主张合同无效的，人民法院不予支持。

出卖人因未取得所有权或者处分权致使标的物所有权不能转移，买受人要求出卖人承担违约责任或者要求解除合同并主张损害赔偿的，人民法院应予支持。

5.《商业银行股权管理暂行办法》

第五条　商业银行股东应当具有良好的社会声誉、诚信记录、纳税记录和财务状况，符合法律法规规定和监管要求。

6.《关于加强信息合作规范执行与协助执行的通知》

第十二条　股权、其他投资权益被冻结的，未经人民法院许可，不得转让，不得设定质押或者其他权利负担。

有限责任公司股东的股权被冻结期间，工商行政管理机关不予办理该股东的变更登记、该股东向公司其他股东转让股权被冻结部分的公司章程备案，以及被冻结部分股权的出质登记。

三、如何认定股东是否实际履行出资义务

案件名称

冷某某诉鸿石公司股东名册记载纠纷案

---

① 现已修改为最高人民法院《关于审理买卖合同纠纷案件适用法律问题的解释》(2020 年)，本条已被删除。

案号

一审：(2020)浙0109民初4638号；二审：(2020)浙01民终8090号

裁判要旨

股东以货币出资的，应当将货币出资足额存入有限责任公司在银行开设的账户。首先，转入资金所购买的资产应当有确实充分的证据证明属于公司资产。其次，出资额的缴纳应当符合《公司法》规定的出资额的缴纳方式。最后，实缴资本的存在也应当具备确实充分的依据。

案情简介

上诉人(原审原告)：冷某某

被上诉人(原审被告)：鸿石公司

原审第三人：周某某

2016年12月7日，鸿石公司成立。股东为冷某某(认缴出资金额为450万元，出资方式货币，股份比例45%)及案外人锦方公司。公司章程载明认缴注册资本为1000万元，各方认缴出资需在2026年11月23日前出资到位。

2018年1月5日，第三人周某某作为经办人，递交居民企业股权转让报告表等材料，企业股东变更为冷某某、锦方公司、陈某。出资金额分别为350万元、400万元和250万元，冷某某股份比例为35%，出资方式为货币。公司章程中关于认缴出资的资金到位时间未变更。冷某某分别于2017年1月17日、2017年1月23日向鸿石公司账户转账30万元、35万元，合计65万元。庭审中，冷某某陈述该款用于购买车辆，登记于案外人名下，由冷某某使用，现该车辆已不在其控制下。

自2018年9月25日至12月12日，冷某某先后通过银行、支付宝转账等方式向第三人周某某账户转账合计52万元(2018年9月25日向周某某个人账户转账10万元、2018年10月11日转账12万元、2018年10月12日转账3万元、2018年11月14日转账15万元、2018年12月10日转账2万元，2018年12月12日转账5.5万元，当日支付宝转账4.5万元)。2020年4月22日，该院裁定受理鸿石公司的破产清算申请，案号(2020)浙0109破9号，并指定国浩律师(杭州)事务所担任鸿石公司管理人。管理人称鸿石公司法定代表人徐某昆表示，鸿石公司未曾建账，无财务凭证。管理人自述截至目前尚未接管到任何相关财务建账资料及财务凭证等会计凭证。冷某某自述其在鸿石公司担任总经理职务，负责日常经营管理。另查明，第三人周某某负责鸿石公司的财务等工作。鸿石公司 2017 年度报告,鸿石公司 2019 年 5 月利润表、2019 年 6 月资产负债表中均显示冷某某实缴出资金额为 0。

诉讼过程

2020 年 4 月 23 日,冷某某因股东名册仍未记载冷某某名字,以股东名册记载纠纷诉鸿石公司、第三人周某某至浙江省杭州市萧山区人民法院,请求判令鸿石公司向冷某某签发盖章的出资证明书并置备股东名册,载明冷某某出资证明书编号,浙江省杭州市萧山区人民法院一审判决驳回冷某某诉讼请求。后冷某某不服一审判决,上诉至浙江省杭州市中级人民法院,又被判决驳回上诉。

裁判结果

一审判决:驳回冷某某的诉讼请求。

二审判决:驳回上诉,维持原判。

主要争点

一审原告冷某某向一审法院起诉请求:(1)鸿石公司向冷某某签发盖章的出资证明书,载明冷某某出资金额为 117 万元;(2)鸿石公司置备股东名册,载明冷某某出资证明书编号。

上诉人冷某某上诉请求:(1)撤销原审判决,依法改判鸿石公司向冷某某签发盖章的出资证明书,载明冷某某出资金额为 117 万元;鸿石公司置备股东名册,载明冷某某出资证明书编号;(2)本案一审、二审诉讼费由鸿石公司承担。

被上诉人鸿石公司辩称:(1)本案没有合法有效的证据证明相关各方就冷某某主张的 65 万元和 52 万元系出资款有过明确的意思表示或者合意,也没有合法有效的证据证明该 117 万元款项已经转化为鸿石公司的资产。根据《公司法》相关规定,并非汇入公司账户的款项都应认定出资款,除了汇入公司账户的形式要件外,还应当符合该款项是否真正转化为公司财产的实质要件。冷某某主张的 65 万元虽然汇入了鸿石公司账户,但是在汇款时并未注明该笔款项系出资款,也没有其他证据可以证明鸿石公司或者其他股东对该款项为出资款达成合意。且冷某某也承认当时汇款的用途系用于购买车辆,该车辆登记在案外人名下,截至目前也没有其他证据证明该车辆是鸿石公司财产,因此 67 万元并没有转化为鸿石公司的财产。冷某某主张的 52 万元从未汇入过鸿石公司账户,也未被鸿石公司所用。冷某某是鸿美公司的法定代表人兼总经理，显然其与鸿美公司之间的财务往来并不必然与鸿石公司有关，冷某某向鸿美公司汇款 52 万元，不能仅凭事后陈述认定系对鸿石公司的出资款。本案无任何证据证明就该款项系鸿石公司委托冷某某对鸿美公司的投入，更无证据证明各方确认或者合意该笔款项系冷某某对鸿石公司的出资。因此，该笔 52 万元款项也与鸿石公司没有关联性，不是鸿石公司的财产。（2）冷某某是鸿石公司的股东，同时也是参与鸿石公司日常经营的高管，对于其对鸿石公司的出资款的认定应当从严。冷某某作为公司高管，对于公司的管理负有法定的权利和义务，对因管理不规范导致鸿石公司无财务资料、合同文书等资料，进而导致股东出资的情况核查困难相关的后果，应由冷某某承担。而且，若当时的真实意思表示是作为出资款，但是一直没以任何形式进行确认，直到鸿石公司进入破产程序之后才提起相关的确认程序，不符合出资的常态。在此情形下，尤其是对有管理责任的总经理和股东的双重身份的冷某某的出资情况应当从严审查出资款的形式要件和实质要件。冷某某应当举证证明：（1）其从鸿石公司陆续获取的 174 万元款项的具体用途、是否包含 65 万元的归还。（2）以 65 万元购买的车辆的具体登记权属情况和现状，是否为鸿石公司财产。但截至目前冷某某均未提供相应的证据予以证明。综上所述，一审法院认定事实清楚，适用法律正确，请求二审法院驳回冷某某的全部上诉请求。

由此，总结本案主要争点为：冷某某转账的 65 万元、52 万元是否为其向鸿石公司的出资。

裁判说理

一审法院认为，本案的争议焦点为：（1）冷某某向第三人转账的 52 万元是否为其股东出资。根据法律规定，股东以货币出资的，应当将货币出资足额存入公司在银行开设的账户。冷某某在鸿石公司已经开设银行账户的情形下，自述因为公司急用、将案涉款项转入公司账户比较麻烦等原因，将款项转入第三人账户。冷某某的说法与第三人周某某关于案涉款项用途的说法不一致，且该部分款项未标注款项性质，转账后也未进行账目登记，公司亦未出具出资证明；冷某某作为公司总经理，负责公司日常管理，如果该笔款项为股东出资，其未采取措施进行确认不合常理。且鸿石公司 2019 年的资产负债表也显示鸿石公司实收资本为 0。故冷某某主张该笔款项为股东出资款的说法，法院依据现有证据难以采信。（2）冷某某向鸿石公司账户转账的 65 万元是否为其股东出资。冷某某转入公司账户后，其中的第二笔 35 万元的款项转入的当天，即支出 63.342 万元用于购买汽车。该汽车登记在案外人名下，至本案开庭审理当日，亦未登记到鸿石公司名下，难以认定该车辆已转化为公司的财产。此外，鸿石公司的2017年度国家企业信用信息公示报告系鸿石公司自行填报，其中未显示该65万元已经转化为公司的实缴资本，可见当时鸿石公司并未对该笔款项的性质作出实缴资本的认定，故该院对冷某某的主张不予采信。综上所述，冷某某的诉讼请求，缺乏事实与法律依据，该院不予支持。

二审法院认为，本案二审争议焦点在于冷某某转账的65万元及52万元是否为其向鸿石公司的出资。首先，冷某某主张其打入鸿石公司的65万元系用于购买汽车，然而该汽车并未由鸿石公司占有使用，亦未登记在鸿石公司名下，冷某某提交的证据亦不足以证明汽车归鸿石公司所有。其次，冷某某认为其转入原审第三人周某某账户的52万元系对鸿石公司的出资，但此不符合《公司法》规定的出资额的缴纳方式，鸿石公司后续亦未对此出具相应材料进行追认，故冷某某的该主张，无事实和法律依据，法院不予采信。最后，综合本案现有证据，鸿石公司2017年度国家企业信用信息公示报告、2019年的资产负债表等证据材料均无法体现冷某某对鸿石公司存在实缴资本。且冷某某作为鸿石公司总经理，负责公司日常事务经营，但却未有相应证据证明其就出资事实已与公司或其他股东达成合意或采取其他任何措施进行确认，冷某某对此亦无法做出合理解释。综上所述，一审法院对于冷某某的上述主张未予认可，并无不当；冷某某的上诉请求不能成立，应予驳回；一审判决认定事实清楚，适用法律正确，应予维持。

专业点评

股东出资的问题在实践中主要存在抽逃出资、瑕疵出资、不履行出资义务等。当前司法实践中，对股东出资的认定主要采取实质重于形式的原则。出资程序存在瑕疵不会否认股东足额完成出资义务的事实，相对地，即使出资程序完善，若在事实上未足额出资或瑕疵出资又或足额出资后又立即抽逃的，均不视为履行出资义务。本案中，冷某某的行为即是未履行出资义务，其所称的出资均无法证明为公司所有，又存在事后他用的事实，从实质上不满足股东出资的认定。

在诉讼中，应当注意股东出资的证明责任分配。在《公司法解释三》（2020年）第20条的规定中表明，公司股东出资存在争议，当有一方当事人对此提供合理怀疑证据的，则已履行出资义务的证明责任就由应当出资的股东承担。也就是说，首先是质疑方需提出合理怀疑，证明无资金入账或资金被挪用，而后是出资义务人对是否实际出资，资金用途进行说明。结合本案，可以警示公司以及股东：一是若对其他股东是否出资进行怀疑起诉，也需寻找、留存该笔出资未入公司账户或入账后的具体去向，以证明出资未用于公司经营，二是出资义务人需要对出资凭证、收据等出资证明予以保留，若出资未留存于公司账户，还需留有证据证明出资后资金实际运用于公司运营。

法条链接

1.《公司法》(2018 年)

第二十七条　股东可以用货币出资，也可以用实物、知识产权、土地使用权等可以用货币估价并可以依法转让的非货币财产作价出资；但是，法律、行政法规规定不得作为出资的财产除外。

对作为出资的非货币财产应当评估作价，核实财产，不得高估或者低估作价。法律、行政法规对评估作价有规定的，从其规定。

第二十八条　股东应当按期足额缴纳公司章程中规定的各自所认缴的出资额。股东以货币出资的，应当将货币出资足额存入有限责任公司在银行开设的账户；以非货币财产出资的，应当依法办理其财产权的转移手续。

股东不按照前款规定缴纳出资的，除应当向公司足额缴纳外，还应当向已按期足额缴纳出资的股东承担违约责任。

2.《公司法解释三》(2020 年)

第二十条　当事人之间对是否已履行出资义务发生争议，原告提供对股东履行出资义务产生合理怀疑证据的，被告股东应当就其已履行出资义务承担举证责任。

四、无书面约定但实际出资并参与经营管理的应当享有股东资格权利

案件名称

陈某某诉明达公司、刘某某股东资格确认纠纷案

案号

一审：(2019)桂0721民初260号；二审：(2020)桂07民终535号

裁判要旨

即使没有对出资进行书面约定，但若实际履行了出资，一直参与公司筹备、资金筹集、运作及经营管理，应当享有公司股东资格权利。同时，股权比例应当依据综合各方在公司的筹备、工程建设、购买安装设备、公司的运作、经营管理、资金筹集过程中的事实分配。

案情简介

上诉人(一审原告)：陈某某

上诉人(一审被告)：明达公司

上诉人(一审被告)：刘某某

2014年8月，陈某某与刘某某协商共同出资设立燃气公司，并在广西壮族自治区钦州市灵山县建设燃气站，经营燃气销售。双方经项目可行性研究后，进行了地质勘测。

2015年1月16日、2015年2月10日，陈某某分别以陈五燃气有限公司、明达公司的名义，支付了1400元、1700元测绘费给广西壮族自治区钦州市灵山县土地管理技术服务站。

2015年2月8日，以广西壮族自治区钦州市灵山县人民政府为甲方、明达燃气公司为乙方签订了《项目建设投资意向协议书》，协议书约定：由明达公司在甲方境内投资建设“液化罐装站”；主要内容包括建设办公楼、库房、围墙、地板等，建筑面积约10亩，总投资1388万元；项目初定在广西壮族自治区钦州市灵山县针板塘，项目面积约10亩。被告刘某某在该协议书“法人签章”栏上签名、盖指模及在“乙方：明达公司”栏上加盖明达公司的公章。

2015年3月10日，明达公司取得广西壮族自治区钦州市灵山县发展和改革局颁发灵发改节能登字[2015]16号《广西壮族自治区固定资产投资项目节能登记证》。2015年3月11日，明达公司取得灵山县发展和改革局颁发灵发改投登字[2015]16号《基本建设投资项目登记备案证》。

2015年6月9日，原广西壮族自治区钦州市灵山县环境保护局作出灵环审字[2015]26号《关于明达公司明达液化石油气站项目环境影响报告表的批复》，批复明达液化石油气站项目建设可行。2015 年 6 月 25 日，明达公司(乙方)与广西壮族自治区钦州市灵山县人民政府(甲方)签订《土地租赁协议》，协议约定：租赁土地位于广西壮族自治区钦州市灵山县沙坪火车站旁，原灵山县香蕉市场，面积约 8.5 亩；租赁期暂定 10 年，从 2015 年 6 月 26 日起至 2025 年 6 月 25 日止；在租赁期内，明达公司自愿捐赠 35,000 元给广西壮族自治区钦州市灵山县人民政府用于清洁乡村工作经费；在租赁期内，明达公司在有关部门批准和取得相关手续后可在租赁土地内建设燃气站；明达公司不能用作其他用途，在租赁期内不得转租，若转租需要经过甲方同意。当日，陈某某按约定捐赠了 35,000 元清洁乡村工作经费给广西壮族自治区钦州市灵山县人民政府。

2015 年 12 月 29 日，明达公司成立。明达公司的液化石油气站各项工程进入施工建设。工程竣工后，明达公司于 2017 年 9 月 5 日取得了许可证编号为 45070020 的燃气经营许可证。

2017 年 9 月 15 日，明达公司开始营业。在此期间，陈某某发现明达公司登记为刘某某个人独资，双方发生纠纷，陈某某自 2018 年 1 月后，不能再参加明达公司的经营管理，后至本案之诉。

明达公司筹备期间，陈某某出资合计 1,359,601.2 元，在明达公司向梁某芳借款的 500,000 元《借据》上记载其名字。该笔借款用于明达公司的建设，已经由明达公司于 2018 年 11 月 6 日还清。明达公司现工商登记情况如下：公司类型为自然人独资的有限责任公司，被告刘某某为法定代表人兼执行董事、经理，公司注册资本为 1388 万元，成立日期为 2015 年 12 月 29 日，经营范围为燃气销售。

2018 年 3 月 6 日，陈某某以股东资格确认纠纷将明达公司、刘某某诉至广西壮族自治区钦州市灵山县人民法院，后因不服判决上诉，广西壮族自治区钦州市中级人民法院作出发回重审裁定。

2019 年 1 月 16 日，广西壮族自治区钦州市灵山县人民法院立案受理本案，陈某某请求：判令确认其为明达公司的股东并享有该公司 80% 的股权，并判令明达公司、刘某某向其签发出资证明书记载于股东名册，并协助其办理股东变更手续。

2020 年 2 月 28 日，广西壮族自治区钦州市中级人民法院立案受理上诉人刘某某与案外人谈某股权转让纠纷一案，于 2020 年 4 月 20 日作出(2020)桂 07 民初 17 号民事判决书，判决上诉人刘某某将明达公司的全部股权办理股权变更登记手续至案外人谈某名下，该判决已生效。上诉人陈某某于 2020 年 5 月 11 日以第三人身份向本院申请撤销该判决。

诉讼过程

陈某某因股东名册仍未记载陈某某名字，以股东名册记载纠纷诉明达公司、刘某某至广西壮族自治区钦州市灵山县人民法院，请求确认股东身份及享有公司80%股权，并办理股东名册变更登记，广西壮族自治区钦州市灵山县人民法院一审判决认可冷某某诉讼请求。后明达公司、刘某某不服一审判决，上诉至广西壮族自治区钦州市中级人民法院，被判决驳回上诉。

裁判结果

一审判决：(1)确认原告陈某某是被告明达公司的股东并享有该公司50%的股权；(2)被告明达公司、刘某某向原告陈某某签发出资证明书记载于股东名册，并协助原告陈某某办理股东变更手续。

二审判决：驳回上诉，维持原判。

主要争点

陈某某向一审法院提出的诉讼请求：(1)判令确认原告是被告明达公司的股东并享有该公司80%的股权；(2)判令被告明达公司、刘某某向原告签发出资证明书记载于股东名册，并协助原告办理股东变更手续；(3)本案的案件受理费、诉前保全费、保全担保费由被告刘某某负担。

上诉人陈某某的上诉请求：(1)请求二审法院改判(2019)桂0721民初260号民事判决第一项诉讼请求，改判确认上诉人是被上诉人明达公司的股东并享有该公司80%的股权。(2)改判本案一审案件受理费200元、财产保全申请费5000元、司法鉴定费13,360元，全部由被上诉人负担。(3)本案上诉费全部由被上诉人承担。

上诉人明达公司、刘某某的上诉请求及答辩意见：(1)请求法院依法撤销(2019)桂0721民初260号民事判决书第一项、第二项；(2)判令被上诉人承担本案全部诉讼费用。

上诉人陈某某的答辩意见：(1)工商登记在刘某某名下的问题，陈某某确实没有参加明达公司的登记设立过程，完全是基于刘某某对陈某某的隐瞒欺骗所致，刘某某并未出资，其利用陈某某出资代办登记，擅自将明达公司登记在其名下。对于发生在公司内部的股东纠纷属于合同上的纠纷，本案争议发生在公司内部股东之间，不涉及善意第三人的利益，应该判断当事人真实意思表示。根据我方提供的一系列证据，2018年1月12日，陈某某之子、刘某某等人的录音视频，第6页刘某某的自认,均能证实陈某某是原始股东。(2)公司已经转让给谈某的问题,我方认为刘某某与明达公司涉嫌罔顾本案的事实,严重侵害陈某某的合法利益。之前我方并不知道有此诉讼,2018 年 1 月签订股权转让合同,一直没有进行股权转移登记,而是在本案一审判决后才提起诉讼。谈某和其他股东签订的股东协议书约定转让股份是 60%,与谈某起诉刘某某 100% 的股权相矛盾,我方有理由认为转让协议涉嫌虚假,对于转让协议稍后作为证据提供。陈某某与刘某某共同出资设立燃气公司,双方作出了陈五燃气公司储配站项目可行报告,并请土地管理技术服务站对用地界址进行测绘,当时使用的也是陈某某的姓氏作为公司名称,公司运作阶段陈某某进行了投资,是原始股东;关于上诉人与谈某签订的股权转让协议是违法的,双方诉讼在 2018 年 3 月,但在与谈某的股权转让协议纠纷诉讼过程中刘某某隐瞒了与陈某某的股权纠纷,我方也向一审法院立案庭提交了撤销诉讼的申请。

由此,总结本案主要争点为:上诉人陈某某是否具备股东资格,享有多少股权。

裁判说理

一审法院认为,关于本案的诉讼主体资格问题。被告明达公司现被登记为自然人独资的有限责任公司,被告刘某某为法定代表人兼执行董事、经理,被告刘某某为公司登记的唯一股东。原告在本案除了要求确认其在被告明达公司的股东资格外,还要求被告明达公司及刘某某协助办理股权变更登记手续。因此,本案列刘某某及明达公司为共同被告并无不当,本案原告、被告诉讼主体适格。关于原告是否具有明达公司股东资格的问题。首先,从明达公司的出资情况分析,从本案双方提供的证据看,在被告明达公司的筹备阶段至成立初期,原告与被告刘某某是个人出资投入,其中现有的证据能确认:原告出资支付了测绘费 1400 元、1700 元、各项杂费 63, 134 元、捐赠清洁乡村工作经费 5000 元[①]、培训费 3000 元,合计 74, 234 元,而被告刘某某则出资支付了工程款 20, 000 元给陈某荣。在被告明达公司于 2016 年 3 月 8 日取得广西壮族自治区钦州市灵山县农村信用合作联社沙坪信用社的 290 万元借款后,以该时间点为起点,资金的筹集转变为由原告与被告刘某某具体共同参与运作以被告明达公司的名义对外筹集资金投资的方式,后向刘某芳借款的 50 万元也是用这种方式进行筹集。在出资过程中,原告与被告刘某某是双方实际出资、又共同筹措资金。其次,从参与明达公司筹备及经营管理方面分析,现有证据反映,原告

① 一审法院认为部分"捐赠清洁乡村工作经费 5000"存在笔误,应为"捐赠清洁乡村工作经费 35, 000 元",二审法院已予以纠正。

在明达公司筹备、成立阶段乃至成立后,全程参与了公司的筹备、参与燃气站工程建设、设备购买和管理。最后,从原告与被告刘某某在明达公司筹备到公司成立过程中双方分工的方面,现有的证据也体现出,双方在筹备、运作、经营管理、对资金筹集实际工作中互相配合、但也有分工,原告主要负责资金筹集、财务及建设方面的管理,被告刘某某侧重负责处理与公司对外相关的事务及证照的办理。综上所述,根据《公司法解释三》第22条中关于"当事人之间对股权权属发生争议,一方请求人民法院确认其享有股权的,应当证明以下事实之一:(一)已经依法向公司出资或者认缴出资,且不违反法律法规强制性规定;(二)已经受让或者以其他形式继受公司股权,且不违反法律规定"的规定,原告向被告明达公司实际履行了出资,一直参与明达公司筹备、资金筹集、运作及经营管理,原告是被告明达公司股东,原告享有明达公司股东资格权利。但由于原告与被告刘某某对出资没有进行书面约定,对本案,综合在公司的筹备、工程建设、购买安装设备、公司的运作、经营管理、资金筹集过程中双方互相配合、互有分工的事实,原告与被告刘某某各享有公司50%股权比较恰当,故对原告主张其享有被告明达公司80%的股权,法院不予支持。被告明达公司被登记为被告刘某某独资的有限责任公司,与法院查明的事实不符,被告明达公司、刘某某应向原告陈某某签发出资证明书记载于股东名册,并协助原告陈某某办理股东变更手续。至于原告以保全责任保险费作为诉讼费用要求两被告负担的请求,没有法律依据,该院不予支持。

二审法院认为,根据各方当事人的诉辩及陈述意见,确定本案的争议焦点为:(1)本案的诉讼主体资格是否合法;(2)上诉人陈某某是否具备股东资格。

关于本案的诉讼主体资格是否合法问题。刘某某主张其不应作为本案被告。但在本案中,陈某某在除要求确认其在上诉人明达公司的股东资格外,还要求明达公司及刘某某协助办理股权变更登记手续。且刘某某自认其财产是和明达公司混同的,据此,一审法院认定列刘某某及明达公司为共同被告并无不当,有事实和法律依据,法院予以确认。

关于上诉人陈某某是否具备股东资格的问题。根据《公司法解释三》第22条中关于"当事人之间对股权权属发生争议,一方请求人民法院确认其享有股权的,应当证明以下事实之一:(一)已经依法向公司出资或者认缴出资,且不违反法律法规强制性规定;(二)已经受让或者以其他形式继受公司股权,且不违反法律规定"的规定,上诉人陈某某请求确认股东资格,应证明其已经依法向明达公司出资或者认缴出资,且不存在违反法律法规强制性规定的情况。在本案中,2015年12月29日,明达公司成立,在公司的筹备阶段至公司成立初期,陈某某与刘某某是个人出资进行出资投入，其中现有证据能确认：陈某某出资支付了测绘费1400元、测绘费1700元、各项杂费63,134元、捐赠清洁乡村工作经费35,000元、培训费3000元，陈某某通过刘某某的银行卡出资支付了工程款20,000元给陈某荣，合计124,234元。在明达公司于2016年3月8日取得广西壮族自治区钦州市灵山县农村信用合作联社沙坪信用社的2,900,000元借款后，以该时间点为起点，资金的筹集转变为由陈某某与刘某某共同参与运作以明达公司的名义对外筹集资金投资的方式。因此，陈某某在公司筹备成立过程中已履行了出资，且一直参与公司的筹备、资金筹集、运作及经营管理，应认定陈某某是明达公司的股东，享有明达公司股东资格权利。刘某某、明达公司辩称，虽然陈某某在公司成立前或成立后支付过一定的款项，但该款项不是投资款，是借资，是垫付的资金，已在后续的2,900,000元贷款中得到了偿还，因此陈某某没有实际出资。法院认为，该笔2,900,000元贷款是在公司成立后，以公司的名义在经营过程中的产生的行为，且上诉人刘某某未能提交证据证实其与上诉人陈某某直接存在垫付或借款关系，因此，对上诉人陈某的这一辩驳，法院不予支持。

专业点评

无书面协议情况下，司法实践对股东是否出资、股东资格的认定主要依据客观事实。即在出资义务人证明自身对公司合法出资，而又无证据证明是其他性质的出资，则应当认定为履行出资义务，具备股东资格。

相较于“郑某东诉江苏江中酿酒有限公司请求变更公司登记纠纷案”，前述案例中公司对出资义务人是否实际出资、资金用途均提出合理怀疑，出资人不仅需要证明其实际出资，对于资金后续用途也需承担证明责任；而本案中出资义务人切实证明其对公司出资，而质疑方又未对资金用途提交合理怀疑的证据，因此资金是否用于公司经营的证明责任就落到质疑方上。综上所述，出资义务人更应注重自身出资的相关证据保留，而意图保障公司资金安全的一方则应注重资金流向方面的证据收集。

法条链接

1.《民法典》

第五十八条　法人应当依法成立。

法人应当有自己的名称、组织机构、住所、财产或者经费。法人成立的具体条件和程序,依照法律、行政法规的规定。

设立法人,法律、行政法规规定须经有关机关批准的,依照其规定。

第六十四条　法人存续期间登记事项发生变化的,应当依法向登记机关申请变更登记。

2.《公司法解释三》(2014 年)①

第二十二条　当事人之间对股权归属发生争议,一方请求人民法院确认其享有股权的,应当证明以下事实之一:

(一)已经依法向公司出资或者认缴出资,且不违反法律法规强制性规定;

(二)已经受让或者以其他形式继受公司股权,且不违反法律法规强制性规定。

第二十三条　当事人依法履行出资义务或者依法继受取得股权后,公司未根据公司法第三十一条、第三十二条的规定签发出资证明书、记载于股东名册并办理公司登记机关登记,当事人请求公司履行上述义务的,人民法院应予支持。

---

① 现已修改为《公司法解释三》(2020 年)第 22 条、第 23 条。

第六篇

新增资本认购纠纷

导 语

新增资本认购纠纷,是指有限责任公司新增资本认购、股份有限公司发行新股认购而产生的纠纷。其主要情形包括,股东或公司以外的其他人起诉要求确认享有公司股权、因行使优先认股权而产生的纠纷等。

新增资本认购纠纷与公司增资纠纷是不同的案由,有关新增资本认购纠纷主要有以下情形:引进投资人与公司原股东直接的对赌协议效力,投资人已经出资,但是公司尚未出具出资证明书、变更股东名册和工商登记是否影响双方出资协议效力;如果公司违约,双方约定得退回投资款并承担相应的利息或违约金是否有效;投资人在签约后未出资对公司和债权人应当承担怎样的法律责任;如果在投资协议签署后,由于某种原因无法履行,合同一方是否有合同解除权,法律责任如何承担等。新增资本认购纠纷主要受《公司法》和《民法典》双重调整,尤其是有关合同的解除、撤销的适用,有限责任公司主张股东之间的人合性,所以对于外部投资人的引入,原股东有权主张优先认缴权。新增资本认购纠纷不同于股权转让及股东出资纠纷,股权转让纠纷是股东与股东之间、股东与非股东之间就股权转让而发生的纠纷;股东出资纠纷主要调整股东违反出资义务时产生的纠纷;新增资本认购纠纷主要是公司新增注册资本时,除股东出资纠纷之外的相关纠纷。可能发生在新出资人与公司之间,也可能发生在原股东与公司之间,大致有以下类型:(1)股东或者公司之外的其他人起诉要求确认享有公司股权。(2)因行使优先认股权产生的纠纷。对于有限责任公司,公司新增资本时,股东有权优先按照实缴的出资比例认缴出资,但是,全体股东约定不按照出资比例分取红利或者不按照出资比例优先认缴出资的除外。

新增资本认购纠纷可能是股东或公司以外的其他人起诉要求确认享有公司股权,也可能是公司原来股东希望主张优先认股权而产生纠纷,所以,新增资本认购纠纷可能发生在新出资人与公司之间,也可能发生在原股东与公司之间。新增资本认购纠纷适用普通诉讼时效 3 年规定,管辖由公司住所地管辖,但是该管辖规定不属于专属管辖,当事人可以通过合同方式另行约定。在司法实践中,要注意区分新增资本认购纠纷与股东出资纠纷和公司增资纠纷区别,股东出资纠纷是股东违法出资义务引发的各种纠纷,公司增资纠纷是指公司在增加资本过程中因增资行为而引起的民事纠纷,新增资本认购纠纷规范的则是公司新增注册资本时,除股东出资纠纷之外的相关纠纷,新增资本认购纠纷主要是发生在新出资人与公司之间以及原股东与公司之间的纠纷。

一、增资行为与民间借贷的区分在于有无投资内容的明确约定

案件名称

施某与合创公司民间借贷纠纷案

案号

一审:(2015)杭江九商初字第255号;二审:(2015)浙杭商终字第3047号

裁判要旨

投资人应与公司或股东就增资行为有明确的约定,包括对于投资比例、利润分配、亏损承担等重要问题的约定,如果仅有投资但并没有明确的证据可以证明投资人有成为股东的合意的,应认定为民间借贷纠纷。

案情简介

上诉人(原审原告):施某

被上诉人(原审被告):合创公司

施某在原审中起诉称:2007年5月11日,合创公司因发展需要,经与施某协商后,向施某请求借款人民币300,000元。合创公司收取该款后向施某出具了相应的收款收据。截至2015年5月11日,合创公司尚未归还。经施某多次催讨,合创公司一直以资金周转困难为由拖延,后合创公司法定代表人杨某平拒绝与施某沟通联系。故施某起诉请求判令:(1)合创公司返还借款300,000元;(2)合创公司支付逾期付款违约金123,699.57元(按年利率4.41%计算,从2007年10月22日暂计算至2015年10月21日,之后计算至借款实际归还之日止);(3)合创公司负担全部诉讼费用。

合创公司在原审中答辩称:第一,2007年7月,合创公司收到施某300,000元是施某向合创公司的投资款而非借款。作为投资款,依照相关法律规定,在合创公司依法存续期间不能退还给投资人,因此请求法院驳回施某的诉讼请求。第二,即使该300,000元是借款,因施某曾于2009年起诉过合创公司,后又撤回起诉,法院已于

2009 年 11 月 10 日出具民事裁定书。现在施某起诉要求归还 300,000 元,已超过诉讼时效,也应驳回施某的诉讼请求。

原审法院经审理查明:2007 年 7 月,施某向合创公司交付现金人民币 300,000 元,并由合创公司于 2007 年 10 月 22 日出具收据一份,载明收到施某投资款人民币 300,000 元。

诉讼过程

施某因与合创公司增资事宜产生纠纷,向浙江省杭州市江干区人民法院提起诉讼,请求合创公司返还借款,一审驳回其诉讼请求后,施某不服,遂向浙江省杭州市中级人民法院提起上诉。

裁判结果

一审法院判决:驳回施某的诉讼请求。

二审法院判决:(1)撤销浙江省杭州市江干区人民法院(2015)杭江九商初字第 255 号民事判决;(2)合创公司于本判决生效之日起 10 日内返还施某借款 19.5 万元;(3)合创公司于本判决生效之日起 10 日内向施某支付逾期付款损失 8118.50 元;(4)驳回施某的其他诉讼请求。

主要争点

施某不服上述判决,提起上诉称:(1)就款项性质,原审法院根据收据的记载确定为"投资款",属认定错误,双方之间应属借贷关系。合创公司主张"投资款",但在收取款项后,三次变更股东过程中,均未将施某登记为股东。合创公司也未能提供增资协议、股东会决议、隐名代持股份协议等证据来证明施某与合创公司之间存在投资关系。双方之间的权利义务仍属于借贷关系。(2)原审法院对本案诉讼时效起算时间认定错误。双方通过收据确立借贷关系,不能确定履行期限的,诉讼时效期间从债权人要求债务人履行义务的宽限期届满之日起计算,但债务人在债权人第一次向其主张权利之时明确表示不履行义务的,诉讼时效期间从债务人明确表示不履行义务之日起计算。从整个过程看,合创公司仅在本案庭审中才抗辩表明不履行,并没有任何证据证明此前曾明确表示不履行义务。另外,在施某对前案撤诉后,合创公司仍通过公司账户向施某汇款履行部分义务,就剩余部分仍不能确定双方对履行期限或者宽限期限进行了约定,因此,以施某对前案撤诉次日起算诉讼时效没有事实和法律依据。本案应以本案起诉之日起视为宽限期届满，并从次日起算诉讼时效。施某提起本案诉讼没有超过诉讼时效。

合创公司在二审中答辩称：(1)合创公司收到的款项系投资款而非借款。收据中明确注明款项内容为"投资款"，而没有注明为"借款"。双方也没有其他协议约定属于借款，施某主张该款项为借款，缺乏依据。虽然合创公司在收到款项后未能履行吸收新股东、增加注册资本等相关程序，但这并不能否认该款项系"投资款"的事实，也不能认定属于借款。(2)即使是借款，施某提起本案诉讼也超过了诉讼时效。施某曾于2009年起诉合创公司，诉讼过程中双方并未达成任何和解或者调解，施某申请撤诉被法院准许，现再次提起诉讼，已经超过诉讼时效。

综上所述，本案争议焦点为：施某与合创公司就30万元款项确立的是什么法律关系？

裁判说理

一审法院认为：其一，施某以民间借贷纠纷为案由向法院起诉，负有证明双方之间存在借贷关系的证明责任。本案中，合创公司出具的收据上写明所收款项为"投资款"，并非借款，施某也未能提供其他证据证明其给付的300,000元系借款，故施某要求合创公司返还借款缺乏事实依据。其二，权利人向人民法院请求保护民事权利的诉讼时效期间为两年①。诉讼时效的起算，应以权利人主观上已知晓或应当知晓其权利被侵害之时起计算。本案中，施某曾于2009年向原审法院起诉，视为其已知晓其权利受到侵害，后施某于2009年11月10日申请撤诉并经准许，因而诉讼时效自2009年11月11日起计算。施某于2015年6月4日再次向原审法院起诉，已超过两年的诉讼时效，故合创公司主张施某起诉时已超过诉讼时效，并据此请求驳回施某诉讼请求的抗辩意见，依法予以支持。

二审法院认为：就争议的300,000元款项，合创公司出具的收款收据上记载为"投资款"。"投资关系"是一种比较宽泛的表述，不同类型当事人之间基于投资关系，根据不同的权利义务约定可能产生不同的法律关系。施某作为非股东的个人，向已经设立的合创公司投资，双方据此设立的法律关系应结合当事人具体的权利义务进行明确。结合双方相关陈述，双方就施某通过投资成为股东并无合意，施某也未实际成为公司股东或通过他人代持股份，故施某向合创公司投资并未建立新增资

① 《民法总则》第188条第1款规定："向人民法院请求保护民事权利的诉讼时效期间为三年。法律另有规定的，依照其规定。"

本认购关系,而是欲通过投资获得相应的财产性收益,这种通过向公司进行货币投资,在不取得股东资格或权利的情况下享有财产性收益的权利义务安排,本质上仍属民间借贷关系。故法院确认双方之间就争议款项建立的是民间借贷关系。原审法院对法律关系定性错误,法院予以纠正。

专业点评

当事人在交易过程中对于款项性质未明确约定的情况下,原告依据转账凭证提起民间借贷诉讼的,被告主张该转账系其他基础法律关系的应当承担举证责任并达到高度可能性标准。对于款项到底是基于借贷关系或是投资合伙关系产生,要根据当事人约定的合同内容判断,若只约定收益未约定风险负担的,应认定为是借贷关系。

从股东权益保护角度来看,股东在进行投资入股时,需要对投资款项进行明确约定,若是以增资的形式进行投资,就需要形成公司内部的增资协议;若是通过借款给公司的形式进行投资,则需要股东与公司之间签订借款合同,并约定借款金额、期限、利息等条款,避免在发生争议时,股东即无法享受股权权利,由无法拿回借款。

法条链接

1. 最高人民法院《关于审理民间借贷案件适用法律若干问题的规定》①

第十六条　原告仅依据金融机构的转账凭证提起民间借贷诉讼,被告抗辩转账系偿还双方之前借款或者其他债务的,被告应当对其主张提供证据证明。被告提供相应证据证明其主张后,原告仍应就借贷关系的成立承担举证责任。

2. 最高人民法院《关于民事诉讼证据的若干规定》(2008 年)②

第七十六条　当事人对自己的主张,只有本人陈述而不能提出其他相关证据

① 现已修改为最高人民法院《关于审理借贷案件适用法律若干问题的规定》(2020 年)第 16 条。

② 现已修改为最高人民法院《关于民事诉讼证据的若干规定》(2019 年),该条文已失效。

的,其主张不予支持。但对方当事人认可的除外。

二、公司未增资股东履行如实告知义务的,增资股东可以主张撤销认购协议

案件名称

唐某与江南环境工程公司、上海仟家信公司新增资本认购纠纷、买卖合同纠纷案

案号

一审:(2016)苏0903民初5012号;二审:(2017)苏09民终2649号

裁判要旨

公司应对增资股东履行如实告知义务,特别是直接影响到股东投资决定的公司财务状况,否则若公司履行告知义务存在瑕疵,出资人可以以公司的行为构成欺诈为由,主张撤销认购协议。

案情简介

上诉人(原审被告):江南环境公司

被上诉人(原审原告):唐某

原审被告:上海仟家信公司

江南环境工程公司于2006年7月13日设立,原始股东为郭某顺、宋某珍夫妻2人,郭某顺持有65%的股权,宋某珍持股35%。2014年12月30日,江南环境公司经上海股权托管交易中心股份有限公司许可进入该公司中小企业股权报价系统挂牌(Q板),2015年1月16日与上海仟家信公司达成并签署E板推荐协议,准备申报进入上海股权托管交易中心的非上市股份有限公司股份转让系统(E板)挂牌交易。2015年1月7日,江南环境公司(甲方)与上海仟家信公司(乙方)签订一份财务顾问协议,甲方委托乙方担任其增资扩股财务顾问,帮助甲方寻求合适的融资渠道,甲方委托乙方担任其在上海股权托管交易中心E板的挂牌服务机构,协助甲方成功挂牌。甲方向乙方提供2012年度至2013年度经年度审计的财务报表和2014年1~12月的财务报告,并承诺提供的财务报表真实、准确、完整,并承担因上述财务报表

存在虚假、误导、缺省情形给乙方造成的一切损失。嗣后，江南环境公司向上海仟家信公司出具了盐城正中联合会计师事务所出具的《2013—2014 年度审计报告》，上海仟家信公司对外公示了江南环境公司招股说明书，对江南环境公司的概况及前景规划作了介绍。该招股说明书载明："公司在空气净化、环境工程的新材料、新工艺的运用方面处于国内领先地位""截至本股份转让说明书签署之日，公司及公司实际控制人不存在尚未了结或可预见的重大诉讼、仲裁及行政处罚事项""报告期内公司无对外担保事项""2016 年进入资本市场后，市场占有率稳步提升达 1%，总体年营业额达到 2.5 亿元以上，年营业净利润 5000 万元以上，使股东的回报率达到 30% 以上"等。2015 年 3 月 30 日，唐某（乙方）与江南环境公司（甲方）签订一份增资扩股协议书，载明：甲乙双方同意本次定向增资扩股的认购价格 2 元/股，乙方认购本次定向增发股份 30 万股，认购价款 60 万元，于签约完毕后的 3 个工作日内以现金方式一次性将全部增资款划入甲方指定账户；甲方承诺每年向乙方优先股东分红，每年企业给乙方的分红不少于乙方增资款总额的 8%，分红日期定为 2016 年 4 月 1 日、2017 年 4 月 1 日、2018 年 4 月 1 日。如企业利润无法达到上述分红条件，由甲方的实际控制人郭某顺以自有资金补足；如一方未能遵守本协议项下的约定、义务、责任、陈述、保证，即构成违约，违约方应负责对方因此而受到的损失，并按认购股份款项总额的 3% 向守约方支付违约金，双方另有约定的除外；协议并对其他事项作了约定。2015 年 4 月 2 日，唐某按约向江南环境公司交付 60 万元投资款。2015 年 5 月 27 日，江南环境公司作出股东会决议，吸收包括唐某在内的 37 人为公司新股东，成立了 39 人的新股东会，公司注册资本由原来的 1000 万元增加到 1550 万元，并修改了公司章程。此后，江南环境公司因经营不善几近歇业。2016 年 4 月 1 日，江南环境公司未能按约分红。唐某催要分红未果，并发现江南环境公司经营状况严重恶化，遂诉至一审法院，要求撤销案涉增资扩股协议，并赔偿损失。

另查明：2015 年 3 月 5 日，中国建设银行股份有限公司盐城开发区支行向江苏省盐城市中级人民法院起诉，要求江南环境公司偿还到期借款 650 万元及利息。2015 年 3 月 24 日，中国银行股份有限公司盐城城东支行起诉江苏省泷腾组合机床有限公司偿还借款 1,498,811.8 元，江南环境公司为其担保被列为被告等。江南环境公司及公司实际控制人郭某顺在对外增资扩股前后已有千万元的涉诉债务。

诉讼过程

唐某向江苏省盐城市盐都区人民法院提起诉讼，请求：(1)撤销唐某与江南环境公司签订的股权投资协议；(2)江南环境公司赔偿唐某损失 74.4 万元（含股权对价款60万元、分红14.4万元）；（3）上海仟家信公司对唐某的损失承担连带赔偿责任。一审法院支持了其部分诉讼请求，江南环境公司对一审判决不服，向江苏省盐城市中级人民法院提起上诉。

裁判结果

一审法院判决：（1）撤销唐某于2015年3月30日与江南环境公司签订的增资扩股协议；（2）江南环境公司赔偿唐某投资款60万元，并承担自2015年4月2日起至实际还款之日止按年利率8%计算的利息损失，于判决生效后10日内付清；（3）驳回唐某其他诉讼请求。

二审法院判决：驳回上诉，维持原判决。

主要争点

江南环境公司上诉请求：2015年3月30日，上诉人与被上诉人签订《增资扩股协议书》，2015年4月2日，被上诉人向上诉人交付60万元投资款占有上诉人增资后的1.93%的股权。上诉人的增资扩股行为经股东大会全体股东决议通过，并相应变更公司章程及工商登记，符合公司增资的法定条件和程序，《增资扩股协议书》已实际履行。上诉人认为原审法院认定事实错误，适用法律不当。

（1）现有证据不能证明上诉人委托原审被告上海仟家信公司发布增资扩股说明书、与上诉人签订《增资扩股协议书》以及接受上诉人的投资款时，已经涉及与中国建设银行股份有限公司盐城开发区支行、中国银行股份有限公司盐城城东支行的诉讼。上诉人在与被上诉人签订《增资扩股协议书》时，不知道上述两银行已向人民法院提起诉讼，没有欺诈被上诉人的故意，更不存在欺诈被上诉人的行为。

（2）原审法院依据《合同法》第54条第2款、第55条第1款、第58条撤销上诉人与被上诉人签订的《增资扩股协议书》，适用法律明显错误。公司成立后，为筹措资金扩大生产经营规模，可依照法定的条件和程序增加公司的注册资本数额，《公司法》第43条、第177条对公司增资具体要求作出明确规定，公司资本一经增加，非依法定程序不可随意变更。《增资扩股协议书》签订并实际履行后，被上诉人即享有对上诉人出资对应的股权，可依法行使股东权利，但不得抽回出资。被上诉人向上诉人自主投资，其应对市场风险、公司发展有充分了解和独立判断，即使有公司和原股东的承诺也不能成为其规避投资风险，抽回出资的理由。原审法院虽然认为“根据我国公司法理论和相关规定，股东可以从公司获得的财产的途径为：依法分配利润、减资退股、清算分配剩余财产，除此之外股东无权直接从公司取得公司财产，任何股东不得滥用股东权利”，但是在上述途径都不存在的情况下，仍然以合同法的一般性规则解决公司股东出资的问题，明显适用法律错误。

唐某辩称：根据江南环境公司和上海仟家信公司发来的招股说明书显示，在报告期内江南环境公司对外无担保现象、无重大诉讼、近3年内不存在董事、监事个人负有较大数额到期未偿还债务的情形、不存在欺诈等。但除在一审提交的两份法院立案的案件外，2013年到2014年9月20日，江南环境公司及其股东所有债务加起来有1960多万元。共涉及9个案件和1个动产抵押，而这些事实都没有反映在招股说明书中。从税务部门调取的江南环境公司2012年至2014年纳税征报表来看，表上的数据与江南环境公司提供的数据都不一致，从税务部门的数据来看，江南环境公司是一家连年负债的亏损企业。所以基于以上事实，上诉人在合同签订初期就提供虚假数据，所以要求撤销该合同。

上海仟家信公司述称：(1)上诉状不涉及原审被告的权利义务关系，所以对原审法院关于原审被告的判决是公正的；(2)上诉人与被上诉人之间的协议是合法有效的，而且也经过工商登记和法定会议；(3)原审被告在招股过程中，相关资料都是上诉人提供的，原审被告对于可能存在违法犯罪或欺诈行为是不明知的。

综上所述，本案争议焦点为：(1)江南环境公司对外发布的招股说明书是否隐瞒足以影响股东增资的重要信息；(2)江南环境公司的行为是否构成欺诈。

裁判说理

一审法院认为，上海仟家信公司接受江南环境公司的委托为其增资扩股，对外披露的招股说明书载明的“截至本股份转让说明书签署之日，公司及公司实际控制人不存在尚未了结或可预见的重大诉讼、仲裁及行政处罚事项”“报告期内公司无对外担保事项”不符合客观事实，其实江南环境公司因到期债务不能清偿已有多起在审涉诉案件，财务状况已严重恶化。江南环境公司为对外增资扩股隐瞒公司重要信息及提供虚假信息，致唐某受误导并作出误判，与其签订了案涉增资扩股协议书，符合可撤销合同法定构成要件，唐某要求撤销所签增资扩股协议，一审法院认为应予准许；唐某因江南环境公司的欺诈行为造成60万元投资款及利息损失，应当由江南环境公司予以赔偿。根据我国《公司法》和相关规定，股东可以从公司获得的财产的途径为：依法分配利润、减资退股、清算分配剩余财产，除此之外股东无权直接从公司取得公司财产，任何股东不得滥用股东权利。唐某与江南环境公司协议中约定每年按出资额的8%分红，该约定使唐某可以取得相对固定的收益，而该收益脱离了江南环境公司的经营业绩,并损害了公司利益和债权人的利益,因而为无效约定。鉴于当事人双方在协议中约定的每年按出资额的8%的分红,比照银行同期贷款及民间借贷的利息约定并不明显过高,一审法院对江南环境公司应予返还款项的利息损失仍按每年出资额的8%予以支持。综上所述,案涉增资扩股协议书系唐某受欺诈、在其违背真实意思的情况下订立,其要求撤销协议并赔偿损失的诉讼请求符合法律规定,一审法院认为应予支持;因本案唐某行使合同撤销权系基于合同关系而行使的民事权利,而要求上海仟家信公司承担连带赔偿责任系基于侵权关系行使民事权利。唐某要求上海仟家信公司对其损失承担连带赔偿责任的诉请,与其主张的合同之诉非同一法律关系,且突破了合同相对性原则,故不予理涉,唐某可另行主张。

二审法院认为,一方以欺诈、胁迫的手段或者乘人之危,使对方在违背真实意思的情况下订立的合同,受损害方有权请求人民法院或者仲裁机构变更或者撤销。本案中,江南环境公司为实现增资扩股的目的,在上海股权托管交易中心对外发布虚假的招股说明书,隐瞒对外担保和财务状况严重恶化等重要信息,导致唐某在违背真实意思的情况下与江南环境公司签订《增资扩股协议书》,严重损害了唐某的合法权利,其行为已构成欺诈。江南环境公司提出的没有欺诈被上诉人的故意,更不存在欺诈被上诉人的行为的上诉理由,与事实不符,法院不予采信。原审判决事实基本清楚,判决结果并无不当,应予维持。

专业点评

目标公司为了对外增资扩股隐瞒公司重要信息及提供虚假信息,致使投资人受误导并作出误判,与其签订了增资扩股协议,符合可撤销合同的法定构成要件,投资人要求撤销增资扩股协议的应予支持,投资人因欺诈造成的损失由目标公司进行赔偿。这类纠纷之所以会发生,一方面,是因为目标公司及其股东故意隐瞒事实真相;另一方面,也是投资人未能很好地开展尽职调查,导致无法准确了解真实情况,基于错误的信息做出了错误的判断。在商业实践中,投资人务必前期做好尽职调查,同时搭好交易架构。

法条链接

1.《公司法》(2013 年)[①]

第四十三条　股东会的议事方式和表决程序,除本法有规定的外,由公司章程规定。

股东会会议作出修改公司章程、增加或者减少注册资本的决议,以及公司合并、分立、解散或者变更公司形式的决议,必须经代表三分之二以上表决权的股东通过。

第一百七十七条　公司需要减少注册资本时,必须编制资产负债表及财产清单。

公司应当自作出减少注册资本决议之日起十日内通知债权人,并于三十日内在报纸上公告。债权人自接到通知书之日起三十日内,未接到通知书的自公告之日起四十五日内,有权要求公司清偿债务或者提供相应的担保。

2.《合同法》[②]

第五十四条　下列合同,当事人一方有权请求人民法院或者仲裁机构变更或者撤销:

(一)因重大误解订立的;

(二)在订立合同时显失公平的。

一方以欺诈、胁迫的手段或者乘人之危,使对方在违背真实意思的情况下订立的合同,受损害方有权请求人民法院或者仲裁机构变更或者撤销。

当事人请求变更的,人民法院或者仲裁机构不得撤销。

第五十五条　有下列情形之一的,撤销权消灭:

(一)具有撤销权的当事人自知道或者应当知道撤销事由之日起一年内没有行使撤销权;

(二)具有撤销权的当事人知道撤销事由后明确表示或者以自己的行为放弃撤销权。

第五十八条　合同无效或者被撤销后,因该合同取得的财产,应当予以返还;不能返还或者没有必要返还的,应当折价补偿。有过错的一方应当赔偿对方因此所受到的损失,双方都有过错的,应当各自承担相应的责任。

---

① 现已修改为《公司法》(2018 年)第 43 条、第 177 条。

② 现已修改为《民法典》第 147 条、第 148 条、第 150 条、第 151 条、第 152 条、第 157 条。

三、除非法律有明文规定或股东明示，否则不能排除新增资本认购中的优先认购权

案件名称

中静公司诉电力公司等股权转让纠纷案①

案号

一审:(2012)黄浦民二(商)初字第534号;二审:(2014)沪二中民四(商)终字第1566号

裁判要旨

国有产权转让应当在产权交易所进行公开交易,但因产权交易所并不具有判断交易一方是否丧失优先购买权这类法律事项的权利,在法律无明文规定且股东未明示放弃优先购买权的情况下,享有优先购买权的股东未进场交易,并不能根据交易所自行制定的“未进场则视为放弃优先购买权”的交易规则,得出其优先购买权已经丧失的结论。

案情简介

原告:中静公司
被告:电力公司
被告:水利公司
第三人:新能源公司
第三人:产权交易所

民营企业中静公司、国有企业电力公司系新能源公司的股东,分别持股38.2%、61.8%。2012年2月15日,新能源公司通过股东大会决议:同意电力公司转让其所持股份,转让价以评估价为依据;中静公司不放弃优先购买权。2012年5月25日,新能源公司将股权公开转让材料报送某产权交易所。2012年6月1日,产权交易所公告新能源公司61.8%股权转让的信息。2012年7月2日,中静公司向产权交易所

① 参见《最高人民法院关于依法平等保护非公有制经济,促进非公有制经济健康发展民事商事典型案例》。

发函称,根据框架协议及补充协议,系争转让股权信息披露遗漏、权属存在争议,中静公司享有优先购买权,请求产权交易所暂停挂牌交易,重新披露信息。2012 年 7 月 3 日,水利公司与电力公司通过产权交易所签订产权交易合同。2012 年 9 月 11 日,新能源公司向水利公司出具出资证明书,并将其列入公司股东名册,但未能办理工商变更登记。中静公司诉至法院,认为电力公司擅自转让股份侵害其优先购买权,请求判令中静公司对电力公司转让给水利公司的新能源公司 61.8% 股权享有优先购买权,并以转让价 48,691,000 元行使优先购买权。

诉讼过程

中静公司以电力公司擅自转让股份侵害其优先购买权为由诉至上海市黄浦区人民法院,请求判令中静公司对电力公司转让给水利公司的新能源公司 61.8% 股权享有优先购买权,并以转让价 48,691,000 元行使优先购买权。获得一审判决支持,电力公司、水利公司均不服一审判决,遂向上海市第二中级人民法院提起上诉。

裁判结果

一审法院判决:(1)原告中静公司对被告电力公司与被告水利公司转让的第三人新能源公司的股权享有优先购买权;(2)原告中静公司应当在本判决生效之日起 20 日内行使优先购买权,否则视为放弃;(3)原告中静公司优先购买权的行使内容、条件,与被告电力公司和被告水利公司签订的产权交易合同相同。

二审法院判决:驳回上诉,维持原判。

主要争点

原告中静公司诉称:中静公司与被告电力公司为第三人新能源公司股东,两公司分别持股 38.2%、61.8%。2012 年 6 月 1 日,电力公司未经中静公司同意擅自将其持有的股份在产权交易所挂牌交易,中静公司于 2012 年 7 月 2 日向第三人产权交易所提出异议,明确表示保留优先购买权,要求暂停交易重新进行信息披露,但电力公司为避免中静公司行使优先购买权,在被告水利公司未缴纳保证金情况下于 2012 年 7 月 3 日与水利公司签订了产权交易合同,而且整个交易是在中静公司异议审查期间完成,产权交易所于 7 月 6 日才向中静公司送达交易不予中止决定通知书。中静公司认为,电力公司擅自转让股份侵害了其股东优先购买权,水利公司和产权交易所以中静公司未进场交易为由认定中静公司放弃优先购买权没有法律依据。

被告电力公司辩称:对外转让股权由第三人新能源公司于2012年2月15日的股东会决议通过,原告中静公司亦表示同意。电力公司属集体所有制企业,按相关法律规定其股权转让须进产权交易所挂牌交易,中静公司收到挂牌交易通知后未至产权交易所行权,等于放弃了优先购买权的行使,故其诉讼请求不能成立。

被告水利公司辩称:原告中静公司怠于到第三人产权交易所行权,已经放弃了优先购买权的行使。水利公司与被告电力公司的股权交易过程合法公平公正,且水利公司已经支付股权转让款并完成了股权转让的附随条件,其善意第三人的合法权利应当得到法律保护。故不同意中静公司的诉讼请求。

第三人新能源公司发表意见认为:第三人产权交易所的交易过程合法,被告水利公司已经取得新能源公司的股东资格。

第三人产权交易所发表意见认为:交易所完全遵循交易规则,项目信息披露真实、准确、完整。原告中静公司在挂牌截止的最后一天仅以被告电力公司提交材料存在重大遗漏和权属存在争议为由要求暂停交易,经核实其所述不实,被告水利公司取得股权合法有效。《中华人民共和国企业国有资产法》规定国有资产转让应在产权交易场所公开进行,中静公司行使优先购买权的前提条件是"在同等条件下",既包括程序上的同等也包括实体上的同等,国有产权交易的程序是交易主体应当进场交易,中静公司拒绝进场交易,视为其放弃了优先购买权,否则有违同等条件中程序同等的规定。

综上所述,本案争议焦点为:被上诉人中静公司是否已经丧失了涉案股权的股东优先购买权?

裁判说理

一审法院认为:

首先,股东优先购买权是公司法赋予股东的法定权利,《公司法》仅在第73条规定了法院强制执行程序中,优先购买权股东被通知后法定期间内不行权,视为放弃优先购买权,《公司法》及司法解释并未规定其他情形的失权程序;其次,根据最高人民法院《关于贯彻执行〈中华人民共和国民法通则〉若干问题的意见(试行)》的规定,不作为的默示效果只有在法律有规定或者当事人双方有约定的情况下,才可视为意思表示;最后,产权交易所作为依法设立的产权交易平台,法律并未赋予其判断交易标的是否存在权属争议和交易一方是否丧失优先购买权这类法律事项的权利。

综上所述,在法律无明文规定,且原告中静公司未明示放弃优先购买权的情况下,中静公司未进场交易并不能得出其优先购买权已丧失的结论。从商事交易的角度来说,商事交易尽管要遵循效率导向,也要兼顾交易主体利益的保护。并且,优先购买权股东未进场交易,第三人产权交易所亦可通知其在一定期限内作出是否接受最后形成的价格的意思表示,不到场并不必然影响交易的效率。若片面强调优先权股东不到场交易则丧失优先购买权,无疑突出了对产权交易所利益和善意第三人利益的保护,而弱化了对优先购买权股东利益的保护,必将导致利益的失衡。

原告中静公司在股权交易前提出了异议,第三人产权交易所应及时答复。参照《企业国有产权交易操作规则》的相关规定,信息公告期间出现影响交易活动正常进行的情形,或者有关当事人提出中止信息公告书面申请和有关材料后,产权交易机构可以作出中止信息公告的决定。对于提出异议的优先购买权股东而言,其在未被产权交易所及时答复异议前不知交易是否如期进行,因而不到场,不能视为其放弃受让。故在中静公司未明确放弃优先购买权的情况下,被告电力公司与水利公司的股权转让合同不生效。

由于对优先购买权的行使除《公司法》规定的"同等条件"外,法律尚无具体规定,司法实践中亦无参考先例。考虑第三人新能源公司目前的实际状况,同时为防止股东优先购买权的滥用,即确权后不行权,导致保护优先购买权成空文或对股权出让人和受让人的利益造成损害,因此,需要确定股东的优先购买权的行权期限、行权方式。比照《公司法》第 73 条的规定,法院认为,可以要求原告中静公司在确权生效后 20 日内行权,否则视为放弃行权。只有中静公司放弃行权,被告电力公司与水利公司的股权转让合同才生效。关于行权方式,中静公司应按照国有资产转让的规定办理。综上所述,中静公司主张其对电力公司与水利公司转让的新能源公司的 61.8% 股权享有优先购买权并要求行权的诉讼请求,于法有据,予以支持,其行权内容、条件应与电力公司、水利公司之间签订的产权交易合同相同。

二审法院认为:

中静公司并未丧失涉案股权的股东优先购买权。

第一,考虑有限公司的人合性特征,我国《公司法》等相关法律法规规定了股东向股东以外的人转让股权的,应当向其他股东充分履行通知义务。其他股东在同等条件下享有优先购买权。此处所涉通知的内容,应当包括拟转让的股权数量、价格、履行方式、拟受让人的有关情况等多项主要的转让条件。结合本案,其一,在上诉人电力公司于一审第三人新能源公司股东会议中表示了股权转让的意愿后,被上诉人中静公司已明确表示不放弃优先购买权。其二,电力公司确定将股权转让给上诉人水利公司后,也并未将明确的拟受让人的情况告知中静公司。故而对于中静公司及时、合法地行权造成了障碍。而权利的放弃需要明示,故不能当然地认定中静公司已经放弃或者丧失了该股东优先购买权。

第二,被上诉人中静公司在一审第三人产权交易所的挂牌公告期内向产权交易所提出了异议,并明确提出了股东优先购买权的问题,要求产权交易所暂停挂牌交易。但产权交易所未予及时反馈,而仍然促成上诉人电力公司与水利公司达成交易,并在交易完成之后,才通知中静公司不予暂停交易,该做法明显欠妥。需要说明的是,产权交易所的性质为经市政府批准设立,不以营利为目的,仅为产权交易提供场所设施和市场服务,并按照规定收取服务费的事业法人。基于此,产权交易所并非司法机构,并不具有处置法律纠纷的职能,其无权对于中静公司是否享有优先购买权等作出法律意义上的认定。故当中静公司作为新能源公司的股东在挂牌公告期内向产权交易所提出异议时,产权交易所即应当暂停挂牌交易,待新能源公司股东之间的纠纷依法解决后方恢复交易才更为合理、妥当。故其不应擅自判断标的公司其余股东提出的异议成立与否,其设定的交易规则也不应与法律规定相矛盾和冲突。

专业点评

《公司法解释四》第 17 条第 1 款规定:“有限责任公司的股东向股东以外的人转让股权,应就其股权转让事项以书面或者其他能够确认收悉的合理方式通知其他股东征求同意。其他股东半数以上不同意转让,不同意的股东不购买的,人民法院应当认定视为同意转让。”

而何为“其他能够确认收悉的合理方式”,最高人民法院民二庭编著的《最高人民法院〈公司法司法解释(四)〉理解与适用》中认为以下通知方式应当视为转让股东已尽到通知义务:一是向其他股东发出了公告,并且为其他股东所知晓;二是在诉讼、仲裁等法律程序中转让股东陈述股权对外转让事项或者优先购买权相关事项,并且为其他股东所知晓;三是转让股东虽以口头方式通知其他股东,但有证据证明其他股东已经知晓。

公报案例关于中静公司诉电力公司案中认为:在进场交易中,在产权交易所公开交易本身不代表视为已经通知到了其他股

> 东,产权交易所并不具有判断交易一方是否丧失优先购买权的权利。同时,《公司法解释四》第22条通过拍卖向股东以外的人转让有限责任公司股权的,适用《公司法》第71条第2款、第3款或者第72条规定的“书面通知”“通知”“同等条件”时,根据相关法律、司法解释确定。在依法设立的产权交易场所转让有限责任公司国有股权的,适用《公司法》第71条第2款、第3款或者第72条规定的“书面通知”“通知”“同等条件”时,可以参照产权交易场所的交易规则。

法条链接

1.《公司法》(2005年)[①]

第七十二条　有限责任公司的股东之间可以相互转让其全部或者部分股权。

股东向股东以外的人转让股权,应当经其他股东过半数同意。股东应就其股权转让事项书面通知其他股东征求同意,其他股东自接到书面通知之日起满三十日未答复的,视为同意转让。其他股东半数以上不同意转让的,不同意的股东应当购买该转让的股权;不购买的,视为同意转让。

经股东同意转让的股权,在同等条件下,其他股东有优先购买权。两个以上股东主张行使优先购买权的,协商确定各自的购买比例;协商不成的,按照转让时各自的出资比例行使优先购买权。

公司章程对股权转让另有规定的,从其规定。

第七十三条　人民法院依照法律规定的强制执行程序转让股东的股权时,应当通知公司及全体股东,其他股东在同等条件下有优先购买权。其他股东自人民法院通知之日起满二十日不行使优先购买权的,视为放弃优先购买权。

2.《公司法解释四》[②]

第十七条　有限责任公司的股东向股东以外的人转让股权,应就其股权转让事项以书面或者其他能够确认收悉的合理方式通知其他股东征求同意。其他股东半数以上不同意转让,不同意的股东不购买的,人民法院应当认定视为同意转让。

---

① 现已修改为《公司法》(2018年)第71条、第72条。

② 现已修改为《公司法解释四》(2020年)第17条、第22条。

经股东同意转让的股权,其他股东主张转让股东应当向其以书面或者其他能够确认收悉的合理方式通知转让股权的同等条件的,人民法院应当予以支持。

经股东同意转让的股权,在同等条件下,转让股东以外的其他股东主张优先购买的,人民法院应当予以支持,但转让股东依据本规定第二十条放弃转让的除外。

第二十二条　通过拍卖向股东以外的人转让有限责任公司股权的,适用公司法第七十一条第二款、第三款或者第七十二条规定的"书面通知""通知""同等条件"时,根据相关法律、司法解释确定。

在依法设立的产权交易场所转让有限责任公司国有股权的,适用公司法第七十一条第二款、第三款或者第七十二条规定的"书面通知""通知""同等条件"时,可以参照产权交易场所的交易规则。

四、新增资本认购纠纷与股东出资纠纷的区别适用

案件名称

融华小贷公司、兴和公司与王某、郭某新增资本认购纠纷案

案号

一审:(2015)广利州民初字第3641号;二审:(2016)川08民终333号

裁判要旨

新增资本认购纠纷是有限责任公司新增资本认购、股份有限公司发行新股认购产生的纠纷,规范的是公司新增注册资本时除股东出资纠纷之外的相关纠纷,界定的是新出资人与公司之间的法律关系,与股东出资纠纷属于两种不同的案由,应当区别适用。

案情简介

上诉人(原审被告):融华小贷公司
上诉人(原审第三人):兴和建设公司
被上诉人(原审原告):王某
原审第三人:郭某

2014年5月5日,四川省人民政府金融办公室发出川府金发〔2014〕127号文件,批复同意被告融华小贷公司增加注册资本4000万元(其中第三人兴和建设公司出资1800万元),增资后的注册资本为9000万元。2014年5月7日,原告王某将人民币100万元通过银行转账至第三人郭某银行卡,郭某收款后将该款转至第三人兴和建设公司,后兴和建设公司再将该款转至被告融华小贷公司。2014年10月28日,融华小贷公司向原告出具《出资证明书》,内容为:"兹证明王某同志在我融华小贷公司出资入股壹佰万元整(100万元)出资时间为2014年5月28日,出资方式为通过兴和建设公司账户名义转入。特此证明。"

2014年6月5日,被告融华小贷公司召开股东会决议:公司注册资本由5000万元变更为9000万元,其中第三人兴和建设公司增资1800万元。2014年12月20日,被告融华小贷公司修改《公司章程》,其新增资本后的股东及出资为:兴和建设公司出资5000万元,郭某出资1200万元,陈某明出资1000万元,李某出资600万元,董某江出资500万元,王某玉出资400万元,李某芳出资300万元,合计9000万元。该名册中没有原告名字及出资。2014年12月28日,被告融华小贷公司又召开股东会决议:公司注册资本由9000万元减少到5600万元,减资后第三人兴和建设公司的出资为1600万元。另查明,被告融华小贷公司在收到原告100万元后,在其《公司章程》中,未将原告列为被告公司的实名股东,也未在工商管理部门将原告登记为被告公司的股东。2015年8月,原告诉至法院,请求审理。

原审原告王某于2015年8月26日向原审法院提起诉讼,请求:(1)确认其股东身份;(2)如果不能确认其股东身份,则判令被告返还原告出资款100万元及按银行贷款利率计算的资金利息,第三人承担连带还款责任。

原审原告王某在原审开庭后,以书面方式明确表示不愿再成为被告融华小贷公司的股东。

诉讼过程

王某以新增资本认购纠纷,将融华小贷公司、兴和公司等诉至四川省广元市利州区人民法院,请求确认其股东身份,若不能确认其股东身份,则请求判令返还出资款及利息,一审判决未确认其股东身份。融华小贷公司、兴和公司不服一审判决,向四川省广元市中级人民法院提起上诉。

裁判结果

一审法院判决:(1)被告融华小贷公司在本判决发生法律效力后的10日内,给付原告王某人民币100万元及利息(利息从2014年5月8日起,按同期银行贷款利率计算至付清之日止),第三人兴和公司承担连带给付责任;(2)驳回原告王某的其他诉讼请求。

二审法院判决:(1)撤销四川省广元市利州区人民法院(2015)广利州民初字第3641号民事判决;(2)上诉人融华小贷公司在本判决发生法律效力后的10日内,退还被上诉人王某人民币100万元及利息(利息从2014年5月8日起,按同期同档贷款基准利率计算至本院确定的给付之日;逾期,则计算至付清之日);(3)驳回被上诉人王某的其他诉讼请求。

主要争点

上诉人上诉请求为撤销原判,改判驳回被上诉人的诉讼请求。理由是:原审引用《四川省小额贷款公司管理办法》认定被上诉人不具备入股资格,但所引用的该规范性文件名称为《四川省小额贷款公司管理暂行办法》,该暂行办法实施于2008年,涉及暂行规定的相关文件只有两年的有效期,故该文件早已失效,被上诉人作为融华小贷公司的股东已无任何规定上的障碍。被上诉人系上诉人融华小贷公司的隐名股东,被上诉人与上诉人兴和建设公司形成代持股关系,上诉人兴和建设公司代持其股份。现上诉人融华小贷公司已通过股东会会议确认被上诉人为股东。

被上诉人答辩称,本案不存在兴和建设公司代被上诉人持股的问题。上诉人融华小贷公司两次召开股东会,都没有确认被上诉人的股东身份,现在二审开庭前突然召开股东会确认被上诉人享有股东身份,显然没有诚意,故不同意成为上诉人融华小贷公司的股东。

综上所述,本案争议焦点为:王某是否已成为融华小贷公司的股东。

裁判说理

一审法院认为,被告融华小贷公司获准增加注册资本后,原告王某欲认购其中100万元而将款转至被告公司法定代表人郭某,郭某在收到原告出资后,未直接将款交给被告公司作为原告的出资款,而是将该款转给第三人兴和建设公司,再由兴和建设公司以自己出资款名义交至融华小贷公司,虽然被告给原告出具了临时出资证明书,并承诺"待正式转股后再行出具出资股权证明书"。从被告的承诺来看,被告是想通过股权转让的方式让原告取得被告公司股权,这就违背了原告想通过直接认购方式取得被告公司股权的意思表示。且事后,被告既未将原告记载于公司股东名册,也未记载于公司章程并办理公司登记机关登记。被告融华小贷公司的行为已构成违约。虽然被告在本案审理过程中表示愿意为原告办理股东手续,第三人兴和建设公司也表示愿意配合为原告办理股东手续,但被告及第三人能否通过合法程序使原告取得被告公司股权,不得而知。且原告已明确表示不愿再成为被告公司的股东,加之《四川省小额贷款公司管理办法》第 7 条规定:入股股东实行实名制,严禁股东集合自然人资金入股。故现原告要求被告融华小贷公司退还其出资款 100 万元,并承担资金占用利息的诉讼请求,理由正当,合法有据,法院予以支持。第三人兴和建设公司收到郭某转来的原告的出资款后,以自己出资款名义交至融华小贷公司,应当对融华小贷公司退款 100 万元及利息承担连带给付责任。第三人郭某收取原告出资款的行为属职务行为,且未实际占有该款,在本案中不应承担责任。

二审法院认为,被上诉人转款 100 万元意欲成为上诉人融华小贷公司股东的目的十分明确。上诉人融华小贷公司在收到被上诉人的出资款后,应当及时召开股东会正式确认被上诉人的股东身份并办理相关手续,但上诉人融华小贷公司自 2014 年 5 月 28 日收到被上诉人的出资款后至法院公开开庭审理前一日的近两年时间,有证可查的三次股东会,均未提及被上诉人的股东身份,故其不愿吸纳被上诉人成为新的股东已成为事实。现上诉人融华小贷公司在本院开庭审理时提交了一份当日召开股东会决定被上诉人作为公司新股东的决议,该份决议不能反映上诉人融华小贷公司的真实意思,故对上诉人融华小贷公司的上述行为不予确认,上诉人关于被上诉人与兴和建设公司形成代持股关系的辩解与事实不符,法院不予确认,上诉人融华小贷公司应当承担退还被上诉人出资款的民事责任。原审以《四川省小额贷款公司管理办法》(实则《四川省小额贷款公司管理暂行办法》)第 7 条的规定认定被上诉人不具备入股资格,属适用规范性文件不当,虽涉及该公司的民事责任处理正确,但适用规范性文件不当的问题应当指出。被上诉人所转 100 万元出资款虽通过了上诉人兴和建设公司的账户,但该公司的账户仅为一个“过路”账户,无证据反映该公司因资金“过路”产生收益,被上诉人主张权利所依据的《出资证明书》又是上诉人融华小贷公司出具,故上诉人兴和建设公司不应承担本案所涉民事责任。

专业点评

股东出资,是指公司股东在公司设立或增加资本时,按照法律、公司章程的规定以及认股协议的约定,向公司交付财产或履行其他给付义务以取得股权的行为。而本案原告在出资时,并不是被告公司的股东,其出资是作为被告公司新增资本时的新出资人出资,其与公司之间的纠纷,是新出资人与公司之间发生的新增资本认购纠纷,案由应为新增资本认购纠纷。

法条链接

《公司法》(2013 年)①

第三十一条　有限责任公司成立后,应当向股东签发出资证明书。

出资证明书应当载明下列事项:

(一)公司名称;

(二)公司成立日期;

(三)公司注册资本;

(四)股东的姓名或者名称、缴纳的出资额和出资日期;

(五)出资证明书的编号和核发日期。

出资证明书由公司盖章。

第三十二条　有限责任公司应当置备股东名册,记载下列事项:

(一)股东的姓名或者名称及住所;

(二)股东的出资额;

(三)出资证明书编号。

记载于股东名册的股东,可以依股东名册主张行使股东权利。

公司应当将股东的姓名或者名称向公司登记机关登记;登记事项发生变更的,应当办理变更登记。未经登记或者变更登记的,不得对抗第三人。

---

① 现已修改为《公司法》(2018 年)第 31 条、第 32 条。

第七篇

股东知情权纠纷

导 语

股东投入资本,在认缴资本范围内对公司债务承担民事责任,从而也相应地被赋予了股东权利,根据《公司法》第4条之规定,公司股东依法享有资产收益、参与重大决策和选择管理者等权利,而股东知情权是保障股东享有资产收益、参与重大决策和选择管理者权利的基础性权利,股东要在真正意义上实现这些权利,知情权无疑是前提,股东只有充分了解公司的相关信息后,才能作出相应的理性的自主判断,从而行使和实现其股东权利,有效维护自身的利益。反之,如果股东对公司的信息无法了解,或者说了解的只是片段性的、模糊不清的,股东必然不可能作出正确判断,其他股东权利的实现也就无从谈起。从我国公司的发展进程和现状来看,股东知情权问题正日益被重视。1993年《公司法》第32条就确立了股东知情权,规定股东有权查阅股东会会议记录和公司财务会计报告,之后1999年、2004年《公司法》修改保持该规定,2005年《公司法》修订扩大了股东知情权范围、适当增加了复制权、增加了股东知情权的诉权保障,同时也对股东知情权的行使作出正当目的性要求的规定。

2005年《公司法》第34条规定,股东有权查阅、复制公司章程、股东会会议记录、董事会会议决议、监事会会议决议和财务会计报告。股东可以要求查阅公司会计账簿。股东要求查阅公司会计账簿的,应当向公司提出书面请求,说明目的。公司有合理根据认为股东查阅会计账簿有不正当目的,可能损害公司合法利益的,可以拒绝提供查阅,并应当自股东提出书面请求之日起15日内书面答复股东并说明理由。公司拒绝提供查阅的,股东可以请求人民法院要求公司提供查阅。

《公司法解释四》对股东知情权保障做了进一步细化。明确股东知情权之诉一般要求在起诉时具备公司股东资格,但是原告有初步证据证明其在持股期间合法权益受到侵害,请求依法查阅或者复制其持股期间的公司特定文件材料的除外。而且对于以下四种情形认定为不正当目的:(1)股东自营或者为他人经营与公司主营业务有实质性竞争关系业务的,但公司章程另有规定或者全体股东另有约定的除外;(2)股东为了向他人通报有关信息查阅公司会计账簿,可能损害公司合法利益的;(3)股东在向公司提出查阅请求之日前的3年内,曾通过查阅公司会计账簿,向他人通报有关信息损害公司合法利益的;(4)股东有不正当目的的其他情形。

《公司法解释四》第9条明确了股东知情权不能被公司章程或者股东之间的协

议等实质性剥夺。第10条明确法院支持原告知情权诉求的,应当在判决中明确查阅或者复制公司特定文件材料的时间、地点和特定文件材料的名录,而且可以明确有会计师、律师等依法或者依据执业行为规范负有保密义务的中介机构执业人员辅助进行。股东行使知情权后泄露商业秘密导致公司合法利益受到损害的,股东对公司负有赔偿责任,相关辅助人员泄露商业秘密导致公司合法利益受损的,也对公司负有赔偿责任。第12条明确了股东无法查询的,公司董事、高级管理人员对该股东承担赔偿责任。

股东知情权,是指股东有权知道与其切身利益密切相关的公司信息的权利。根据我国有些学者的观点,股东知情权可分为狭义和广义,狭义是指股东有查阅和复制股东会记录和公司财务会计报告的权利,广义是指股东对公司一切事务有了解、知悉的权利,除有权查阅和复制股东会记录和公司财务会计报告外,还可查阅公司会计原始凭证、传票、契约书、纳税申报书、电传、书信、电话记录、电文等文件的权利。

股东知情权纠纷产生的根本原因是现代企业制度中的所有权与经营权相分离。在经济实践中,很多股东尤其是中小股东不参与公司经营管理,从而与经营管理公司的控股股东或者经营管理层等产生信息不对称性,最终导致相互不信任,从而产生纠纷,诉至法庭。这一现象在国企改制、家族企业的创业者去世后更容易发生,因为这类企业在设立之初就缺少民主协商的基因,公司的人合性不够。

从司法实践看,原告提起股东知情权纠纷往往是醉翁之意不在酒,知情权纠纷只是投石问路,为后面的诉讼打前哨、收集基础性材料,如星裕投资有限公司诉脱普日用化学品(中国)有限公司股东知情权、公司盈余分配请求权纠纷一案中,原告星裕投资有限公司同时提出了解脱普日用化学品(中国)有限公司的财务经营和公司盈余分配这两项诉请。所以,对于该类纠纷我们要知其然,更要知其所以然,通过把握纠纷之外的背景信息才能更好处理案件。

对于这类纠纷,主要争点有:(1)原告诉讼主体资格问题,隐名股东未经工商登记能否提起股东知情权纠纷,对此,涉外企业的隐名股东因国家对外资企业股东有专门审批规定,未经审批不具备合法股东身份,绝对排除股东身份,当然也不能提起股东知情权纠纷;而内资企业中隐名股东身份如果获得所有股东认可,其提起股东知情权纠纷应当允许。隐名股东除非能初步证明公司管理层或者控股股东在其持股期间滥用股东权利损害其利益,否则不被允许主张股东知情权纠纷。出资不到位的股东,其股东知情权应该受限。(2)被告主体资格,一般应当是公司,公司如果被吊销营业执照但未办理注销手续的,诉讼主体资格仍然存在,如果已经被注销的,应当列清算或清算组负责人为被告。(3)股东知情权的边界,笔者认为应该严格遵守《公司法》相关规定,不能无限制扩大,以免造成股东对经理层经营管理权的侵蚀,从而影响公司正常经营活动,实现股东利益之间的平衡。(4)关于主张股东知情权的股东的正当目的,我国《公司法》将举证责任赋予公司,由公司证明相关股东具有不正当目的方能拒绝知情权主张,否则不得拒绝。(5)是否适用诉讼时效,笔者认为适用诉讼时效,但应该主张以查阅被公司拒绝之日起算。

一、股东知情权的保护与合理限制

案件名称

倪某某、东门公司股东知情权纠纷案①

案号

一审:(2018)闽0181民初2957号;二审:(2018)闽01民终7296号

裁判要旨

股东知情权是股东享有了解和掌握公司经营管理等重要信息的权利,是股东依法行使资产收益、参与重大决策和选择管理者等权利的重要基础。《公司法》第33条对有限责任公司股东的查阅范围采取了列举式的规定方式,但未对董事会会议记录、会计凭证等涉及公司商业秘密的档案材料作出规定。股东申请查阅董事会会议记录、会计凭证时,法院应当以严格审查股东查阅目的为前提,结合股东查阅理由以及双方提供的证据,判断股东是否有权申请查阅上述材料。

案情简介

上诉人(原审原告):倪某某

被上诉人(原审被告):东门公司

2000年10月16日,东门公司由福清市百货批发公司改制设立,企业类型为有限责任公司,倪某某为东门公司股东,出资额3万元,持股比例0.276%。2018年2

① 参见福建省福州法院2018年度商事审判十大案例之七。

月28日，倪某某与其他4名股东联名向东门公司提交查阅会计账簿等文件的申请书，要求查阅复制公司自2011年起至2018年1月31日的公司章程、股东会会议记录、董事会会议决议、财务会计报告以及查阅会计账簿等，2018年3月12日东门公司作出复函，定于2018年3月24日、25日上午9点在公司会议厅安排倪某某等5位股东查阅会计账簿等有关文件。倪某某认为，在查阅期间，东门公司仅提供临时制作的财务报表、租赁合同复印件，年份、资料不完整，且均未盖章确认，亦未制作提供查阅文件的目录清单，遂以东门公司侵犯其知情权为由提起诉讼。倪某某诉请判令东门公司提供2000年10月16日起至判决生效之日的公司财务会计报告（包括资产负债表、损益表、利润分配表、财务状况变动表、财务情况说明书、审计报告等）、股东会会议记录及决议、董事会会议记录及决议、会计账簿（含总账、明细账、日记账、其他辅助性账簿）和会计凭证（含记账凭证、相关原始凭证及作为原始凭证附件入账备查的有关资料）供倪某某查阅与复制；请求判决确认倪某某查阅与复制前述材料时，在倪某某在场情况下，可由倪某某委托的会计师等依法或者依据执业行为规范负有保密义务的中介机构执业人员辅助进行。

诉讼过程

倪某某以东门公司侵犯其知情权为由，向一审福建省福清市人民法院提起诉讼，请求：(1)判令东门公司提供从2000年10月16日起至判决生效之日的公司财务会计报告（包括资产负债表、损益表、利润分配表、财务状况变动表、财务情况说明书、审计报告等）、股东会会议记录及决议、董事会会议记录及决议、会计账簿（含总账、明细账、日记账、其他辅助性账簿）和会计凭证（含记账凭证、相关原始凭证及作为原始凭证附件入账备查的有关资料）供倪某某查阅与复制；(2)依法判决确认倪某某查阅与复制前述材料时，在倪某某在场情况下，可由倪某某委托的会计师等依法或者依据执业行为规范负有保密义务的中介机构执业人员辅助进行。一审法院支持了原告诉讼请求，东门公司不服，遂向福建省福州市中级人民法院提起上诉。

裁判结果

一审法院判决：(1)东门公司应于判决发生法律效力之日起7日内将公司自2000年10月16日起至判决生效之日止的股东会会议记录、董事会会议决议和财务会计报告（含会计报表、会计报表附注和财务情况说明书，会计报表包括资产负债表、利润表、现金流量表及相关附表）提供给倪某某查阅、复制；(2)东门公司应于判决发生法律效力之日起7日内将公司自2011年1月1日起至判决生效之日止的会计账簿(含总账、明细账、日记账、其他辅助性账簿)提供给倪某某查阅;(3)倪某某查阅或复制本判决第1项、第2项确定的文件材料的地点为东门公司主要营业地,查阅或复制的期限为10日;在倪某某在场的情况下,可以由会计师等依法或者依据执业行为规范负有保密义务的中介机构执业人员辅助进行;(4)驳回倪某某的其他诉讼请求。

二审法院判决:(1)维持福建省福清市人民法院(2018)闽0181民初2957号民事判决第1项、第3项、第4项;(2)变更福建省福清市人民法院(2018)闽0181民初2957号民事判决第2项为:"东门公司应于判决发生法律效力之日起七日内将公司自2011年1月1日起至判决生效之日止的会计账簿(含总账、明细账、日记账、其他辅助性账簿)和会计凭证提供给倪某某查阅。"

主要争点

上诉人东门公司诉称:

倪某某于2014年2月28日成为公司股东,其于2017年2月口头要求查阅会计账簿,上诉人随即安排其查阅了2013—2016年度的审计报告、财务报表及会计账簿等,被上诉人还携带自己的财务人员作了记录、拍照和录像,但被上诉人拒绝签字确认已查阅。为了让被上诉人更清晰地了解公司财务,上诉人还对2016年公司财务进行了审计,被上诉人于2017年3月底签收了审计报告,但拒绝签字。其之后于2017年6月12日提起股东知情权诉讼,因其未缴费而被裁定按自动撤诉处理。此后,其又于2018年2月28日,联合另外四位股东向上诉人申请查阅公司2011年起的章程、股东会会议记录、董事会会议决议、监事会会议决议和财务会计报告,还有公司人员资料档案,公司资产出租的《租赁合同》、会计账簿。其中股东俞某汶委托郭某添代为行使查账权利。上诉人于2018年3月12日向五位股东复函,同意查阅,并于2018年3月24日、25日上午9点在公司会议厅进行了查阅,郭某添代表五位股东向上诉人出具了查阅清单证明。综上所述,上诉人已按被上诉人要求让其查阅了相关文件,故对于被上诉人的诉讼请求应予驳回。

被上诉人倪某某答辩称:在被上诉人等五位股东于2018年2月28日向上诉人提出查阅的书面申请后,上诉人仅提供了部分材料供股东查阅,对此从郭某添书写的已查阅文件清单亦可看出,请求法院驳回上诉人的上诉请求。

综上所述,本案争议焦点为:(1)关于东门公司是否已提供了全部材料供股东查阅的问题;(2)关于股东会决议和董事会会议记录股东是否有权查阅和复制,以及会计凭证股东是否有权查阅的问题；(3)关于倪某某要求查阅2011年之前财务账簿的诉请应否得到支持的问题。

裁判说理

一审法院认为：

股东知情权是股东享有对公司经营管理等信息情况了解和掌握的权利，倪某某作为东门公司的股东，有权查阅、复制公司有关文件材料。倪某某要求查阅、复制东门公司文件材料的请求，符合法律规定，且东门公司亦表示愿意充分保障股东的权益，法律规定可供查阅复制的材料，均愿意提供给股东查阅复制，对此法院予以支持。

关于查阅、复制的文件材料范围，双方当事人存在争议，经组织确认无果，法院根据相关法律规定分析认定如下：《公司法》第33条规定，股东有权查阅、复制公司章程、股东会会议记录、董事会会议决议、监事会会议决议和财务会计报告，可以要求查阅公司会计账簿，但应当向公司提出书面请求。倪某某要求查阅、复制2000年10月16日起至判决生效之日的公司财务会计报告、股东会会议记录、董事会会议决议，符合法律规定，予以支持。倪某某要求查阅、复制股东会会议决议和董事会会议记录的请求，因不在法律规定的可查阅复制范围，不予支持。倪某某要求查阅财务会计报告包括资产负债表、损益表、利润分配表、财务状况变动表、财务情况说明书、审计报告等，根据《会计法》和《企业财务会计报告条例》规定，财务会计报告由会计报表、会计报表附注和财务情况说明书组成，会计报表包括资产负债表、利润表、现金流量表及相关附表，对于倪某某主张的超出相关法律法规规定范围的文件材料，不予支持。倪某某可查阅、复制的财务会计报告包括会计报表(资产负债表、利润分配表、现金流量表及相关附表)、会计报表附注、财务情况说明书。倪某某要求查阅、复制2000年10月16日起至判决生效之日的会计账簿(含总账、明细账、日记账、其他辅助性账簿)和会计凭证(含记账凭证、相关原始凭证及作为原始凭证附件入账备查的有关资料)。首先，根据会计法规定，会计账簿包括总账、明细账、日记账和其他辅助性账簿，不包括会计原始凭证和记账凭证；其次，《公司法》规定股东享有查阅公司会计账簿的权利，不包括复制会计账簿；最后，查阅公司会计账簿应当先行向公司提出书面请求，倪某某于2018年2月28日向东门公司提交查阅会计账簿等文件的申请书，要求查阅自2011年起至2018年1月31日的会计账簿等，并取得东门公司的同意，其查阅会计账簿的时间范围应限定在申请的期限。因此，倪某某可查阅东门公司自2011年1月1日起至判决生效之日的会计账簿(含总账、明细账、日记账、其他辅助性账簿)，对其超出法律规定范围的诉讼请求，不予支持。倪某某关于在查阅、复制时委托会计师等依法或者依据执业行为规范负有保密义务的中介机构执业人员辅助进行的主张，符合法律规定，予以支持。

二审法院认为：

(1)关于东门公司是否已提供了全部材料供股东查阅的问题。倪某某等五位股东于2018年2月28日向公司提交了《关于查阅公司会计账簿等文件的申请书》，该申请书中详细罗列了其要求查阅的文件内容，东门公司虽此后安排了各股东进行查阅，但从查阅人郭某添于2018年3月25日出具的已查阅材料清单可见，东门公司仅提供了部分材料供股东查阅，故上诉人东门公司关于其已提供了全部材料供股东查阅的上诉理由不能成立。

(2)关于股东会决议和董事会会议记录股东是否有权查阅和复制，以及会计凭证股东是否有权查阅的问题。关于股东会决议，《公司法》第33条第1款规定股东有权查阅的范围包括股东会会议记录，因股东会会议记录需记载会议召开的过程以及表决结果，故该条款中的"股东会会议记录"已有包含"股东会决议"之意，股东会决议理应属于股东有权查阅和复制的范围，东门公司应当将其提供给股东查阅、复制。但如上所述，因"股东会会议记录"已有包含"股东会决议"之意，故在一审已判决东门公司提供股东会会议记录供股东查阅的情况下，亦无须再重复判决其提供股东会决议。

关于董事会会议记录，《公司法》第33条对有限责任公司股东的查阅范围采取了列举式的规定方式，仅规定了董事会决议，而未规定董事会会议记录，因此，董事会会议记录并非股东可任意查阅的文件。从2018年2月28日《关于查阅公司会计账簿等文件的申请书》的记载以及倪某某在起诉状中的陈述可见，倪某某要求查阅公司相关文件的主要目的旨在于查账，而董事会会议记录与公司账目并不存在密切关联，而且其目前并未对某份董事会决议质疑，未对其要求查阅董事会会议记录给出合理的理由，故法院对其要求查阅、复制董事会会议记录的诉请不予支持。

关于原始会计凭证，《公司法》第33条虽只列举了会计账簿，而未列举会计原始凭证，其一，倪某某等股东要求查阅相关文件的目的正是在于查账，而根据《会计法》第9条、第14条的规定，会计账簿是依据会计凭证而制作，只有允许其查阅作为记账依据的原始会计凭证，才能使其对会计账簿的真实性作出准确判断，进而才能保障其股东知情权的实现。其二，东门公司目前并无任何证据证明倪某某查阅原始会计凭证存在主观恶意，或将有损公司利益。故法院对倪某某要求查阅原始会计凭证的诉请予以支持。

(3)关于倪某某要求查阅2011年之前财务账簿的诉请应否得到支持的问题。《公司法》第33条第2款规定"股东可以要求查阅公司会计账簿。股东要求查阅公司会计账簿的,应当向公司提出书面请求,说明目的。公司有合理根据认为股东查阅会计账簿有不正当目的,可能损害公司合法利益的,可以拒绝提供查阅,并应当自股东提出书面请求之日起十五日内书面答复股东并说明理由。公司拒绝提供查阅的,股东可以请求人民法院要求公司提供查阅。”上述规定对股东提起公司会计账簿查阅权诉讼设定了前置条件,即股东曾向公司提出了书面请求且遭到拒绝。本案中,各股东在 2018 年 2 月 28 日《关于查阅公司会计账簿等文件的申请书》中仅申请查阅 2011 年之后的会计账簿,并未申请查阅 2011 年之前的会计账簿,即对于 2011 年之前的会计账簿,并不存在股东曾要求查阅而遭到公司拒绝的情形,故一审未支持其该部分诉请是正确的。

专业点评

股东知情权,是指法律赋予股东通过查阅公司的财务会计报告、会计账簿等有关公司经营、管理、决策的相关资料,实现了解公司的经营状况和监督公司高管人员活动的权利。

股东知情权作为平衡大股东与小股东、股东与公司之间利益的基础性权利,既是股东法定的固有权利,也是股东作为公司所有者所享有的基础性权利,股东作为公司的出资人,有权知悉公司的真实经营状况。本案中,股东申请查阅的财务会计报告、股东会会议记录包括决议、董事会会议决议属于法律规定股东可以查阅的一般文件档案材料;财务账簿属于法律规定股东有正当理由才可查阅的文件;董事会会议记录、会计凭证,则因涉及公司经营的商业秘密,不能排除个别股东查阅档案材料是有其他不正当目的,故法律未对此作出明确的规定。本案适用《公司法》第 33 条及《公司法解释四》第 7 条的相关规定,以严格审查股东查阅目的为前提,在股东有合理理由和初步证据怀疑会计报表真实性,且公司无法举证证明股东查阅原始会计凭证存在主观恶意或将有损公司利益的情形下,认定股东有权申请查阅会计凭证;而董事会会议记录与其查阅目的无关,则直接认定其无权查阅。这一做法较好地协调了股东与公司之间的关系,实现了保障股东知情权与保护公司商业秘密之间的平衡,有利于促进公司健康有序地发展。

法条链接

1.《公司法》(2018 年)

第三十三条 股东有权查阅、复制公司章程、股东会会议记录、董事会会议决议、监事会会议决议和财务会计报告。

股东可以要求查阅公司会计账簿。股东要求查阅公司会计账簿的,应当向公司提出书面请求,说明目的。公司有合理根据认为股东查阅会计账簿有不正当目的,可能损害公司合法利益的,可以拒绝提供查阅,并应当自股东提出书面请求之日起十五日内书面答复股东并说明理由。公司拒绝提供查阅的,股东可以请求人民法院要求公司提供查阅。

2.《公司法解释四》(2017 年)①

第七条 股东依据公司法第三十三条、第九十七条或者公司章程的规定,起诉请求查阅或者复制公司特定文件材料的,人民法院应当依法予以受理。

公司有证据证明前款规定的原告在起诉时不具有公司股东资格的,人民法院应当驳回起诉,但原告有初步证据证明在持股期间其合法权益受到损害,请求依法查阅或者复制其持股期间的公司特定文件材料的除外。

二、股东查阅会计账簿正当目的的认定与举证责任分配

案件名称

杨某、王某等诉万水源公司股东知情权纠纷案

案号

一审:(2016)渝 0105 民初 15477 号

裁判要旨

股东知情权纠纷中,股东查阅会计账簿的“正当目的”需从善意且无害于公司、与实现股东利益直接相关且必要两方面综合认定。股东承担正当查阅目的的举证证明责任,但其说明正当查阅目的的即可达到证明标准。公司否认股东查阅目的的具有

① 现已修改为《公司法解释四》(2020 年)第 7 条。

正当性,应提供相应证据进行否认,否认证据证明查阅会计账簿可能损害公司利益即可产生否认法律效果。

案情简介

原告:杨某、王某、代某、曹某、王某文、李某、李某英

被告:万水源公司

2008 年 3 月 18 日,万水源公司成立,公司经营范围为销售水产品,物业管理,停车场管理。杨某、王某、代某、曹某等为公司部分股东。

2016 年 8 月 28 日,杨某等 7 名股东向万水源公司送达《要求查阅、复制公司会计账簿和股东会会议记录的申请书》,主要载明近一年来公司没有召开股东会,也没有向股东通报公司经营情况,公司经营混乱,对外投资和重大经营决定不经股东同意,管理人员工资不经股东会讨论,管理人员失职,公司未按股东会决议半年分红,据此,为了解公司经营的真实情况,申请查阅公司会计账簿。万水源公司拒绝签收该申请书。为此,杨某等 7 名股东诉至法院要求行使股东知情权。

诉讼过程

杨某、王某等向重庆市江北区人民法院提起诉讼,要求行使股东知情权:(1)万水源公司提供自 2014 年 1 月 1 日至 2016 年 11 月 23 日的股东会会议记录、执行董事的决议、监事的决议、财务会计报告(包括但不限于资产负债表、损益表、财务状况变动表、财务情况说明书、利润分配表)供原告查阅、复制;(2)提供自 2014 年 1 月 1 日至 2016 年 11 月 23 日的会计账簿(含总账、明细账、日记账、其他辅助性账簿)和会计凭证(含记账凭证、相关原始凭证及作为原始凭证附件入账备查的有关资料)供原告查阅。

一审判决做出后,当事人未提出上诉。

裁判结果

一审法院判决:(1)被告万水源公司于本判决生效之日起 10 日内如实、完整提供 2014 年 1 月 1 日至 2016 年 11 月 23 日的股东会会议记录、执行董事的决议、监事的决议、财务会计报告(包括但不限于资产负债表、损益表、财务状况变动表、财务情况说明书、利润分配表)供原告杨某、王某、代某、曹某、王某文、李某、李某英查阅、复制;(2)驳回原告杨某、王某、代某、曹某、王某文、李某、李某英的其他诉讼请求。宣

判后，当事人未提出上诉，判决已发生法律效力。

主要争点

杨某等7名股东诉称：万水源公司成立于2008年3月18日，注册资本人民币380万元，股东包括杨某等7名股东，其共出资136.8万元，持股比例为36%。万水源公司成立以来，效益良好。但自2014年以来公司管理层变化频繁，经营管理混乱，没有按公司章程召开股东会，杨某等7名股东一直无法了解公司的业务和财务状况。为了解公司经营运转情况及公司盈亏情况，维护股东的合法权益，根据《公司法》第33条及公司章程的规定，多次要求查阅公司股东会记录和财务报表并要求透明管理，但公司管理层不予理睬。2016年8月22日，杨某等7名股东再次向万水源公司送达了要求查阅、复制公司相关资料的书面请求，并请重庆市公证处公证员全程公证，但万水源公司拒绝签收。根据《会计法》的相关规定，万水源公司的具体经营活动只有通过原始会计凭证才能准确反映，为准确了解公司的经营情况，故要求查阅的范围包括会计账簿和会计凭证。

被告万水源公司辩称：(1)请求查阅、复制的范围超过了法律允许的规定范围，查阅的范围不应包含会计凭证，公司的财务会计报告可能部分内容缺失；(2)诉求事实部分与事实不符，杨某等7名股东一直参与公司股东会会议，行使股东权益了解公司经营状况及财务状况；(3)万水源公司有合理理由拒绝前述股东查阅公司账目，前述股东于2015年另行成立其他公司，且担任公司高级管理人员，其经营范围与万水源公司的经营范围相同，与万水源公司形成同类竞争关系，前述股东查阅公司账目的行为可能给公司带来损失，请求法院驳回该项请求。

综上所述，本案的争议焦点为：(1)杨某等7名股东是否有权要求查阅、复制股东会会议记录、执行董事的决议、监事的决议、财务会计报告；(2)杨某等7名股东要求查阅会计账簿(含总账、明细账、日记账、其他辅助性账簿)和会计凭证(含记账凭证、相关原始凭证及作为原始凭证附件入账备查的有关资料)的请求是否成立。

裁判说理

法院生效裁判认为：股东知情权，是指股东享有的知道和了解公司经营状况和公司高级管理人员业务活动的权利。股东参与公司经营管理的前提是要全面了解公司的经营状况和相关信息，公司应当向股东履行相关信息报告和披露的义务。《公司法》第33条规定："股东有权查阅、复制公司章程、股东会会议记录、董事会会议决议、监事会会议决议和财务会计报告。股东可以要求查阅公司会计账簿。股东要求查阅公司会计账簿的,应当向公司提出书面请求,说明目的。公司有合理根据认为股东查阅会计账簿有不正当目的,可能损害公司合法利益的,可以拒绝提供查阅,并应当自股东提出书面请求之日起十五日内书面答复股东并说明理由。公司拒绝提供查阅的,股东可以请求人民法院要求公司提供查阅。”根据该条规定,有限责任公司的股东所享有的知情权包括绝对知情权和相对知情权,这两种知情权的行使具有不同的法定条件。

(1)关于是否有权要求查阅、复制股东会会议记录、执行董事的决议、监事的决议、财务会计报告的问题。

根据《公司法》第33条的规定,杨某等7名股东作为万水源公司的股东,其对查阅、复制公司章程、股东会会议记录、董事会会议决议、监事会会议决议和财务会计报告享有绝对知情权,且无须说明目的,公司不得以任何理由拒绝股东行使该权利。杨某等7名股东要求查阅、复制股东会会议记录、执行董事的决议、监事的决议、财务会计报告的诉讼请求,符合法律规定,本院予以支持。

(2)关于要求查阅会计账簿(含总账、明细账、日记账、其他辅助性账簿)和会计凭证(含记账凭证、相关原始凭证及作为原始凭证附件入账备查的有关资料)的请求是否成立的问题。

根据《公司法》第33条的规定,股东要求查阅会计账簿的权利属于相对知情权,该项权利的行使需满足如下条件:第一,应当向公司提出书面请求并说明目的。第二,查阅目的需具有正当性。

第一,关于是否向公司提出书面请求并说明目的的问题。2016年8月28日,杨某等7名股东向万水源公司送达了《要求查阅、复制公司会计账簿和股东会会议记录的申请书》,要求查阅公司会计账簿,并说明查阅目的是了解公司经营情况。虽然万水源公司拒绝签收,但杨某等7名股东已履行了提交书面查阅申请的前置程序,万水源公司拒绝签收的行为不影响股东知情权的行使。

第二,关于查阅目的是否具有正当性的问题。万水源公司有合理根据认为杨某等7名股东查阅会计账簿的目的不具有正当性,可能损害公司利益。杨某等7名股东虽然系万水源公司的股东,但王某文、李某英系海与泉公司的股东,曹某、李某、代某系老渔翁公司的股东,海与泉公司、老渔翁公司系乐邦公司的股东,海与泉公司、老渔翁公司、乐邦公司与万水源公司的主要经营业务相同,王某文、李某英、曹某、李某、代某林作为万水源公司的股东自营与其存在竞争性关系的公司,且曹某、王某文担任法定代表人、执行董事、经理职务,其有权对内制定相应经营决策方针,对外代表公司进行民事活动。万水源公司的会计账簿(包括原始凭证)中,必然会涉及客户资料信息、产品价格信息、产品销售渠道信息等商业秘密。杨某等 7 名股东查阅会计账簿了解上述情况后,必然会掌握万水源公司的商业秘密,存在为其自营公司提供该商业秘密并供其使用获取利益,从而损害万水源公司利益的可能。杨某、王某虽不是与万水源公司存在竞争性关系公司的股东或高级管理人员,但其与王某文、李某英、曹某、李某、代某共同申请查阅万水源公司的会计账簿并共同诉讼,应视为利益共同体,故对其查阅请求不予支持。因此,万水源公司拒绝杨某等 7 名股东查阅会计账簿的主张,理由正当,予以支持。杨某等 7 名股东要求查阅万水源公司会计账簿的目的并非行使股东知情权,法院对其该项诉讼请求不予支持。

专业点评

股东查阅账簿目的正当性的判定并不是一件容易的事情,我们可以从正当性举证责任的角度来切入,从司法的角度来解决股东行使知情权的目的正当性问题。公司有权拒绝股东查阅账簿,而股东有权以知情权受到侵害为由提起诉讼,所以只需要明确目的正当性的举证责任,法官以此按照客观证据来裁判即可。《公司法》第 33 条第 2 款的规定只要求股东说明其查阅目的,而公司拒绝需要说明理由,这说明我国要求公司承担股东行使知情权的非正当性的举证责任,并且鉴于股东与公司相比,无论是信息掌握的情况方面,还是调查手段、经济实力上都处于弱势地位,因此,应当将目的正当性的证明责任由公司来承担。

法条链接

《公司法》(2013 年)[①]

第三十三条　股东有权查阅、复制公司章程、股东会会议记录、董事会会议决议、监事会会议决议和财务会计报告。股东可以要求查阅公司会计账簿。股东要求查阅公司会计账簿的,应当向公司提出书面请求,说明目的。

---

① 现已修改为《公司法》(2018 年)第 33 条。

公司有合理根据认为股东查阅会计账簿有不正当目的,可能损害公司合法利益的,可以拒绝提供查阅,并应当自股东提出书面请求之日起十五日内书面答复股东并说明理由。公司拒绝提供查阅的,股东可以请求人民法院要求公司提供查阅。

三、隐名股东股东知情权的司法判断

案件名称

简某基诉大同饮食公司股东知情权纠纷案

案号

一审:(2016)粤 0104 民初 2945 号;二审:(2016)粤 01 民终字第 12848 号

裁判要旨

股东享有公司知情权是基于股东身份,不以实际出资为前提条件。只要属于公司股东就享有作为股东应有的知情权,未实际出资的名义股东主张行使股东知情权的,人民法院依法予以支持。

案情简介

上诉人(原告):简某基

被上诉人(被告):大同饮食公司

大同饮食公司系成立于 2001 年 11 月 28 日的有限责任公司,注册资本 118 万元,营业范围为制售中餐、点心等,法定代表人为简某基,公司的股权结构为:简某基占股 6.65%、简某占股 4.45%、廖某占股 44.45%、李某乙占股 44.45%。

简某基提供的《股东内部分配方案决议》显示,大同饮食公司新股本分配方法为:公司新股本为 45,000 股,其中,李某乙 20,000 股,占 44.45%,廖某 20,000 股,占 44.45%,简某 2000 股,占 4.45%,简某基 3000 股,占 6.65%;李某乙、廖某、简某为新股本的实际出资者,有权参与公司红利分配,分红比例为李某乙占 47.62%、廖某占 47.62%、简某占 4.76%;本决议经全体股东签名后,方为有效。大同饮食公司四股东均在该决议上签字。该决议后附有《有关法人代表的权责关系及利益分配办法》,内容为:(1)结合公司现实情况,全体股东一致同意,委派简某基出任公司的企业法人代表;(2)正文载明的“简某基3000股,占6.65%”,事实上未出资,所以简某基不参与公司红利分配,但可按月领取3000元的顾问费;(3)公司因经营所产生的任何债权债务及盈亏,均与简某基无关;(4)由于简某基系全体股东表决选举出任“公司的企业法人代表”,在大同饮食公司经营过程中,简某基没有参与经营管理及获取利益分配等,一切属该公司违反法律法规的事务及经营盈亏均与简某基无关。

经查明,简某基确认其未实际履行出资义务,其只是挂名股东,且一直未参与公司的经营管理,既没有行使股东的权利,也没有履行股东的义务,而是按月从大同饮食公司处领取3000元的顾问费。

简某基诉称:被告的各大股东均为香港特别行政区居民,由于原工商登记制度原因,所属行业限制来自港澳地区的人担任法定代表人,原告由此成为被告的挂名股东并担任法定代表人。但原告一直未参与被告的实际经营管理,未履行法定代表人的职责,未持有被告的公章、财务章、营业执照、法定代表人印章、财务凭证及账册等。近几年,因被告的各大股东年事已高,疏于管理,所委任的实际管理者一直冒用原告的名义办理各种手续、签署各种文件,原告根本无法监控,可能造成无法挽回的影响,原告数次要求被告变更法定代表人,但被告不予理会,原告为此承担了巨大的法律风险。另外,被告近几年在经营上毫无起色,公司既不召开股东会,也不向股东汇报工作,且被告存在拖欠租金、货款、员工工资等问题,侵害了原告作为股东的合法权益。据此,原告请求法院判令:(1)判决原告有权查阅、复制被告自2010年以来每一年的财务会计报告、会计账簿及相应的会计凭证;(2)确认原告一直未参与被告公司的实际管理,未履行法定代表人的职责的事实;(3)被告立即办理原告不再担任其法定代表人的工商变更登记手续;(4)本案诉讼费用由被告承担。

诉讼过程

简某基认为公司既不召开股东会,也不向股东汇报工作等行为侵害了原告作为股东的合法权益,向广东省广州市越秀区人民法院提起诉讼,请求判决原告有权查阅、复制财务会计报告、会计账簿及相应的会计凭证等,一审判决驳回原告诉讼请求,其向广东省广州市中级人民法院提起上诉。

裁判结果

一审法院判决:驳回原告简某基的诉讼请求。

二审法院判决:(1)撤销广东省广州市越秀区人民法院(2016)粤0104民初字第

2945 号民事判决;(2)大同饮食公司于判决生效后 10 日内,提供其 2010 年以后的公司财务会计报告给简某基查阅并复制;(3)大同饮食公司于判决生效后 10 日内,提供其 2010 年以后的公司会计账簿给简某基查阅;(4)驳回简某基的其他诉讼请求。

主要争点

简某基上诉请求:(1)请求撤销一审判决,改判支持简某基的上诉请求;(2)本案诉讼费由大同饮食公司承担。事实和理由:(1)一审法院以简某基未履行实际出资义务而不享有资产收益权为由,认为简某基不享有查阅、复制财务账册的权利,属于适用法律错误。简某基认为,《公司法》第 33 条赋予了有限责任公司股东以账簿查阅权,此处所述的“股东”应包括名义股东和实际出资股东。名义股东因未履行实际出资义务而不享有的股东权利应仅限于资产收益权,不应作扩大解释。(2)简某基在一审中充分举证证明大同饮食公司的经营管理现状以及股东的违法犯罪行为,为简某基要求查阅公司账册提供了合理充分的理由。而大同饮食公司在一审过程中未能充分举证证明简某基的查阅、复制行为的目的不正当性,其不能依据《公司法》第 33 条拒绝提供查阅。(3)《公司法》司法解释对名义股东与实际出资人的权利义务作出明确规定,简某基作为大同饮食公司法定代表人及名义股东,在公司经营过程中所发生的各项事务,简某基不能以其仅为名义股东而非实际出资人为由进行抗辩。据此,根据权利义务对等原则,简某基应享有作为股东基础性的权利。

大同饮食公司答辩称:(1)一审法院认定事实清楚。①简某基仅是挂名股东且未履行出资义务,其不参与公司红利分配和企业经营,但可按月领取 3000 元的顾问费,公司经营所产生的任何债权债务及盈亏均与其无关;②简某基指责大同饮食公司在经营中违法事由是不存在的。早在几年前发生企业电费欠缴的问题,是因个人违法行为导致公司承担经济后果,且具体违法者已经被追究刑事责任,简某基依然以此为由继续指控大同饮食公司违法是缺乏事实依据的。(2)一审法院审判程序合法、适用法律正确。简某基没有尽到股东出资义务,依法不应享有股东权利,一审法院依据《公司法》第 4 条及第 34 条规定作出判决正确。综上所述,请求二审法院依法驳回上诉,维持原判。

综上所述,本案争议焦点为:简某基能否以挂名股东名义行使知情权。

裁判说理

一审法院认为,本案为股东知情权纠纷。根据《公司法》第 33 条之规定,公司股东享有查阅、复制公司章程、股东会会议记录、董事会会议记录、监事会会议记录以及财务会计报告的权利，也享有查阅公司会计账簿及相应的会计凭证的权利。但对公司履行出资义务是简某基享有股东权利的基础，而本案简某基系未实际出资的挂名股东，未参与大同饮食公司的经营管理，未行使股东权利，也未履行股东义务，故简某基不能享有基于出资而享有的公司知情权。因此，简某基要求查阅、复制大同饮食公司自2010年以来每一年的财务会计报告、会计账簿及相应的会计凭证的诉请，于法无据，一审法院不予支持。因简某基选择股东知情权法律关系提起本案诉讼，对简某基主张的其他诉讼请求，在本案中不予调处，简某基可另寻途径解决。综上所述，依照《公司法》第4条、第33条之规定，作出判决：驳回简某基的诉讼请求。本案受理费100元，由简某基负担。

二审法院认为，本案属于股东知情权纠纷，股东知情权是公司法规定的基本权利，依法受到法律的保护。股东行使知情权的方式必须依法行使，不得超越公司法规定的范围和方式。《公司法》第33条规定："股东有权查阅、复制公司章程、股东会会议记录、董事会会议决议、监事会会议决议和财务会计报告。股东可以要求查阅公司会计账簿。股东要求查阅公司会计账簿的，应当向公司提出书面请求，说明目的，公司有合理根据认为股东知晓会计账簿有不正当目的，可能损害公司合法利益的，可以拒绝提供查阅，并应当自股东提出书面请求之日起十五日内书面答复股东并说明理由。公司拒绝提供查阅的，股东可以请求人民法院要求公司提供查阅。"根据上述法律规定可知，只要属于公司股东就享有作为股东应有的知情权。在本案中，《大同饮食公司章程》《公司原股东（发起人）名录》及《公司新股东（发起人）名录》均记载，简某基为大同饮食公司的股东，虽然双方当事人均认可简某基未实际出资，仅为挂名股东，但这并不影响简某基以股东名义行使知情权，一审法院以简某基不能享有基于出资而享有的公司知情权，驳回简某基的诉讼请求，属于适用法律错误，法院予以纠正。简某基主张其有权查阅、复制大同饮食公司自2010年以来每一年的财务会计报告以及查阅会计账簿有法律依据，法院予以支持。至于简某基要求复制会计账簿，查阅、复制会计凭证，由于没有法律依据，法院不予支持。对于简某基提出的其他请求，与本案不属于同一法律关系，法院对此不予调处。

专业点评

在目前我国确立了注册资本认缴制的背景下，股东没有履行出资义务，并不改变其已有的股东资格，这种资格取决于公司章程和股东名册的记载，取决于工商行政部门注册登记。上述文件不能证明该股东是否履行出资义务，但是却能证明股东的资格。股东知情权的共益权、固有权的性质，决定了该权利不能以股东未实际出资为由进行限制。因知情权不涉及股利分配、剩余财产分配等经济利益，属于共益权。法律对未履行或者未全面履行出资义务的股东限制其行使自益权，但并不对共益权进行限制。剥夺名义股东的股东知情权不符合权利义务对等原则。从商事外观主义原则及公平合理的角度分析，名义股东如果在公司内部不享有知情权等共益权，则一方面要求该股东对外承担义务，另一方面对内又不享有基本股东权利，明显会导致权利义务的失衡。

法条链接

《公司法》(2013 年)①

第四条　公司股东依法享有资产收益、参与重大决策和选择管理者等权利。

第三十三条　股东有权查阅、复制公司章程、股东会会议记录、董事会会议决议、监事会会议决议和财务会计报告。

股东可以要求查阅公司会计账簿。股东要求查阅公司会计账簿的，应当向公司提出书面请求，说明目的。公司有合理根据认为股东查阅会计账簿有不正当目的，可能损害公司合法利益的，可以拒绝提供查阅，并应当自股东提出书面请求之日起十五日内书面答复股东并说明理由。公司拒绝提供查阅的，股东可以请求人民法院要求公司提供查阅。

---

① 现已修改为《公司法》(2018 年)第 4 条、第 33 条。

四、股东行使知情权的前置条件

案件名称

邓某诉博岩公司股东知情权案

案号

一审:(2018)苏0205民初998号

裁判要旨

对于股东要求查阅公司会计账簿,由于会计账簿能够体现公司深层次的经营活动,为了防止股东有不正当目的,维护公司的正常经营秩序,《公司法》第33条第2款对股东提起公司会计账簿查阅权诉讼设定了前置条件,即股东向公司提出了书面请求且公司拒绝提供查询。

案情简介

原告:邓某

被告:博岩公司

博岩公司系有限责任公司,注册资本1000万元,公司股东是陈某、邓某、杨某,其中邓某占有38.4%的股份,陈某、杨某各占有30.8%的股份,博岩公司的经营范围包括投资管理、投资咨询、企业管理咨询等。

2015年10月23日,博岩公司全体股东共同签订公司章程修订案,将博岩公司住所由江苏省无锡市惠山经济开发区智慧路1号清华创新大厦A802变更为江苏省无锡市锡山区。此后,博岩公司办理了相应的工商变更登记手续,博岩公司现工商登记的住所是无锡市锡山区。2017年11月20日,邓某以快递的方式向博岩公司邮寄《查阅会计账簿请求函》一份,邮寄地址是博岩公司住所即无锡市锡山区,函件载明:"邓某系博岩公司登记股东,特向公司发函对下列材料进行复制、查阅。查阅理由:全面了解公司运营及财务状况,维护股东的知情权。查阅范围:(1)查阅、复制2014年度、2015年度、2016年度的财务会计报告;(2)查阅2014年1月1日起至今的会计账簿及相关原始凭证。请公司于接到本函之日起15日内对查阅理由进行审查,并将审查结果进行书面通知,同意查阅的请随告知查阅地点及时间。如果公司无正当理由拒绝查阅,股东将请求人民法院要求公司提供查阅,同时追究公司相应的法律责任。”2017 年 11 月 24 日,该函件被退件,退件原因是“原写地址不详”。审理中,博岩公司确认公司的实际经营地址是营业执照上登记的住所无锡市锡山区,2017 年,博岩公司在该地址经营办公。另外,一审法院以法院专递向博岩公司上述登记住所邮寄应诉材料,亦因“收件人地址有误”被退信。

原告邓某向一审法院提出诉讼请求:(1)判令博岩公司提供该公司 2014 年度、2015 年度、2016 年度的财务会计报告供邓某查阅、复制;(2)判令博岩公司提供该公司自 2014 年 1 月 1 日起至 2017 年 11 月 16 日止的会计账簿及原始凭证供邓某查阅。

另查明,邓某同时担任华融盈海(深圳)控股有限公司(以下简称华融公司)、上海雄堃商务信息咨询有限公司(以下简称雄堃公司)的法定代表人、股东,上述两家公司成立时间分别是 2017 年 7 月 19 日、2017 年 10 月 31 日,两家公司的经营范围均包含企业管理咨询。

诉讼过程

邓某向江苏省无锡市锡山区人民法院提起诉讼,请求博岩公司提供财务会计报告供邓某查阅、复制,一审判决支持了上述诉讼请求,双方当事人均未提起上诉。

裁判结果

一审法院判决:(1)博岩公司于本判决生效之日起 10 日内提供 2014 年度、2015 年度、2016 年度的财务会计报告供邓某查阅、复制,同时提供自 2014 年 1 月 1 日起至 2017 年 11 月 16 日止的会计账簿及原始凭证供邓某查阅;(2)邓某在博岩公司正常营业时间内查阅,查阅时间不得超过 10 个工作日。

主要争点

原告邓某诉称,2013 年 1 月 31 日,邓某与案外人杨某、陈某共同出资设立博岩公司,注册资本 1000 万元,邓某占有公司 38.4% 的股份并担任博岩公司法定代表人,但并未实际参与博岩公司生产经营。2017 年 11 月 20 日,邓某向博岩公司住所地邮寄《查阅会计账簿请求函》一份,但该函件因博岩公司地址不详被退信,邓某对博岩公司的实际办公场所并不知情。因邓某系博岩公司股东,有权根据公司法的规定行使股东知情权,故提起本案诉讼。

被告博岩公司辩称:(1)根据《公司法》第33条的规定,股东要求查阅公司账簿应当向公司提出书面请求,公司自股东提出书面请求之日起15日内答复,但本案中邓某未合法地向博岩公司提出书面请求,博岩公司也未收到其任何书面请求,因此,邓某的起诉缺乏法定前置程序,应当予以驳回;(2)邓某自博岩公司设立起至2018年3月7日期间担任公司执行董事兼总经理,负责博岩公司的全面业务管理,其知晓公司的所有材料。邓某于2016年4月至5月离开博岩公司,博岩公司随之停止经营活动,邓某怠于行使公司职务并导致公司停业,邓某现以股东身份提起本案诉讼没有事实依据,也损害了公司的利益;(3)邓某离开博岩公司后,设立了多家与博岩公司经营范围相同的经营实体,二者构成同业竞争关系,如向邓某披露博岩公司的财务账册将损害公司的合法权益。综上所述,博岩公司不同意邓某的全部诉讼请求,请求法院依法驳回邓某的全部诉讼请求。

综上所述,本案争议焦点为:(1)邓某起诉要求行使股东知情权是否符合法律规定的前置条件;(2)邓某行使股权知情权是否具有不正当目的。

裁判说理

一审法院认为,股东知情权是股东获取公司信息、了解公司情况的权利,是股东行使资产收益权和参与公司经营管理权的基本前提,是股东的固有权利。邓某作为博岩公司股东,依法享有知情权。

邓某起诉要求行使股东知情权不违反法律规定的前置条件。理由如下:

1.《公司法》第33条第1款规定:"股东有权查阅、复制公司章程、股东会会议记录、董事会会议决议、监事会会议决议和财务会计报告。"该条第2款规定:"股东可以要求查阅公司会计账簿。股东要求查阅公司会计账簿的,应当向公司提出书面请求,说明目的。公司有合理根据认为股东查阅会计账簿有不正当目的,可能损害公司合法利益的,可以拒绝提供查阅,并应当自股东提出书面请求之日起十五日内书面答复股东并说明理由。公司拒绝提供查阅的,股东可以请求人民法院要求公司提供查阅。"上述法律规定对股东要求查阅、复制第1款中规定的公司资料并未设定特别限制;对于股东要求查阅公司会计账簿,由于会计账簿能够体现公司深层次的经营活动,为了防止股东有不正当目的,维护公司的正常经营秩序,《公司法》第33条第2款对股东提起公司会计账簿查阅权诉讼设定了前置条件,即股东向公司提出了书面请求且公司拒绝提供查询。根据以上法律规定,邓某要求行使查阅、复制博岩公司2014年度、2015年度、2016年度的财务会计报告的股东知情权,无须事先提出书面请求。

2. 关于邓某要求查阅博岩公司会计账簿及原始凭证是否符合法律规定的前置条件的问题。邓某已于 2017 年 11 月 20 日以快递的方式向博岩公司邮寄《查阅会计账簿请求函》,请求函中明确查阅目的是“全面了解公司运营及财务状况”,邮寄地址是博岩公司的住所即江苏省无锡市锡山区,但该函件被快递公司以“原写地址不详”为由退信。根据《公司法》第 33 条的规定,股东知情权的行使主体是股东,义务主体是公司,该义务主体具有法定性和唯一性,故邓某在请求行使查阅会计账簿的知情权时向博岩公司邮寄书面请求,并无不当;《公司法》第 10 条规定公司以其主要办事机构所在地为住所。《登记管理条例》另规定公司必须在其住所所属辖区的公司登记机关进行登记,经公司登记机关登记的公司住所只能有一个,公司变更住所,应当办理变更登记。根据上述规定,公司的住所必须唯一且确定,经登记机关登记的公司住所具有公示力和公信力,公司的住所具有特定的法律意义:是公司决定登记管辖、税收管辖和司法管辖的依据;是公司营业所发生债权债务的接受地和履行地;是公司在诉讼中送达司法文书的场所。基于公司住所的特定法律意义,公司在经营期间有义务确保其住所能够正常收取邮件及司法文书。

3. 就本案而言,根据博岩公司工商登记、公司章程的内容均可以确定该公司的住所是江苏省无锡市锡山区,与邓某邮寄请求函的地址一致。审理中,博岩公司确认上述地址是其实际经营地址且公司于 2017 年间在该地址经营办公,但博岩公司没有对其未能收到邓某于 2017 年 11 月 20 日向上述地址邮寄的函件作出合理解释。结合案件审理中向博岩公司上述地址邮寄应诉材料,但同样因“收件人地址有误”被退信的情况可以得知,博岩公司确实存在其工商登记的住所无法正常收取邮件及司法文书的情况,博岩公司对此具有过错,应承担由此造成的法律后果。综上所述,邓某在要求查阅公司会计账簿时向博岩公司经工商登记的住所暨实际经营地邮寄书面请求函,说明查阅目的,因博岩公司自身原因导致该书面请求未能送达,应视为邓某已就查阅会计账簿事宜履行了法律规定的前置程序。

邓某行使股权知情权具有不正当目的。法院认为,股东知情权是股东基本的法定权利,公司主张股东行使知情权具有不正当目的,应当由公司承担举证责任。本案中,虽然邓某担任法定代表人、股东的华融公司、雄堃公司与博岩公司的经营范围存在部分重合,但邓某称,上述两家公司成立后从未实际经营,两家公司与博岩公司间不存在任何业务竞争关系。博岩公司既未能举证证明华融公司、雄堃公司的经营业务与博岩公司的主营业务存在实质性竞争关系,又未能证明邓某请求查阅公司会计账簿有其他不正当目的且可能损害公司合法利益,应承担举证不能的不利后果,博岩公司拒绝邓某查阅公司会计账簿的抗辩意见,法院不予采纳。

专业点评

根据《公司法》第33条第2款的规定，股东要求查阅公司会计账簿的，应当向公司提出书面请求并说明目的，这是股东行使知情权之诉的前置程序。这一前置程序条件，旨在避免股东滥用诉权，影响公司正常经营，实践中的问题往往在于股东没有履行法定的前置程序就提起了知情权之诉，如未提出书面申请，或者未满15天就起诉，或提出的书面申请中未写明查阅目的导致公司无法审核股东的请求是否具有正当目的，这就引发了股东知情权之诉中能否对前述前置程序在诉讼中予以补正的问题。股东未履行前置程序即启动知情权之诉，如果法院因此裁定驳回起诉或判决驳回诉讼请求，则股东在完善了程序之后再行起诉，则会产生诉累，浪费司法资源；如果法官在诉讼中对股东释明完成前置程序，则有越权之虞，因在当事人主义原则下，如法律没有明文规定，法官释明可能会被认为违法。对此，有法院判决认为，股东直接向法院提起诉讼的方式，在起诉状明确载明了查阅会计账簿等要求且说明目的，只要诉状有效送达公司，则可以认为发生与股东向公司提出书面请求相同的效力，即认为起诉且有效送达诉状可作为《公司法》第33条第2款规定的"提出书面请求"及"说明目的"的替代行为。从体系解释角度看，这种做法并不罕见，如送达诉状至相对人可视作与送达解除合同通知产生同等法律效力的行为，或在对连带保证人的起诉中送达诉状可以视为符合《民法典》第693条第2款规定"请求"要件的行为，则法院关于股东请求权之诉前置程序的上述处理，笔者认为是合理的。当然，实践中应在起诉前以自行书面申请或委托律师发函的方式完成前置程序。

法条链接

1.《公司法》(2018年)

第十条　公司以其主要办事机构所在地为住所。

第三十三条　股东有权查阅、复制公司章程、股东会会议记录、董事会会议决议、监事会会议决议和财务会计报告。

股东可以要求查阅公司会计账簿。股东要求查阅公司会计账簿的，应当向公司提出书面请求，说明目的。公司有合理根据认为股东查阅会计账簿有不正当目的，可能损害公司合法利益的，可以拒绝提供查阅，并应当自股东提出书面请求之日起十五日内书面答复股东并说明理由。公司拒绝提供查阅的，股东可以请求人民法院要求公司提供查阅。

第九十七条　股东有权查阅公司章程、股东名册、公司债券存根、股东大会会议记录、董事会会议决议、监事会会议决议、财务会计报告，对公司的经营提出建议或者质询。

2.《公司法解释四》(2017 年)①

第七条　股东依据公司法第三十三条、第九十七条或者公司章程的规定，起诉请求查阅或者复制公司特定文件材料的，人民法院应当依法予以受理。

公司有证据证明前款规定的原告在起诉时不具有公司股东资格的，人民法院应当驳回起诉，但原告有初步证据证明在持股期间其合法权益受到损害，请求依法查阅或者复制其持股期间的公司特定文件材料的除外。

第八条　有限责任公司有证据证明股东存在下列情形之一的，人民法院应当认定股东有公司法第三十三条第二款规定的"不正当目的"：

(一)股东自营或者为他人经营与公司主营业务有实质性竞争关系业务的，但公司章程另有规定或者全体股东另有约定的除外；

(二)股东为了向他人通报有关信息查阅公司会计账簿，可能损害公司合法利益的；

(三)股东在向公司提出查阅请求之日前的三年内，曾通过查阅公司会计账簿，向他人通报有关信息损害公司合法利益的；

(四)股东有不正当目的的其他情形。

第十条　人民法院审理股东请求查阅或者复制公司特定文件材料的案件，对原告诉讼请求予以支持的，应当在判决中明确查阅或者复制公司特定文件材料的时间、地点和特定文件材料的名录。

股东依据人民法院生效判决查阅公司文件材料的，在该股东在场的情况下，可以由会计师、律师等依法或者依据执业行为规范负有保密义务的中介机构执业人员辅助进行。

---

① 现已修改为《公司法解释四》(2020 年)第 7 条、第 8 条、第 10 条。

第八篇

公司盈余分配纠纷

导　语

股东投资设立公司的最终目的是盈利,这也是由公司作为营利法人的初衷所决定的。《公司法》制定当初就在第4条第1款规定,公司股东作为出资者按投入公司的资本额享有所有者的资产收益、重大决策和选择管理者等权利。2005年《公司法》第三次修订时,第4条修订为:公司股东依法享有资产收益、参与重大决策和选择管理者等权利。自此,公司股东自治权又提升了一个层次,2005年以前,公司利润分配是按照股东投入公司的资本额来分配的,2005年以后,股东可以约定同股不同权。2013年修改的《公司法》第34条规定,有限责任公司股东按照实缴的出资比例分取红利;公司新增资本时,股东有权优先按照实缴的出资比例认缴出资。但是,全体股东约定不按照出资比例分取红利或者不按照出资比例优先认缴出资的除外。而对于股份有限公司则根据《公司法》第166条第4款的规定,股份有限公司按照股东持有的股份比例分配,但股份有限公司章程规定不按持股比例分配的除外。股份有限公司对股东红利分配给予的自治权相对较小,这是因为股份有限公司相对于有限责任公司,涉及的股东人数较多,资金体量更大,公司的资合性更为突出。而有限责任公司股东人数相对较小,人合性比较突出。

根据《公司法》的规定,公司盈余利润分配方案由董事会制定,股东会审批。《公司法解释四》第14条规定,如果股东提交载明具体分配方案的股东会或者股东大会的有效决议,请求公司分配利润,公司拒绝分配利润且其关于无法执行决议的抗辩理由不成立的,人民法院应当判决公司按照决议载明的具体分配方案向股东分配利润。如果股东无法提交具体分配方案的,法院不予支持,除非控股股东滥用股东权利导致公司不分配利润,给其他股东造成损失的情形。

根据《公司法》的规定,股东申请盈余分配需要达到以下条件:当年存在税后利润,已经弥补公司亏损,已经提取净利润额10%的资本公积金和任意公积金。

《公司法》第74条还明确了股东的利润分配请求权的救济方式,规定具有下列情形之一的,对股东会该项决议投反对票的股东可以请求公司按照合理的价格收购其股权:(1)公司连续5年不向股东分配利润,而公司该5年连续盈利,并且符合本法规定的分配利润条件的;(2)公司合并、分立、转让主要财产的;(3)公司章程规定的营业期限届满或者章程规定的其他解散事由出现,股东会会议通过决议修改章程促使公司存续的。自股东会会议决议通过之日起60日内,股东与公司不能达成股权收购协议的,股东可以自股东会会议决议通过之日起90日内向人民法院提起诉讼。

股东对公司盈余分配请求权的被告是公司，但是大股东滥用股东权利不分配利润给其他股东造成损失的，大股东可以直接作为共同被告。

股东请求公司分配利润，根据《公司法解释四》的规定，应当列公司为被告。如果一审法庭辩论终结前，其他股东基于同一分配方案请求分配利润并申请参加诉讼的，应当列为共同原告。

具备股东资格是主张盈余分配权利，提起盈余分配诉讼的先决条件，由此，在盈余分配纠纷案件中，如果被告公司对原告股东的资格提出异议，法院一般会将原告是否具备股东资格确定为庭审焦点之一。而且隐名股东在确认股东资格之前，一般不能主张公司盈余分配。公司盈余分配纠纷贯彻无盈不分原则，公司具有可分配盈余，是股东行使盈余分配请求权的实质要件。如果公司不存在可分配利润而进行分红，则构成对公司法人财产权的侵害。无盈而分将造成公司责任财产的减少，损害公司债权人的利益。公司盈余分配诉权主张以存在股东会决议为前提，当然股东会决议的些许瑕疵不影响诉讼提起。法院对股东会决议的审查主要看是否存在盈余分配的实质性内容，而且，在不存在盈余分配决议的情况下，公司章程或者股东协议也可以成为股东主张诉权的基础性依据，主要是针对有限责任公司存在的大股东滥用股东权利，侵害小股东利益，故意不进行盈余分配的情形。《公司法解释四》第15条规定："股东未提交载明具体分配方案的股东会或者股东大会决议，请求公司分配利润的，人民法院应当驳回其诉讼请求，但违反法律规定滥用股东权利导致公司不分配利润，给其他股东造成损失的除外。"

一、股东会形成利润分配决议后股东才有权要求分配利润

案件名称

张某某、华跃公司公司盈余分配纠纷案

案号

一审：(2017)粤0606民初17873号；二审：(2018)粤06民终2711号

裁判要旨

公司是否分配利润以及分配多少利润属于公司股东会决策权范畴，属于公司内

部事务、商业判断内容,在公司股东会未就公司利润分配方案进行决议之前,公司股东直接向人民法院起诉请求判令公司向股东分配利润缺乏法律依据。

案情简介

上诉人(原审原告):张某某

被上诉人(原审被告):华跃公司

被上诉人(原审被告):陈某某

上诉人与被上诉人陈某某、案外人黄某于2008年成立华跃公司,三方于2010年4月2日签订书面协议一份,约定每年度按法律规定及三方协商后提取各项费用后的利润,由三方平均分配。2012年6月28日,股东会议决议再度确认"每年度公司按法律规定及三方协商后提取各项费用后的利润,由三方平均分配"的约定。经过10年努力,公司利润积累很多,但未分配利润。公司利润很大部分存入陈某某账户,由陈某某掌握。目前,公司利润累计500万元,但公司和陈某某没有按照约定分配利润给张某某,违反三方约定和股东会的决议。张某某认为陈某某将公司的100多万元存入个人的账户已经违反了公司的章程,应当承担连带责任。于是向一审法院提起诉讼。

诉讼过程

张某某向佛山市顺德区人民法院起诉,提出诉讼请求:(1)被告华跃公司向原告支付公司利润盈余分配款167万元;(2)被告陈某某对被告华跃公司的上述债务承担连带责任;(3)本案诉讼费由被告承担,后被一审法院驳回诉讼请求。张某某不服,遂向广东省佛山市中级人民法院提起上诉。

裁判结果

一审法院判决:驳回张某某的诉讼请求。

二审法院判决:驳回上诉,维持原判。

主要争点

张某某上诉称:股东会决议明确约定了利润分配原则,且公司多年来连续盈利,完全具备分配利润的条件,故应按股东会决议分配利润。《公司法》第4条规定,公司股东依法享有资产收益、参与重大决策和选择管理者等权利。股东基于其公司的资格和地位依法享有请求公司按照约定的利润分配比例向自己分配利润的权利。张某某、陈某某及案外人黄某于2008年成立华跃公司后，三方于2010年4月2日签订的协议和2012年6月18日形成的股东会决议都确认“每年度公司按法律规定及三方协商后提取各项费用后的利润，由三方平均分配”。华跃公司已盈利多年，张某某要求分配利润完全符合法律规定。

被上诉人华跃公司、陈某某辩称：(1)公司利润是否分配，属于华跃公司治理范畴事宜，不宜司法介入；(2)执行董事陈某某已经委托代理律师通知原告是否近期召开股东会，讨论利润分配事宜，股东可以对相关事宜进行讨论和审议；(3)公司利润并无原告诉称的500万元。分配方案按公司章程第15条规定先由执行董事提出，经过三方协商，按法律规定提取各项费用及税后费用后再分配。请求驳回上诉人的诉讼请求。

综上所述，本案争议焦点为：张某某能否请求华跃公司进行公司盈余分配。

裁判说理

一审法院认为，本案系公司盈余分配纠纷，张某某作为华跃公司股东，有权按照实缴的出资比例分取红利。但根据《公司法》第37条和第46条的规定，公司利润分配方案的制定系董事会或执行董事的职权且应由股东会审议批准。因此，股东主张红利在程序上需有公司股东会审议批准的利润分配方案。公司盈余分配属于公司内部事务，司法尊重公司依据商业独立决定自己事务的自治权。在股东会作出利润分配方案之前，《公司法》并没有赋予股东越过股东会直接提起分配利润诉讼的请求权。本案中，华跃公司在2012年6月28日通过的股东会决议仅为利润分配原则而非具体的利润分配方案，不能据此分配公司利润。华跃公司的股东会召开程序运作正常，但在本案庭审结束之前公司并没有召开股东会决定分配利润，作为股东之一的张某某无权越过股东会直接向法院起诉请求分配利润，如其认为权利受到侵害或公司陷入僵局，可以依据《公司法》的规定通过转让股权或请求公司按照合理价格收购其股权等途径主张权利。因此，在华跃公司股东会依法作出分配公司利润的决议之前，张某某主张华跃公司进行公司盈余分配没有法律依据。

二审法院认为，《公司法》第37条规定，股东会行使下列职权：审议批准公司的利润分配方案和弥补亏损方案。因此，在公司股东会未就公司利润分配方案进行决议之前，公司股东直接向人民法院起诉请求判令公司向股东分配利润缺乏法律依据。由于公司是否分配利润以及分配多少利润属于公司股东会决策权范畴，是公司内部事务、属于商业判断内容，应当按照资本多数决的规则确定，而非由司法介入干预。至于张某某所主张的2010年协议及2012年股东会决议仅确立了股东分配利润比例,而非确定利润分配方案,因此,张某某据此请求分配利润,依据不足。且华跃公司、陈某某二审提交了2017年12月16日股东会决议,决定因公司搬迁及装修等原因自2017年至2019年对于税后利润不予分配。综上所述,一审驳回张某某请求华跃公司进行公司盈余分配的内容,处理正确,法院予以维持。

专业点评

我国《公司法》第4条规定了股东依法享有资产收益的权利,即有权基于自己股东资格享有的请求公司分配利润的权利。股东参与投资很大一部分是为了获得收益,收益的多少也影响着股东投资的金额及投资的积极性,进而也影响着公司的发展前景。因此,保障股东利润分配是公司制度中重要内容之一,而赋予股东利润分配请求权正是保护股东投资收益的重要途径。

同时,我国《公司法》赋予董事会制定利润分配方案的权利,股东会审议批准公司的利润分配请求方案。只有经过董事会制定利润分配方案并经股东会审议通过之后,股东的利润分配请求权才能从抽象层面转化为具体层面的利润分配请求权,这时股东才能以此提起诉讼。本案中,原告在股东会未作出分配利润决议的情况下,要求法院对公司利润进行分配,这种做法既违反《公司法》对公司内部分配利润的程序性规定,也违背公司自治的基本原则。

《公司法》第74条规定在公司连续五年盈利且不向股东分配利润情况下,股东可以享有股份回购请求权。此外,股东还可以通过转让股份、提起派生诉讼等方式维护自身的权益。对中小股东的保护方法有多种,法律应当在保护中小股东利益和保持公司自治原则之间作出合理的平衡,在完善中小股东利益保护的同时,对公司自治和公司治理结构不宜进行过度干预。只有出现违反法律和公司章程规定的情形,法院才能介入,这种法院"有限介入"的方式充分体现对具有自治权的商事主体的高度尊重,也符合市场经济的内在要求。

法条链接

《公司法》(2013年)①

第四条　公司股东依法享有资产收益、参与重大决策和选择管理者等权利。

第三十四条　股东按照实缴的出资比例分取红利；公司新增资本时，股东有权按照实缴的出资比例认缴出资。但是，全体股东约定不按照出资比例分取红利或者不按照出资比例优先认缴出资的除外。

第三十七条　股东会行使下列职权：

(一)决定公司的经营方针和投资计划；

(二)选举和更换非由职工代表担任的董事、监事，决定有关董事、监事的报酬事项；

(三)审议批准董事会的报告；

(四)审议批准监事会或者监事的报告；

(五)审议批准公司的年度财务预算方案、决算方案；

(六)审议批准公司的利润分配方案和弥补亏损方案；

(七)对公司增加或者减少注册资本作出决议；

(八)对发行公司债券作出决议；

(九)对公司合并、分立、解散、清算或者变更公司形式作出决议；

(十)修改公司章程；

(十一)公司章程规定的其他职权。

对前款所列事项股东以书面形式一致表示同意的，可以不召开股东会会议，直接作出决定，并由全体股东在决定文件上签名、盖章。

第四十六条　董事会对股东会负责，行使下列职权：

(一)召集股东会会议，并向股东会报告工作；

(二)执行股东会的决议；

(三)决定公司的经营计划和投资方案；

(四)制订公司的年度财务预算方案、决算方案；

(五)制订公司的利润分配方案和弥补亏损方案；

(六)制订公司增加或者减少注册资本以及发行公司债券的方案；

(七)制订公司合并、分立、解散或者变更公司形式的方案；

(八)决定公司内部管理机构的设置；

---

① 现已修改为《公司法》(2018年)第4条、第34条、第37条、第46条。

（九）决定聘任或者解聘公司经理及其报酬事项，并根据经理的提名决定聘任或者解聘公司副经理、财务负责人及其报酬事项；

（十）制定公司的基本管理制度；

（十一）公司章程规定的其他职权。

二、未实缴出资并不必然阻碍股东对公司盈余的分配权

案件名称

徐某某与佳盈织针公司、龚某某公司盈余分配纠纷案

案号

一审：（2017）浙0782民初10657号；二审：（2018）浙07民终313号

裁判要旨

在股东身份得到确认的情况下，股东参与公司分红并不必然以实缴出资为前提，在全体股东一致同意的基础上，可按股东人数或其他标准分配公司盈余，以其标准进行盈余分配的公司，不得以股东未认缴出资阻碍其享有盈余分配的权利。

案情简介

上诉人（原审被告）：龚某某

被上诉人（原审原告）：徐某某

原审被告：佳盈织针公司

被告佳盈织针公司系由原浙江义乌针织器材厂于1994年改制而成，原告徐某某系原浙江义乌针织器材厂职工，改制时以1元每股的价格出资2000元认购了被告公司股份，成为被告公司股东。1999年10月，被告公司设立了股东代表会，对公司的经营方针和投资计划、增加或减少注册资本、修改章程等事项作出决议行使职权。2000年1月13日，被告公司召开第二次股东代表会议，会议作出《关于收回部分股权的决议》，原告的股权被列入决议收回范围，同年被告公司将原告的2000元出资额退还原告。原告为此提起诉讼，浙江省金华市中级人民法院终审判决认定上述《关于收回部分股权的决议》无效，并确认原告系被告公司股东，享有2000股的股

权。2004 年 7 月 13 日开始,经被告公司多数股东推荐,被告龚某某作为被告公司的日常工作主持人主持工作。2008 年至 2016 年,被告公司以现行政班子或临时管理小组和顾问、监督小组商讨或研究决定的方式提出发放春节过节费的决议,并通过由被告公司制作的股东名单中所列的 170 名股东签字确认的形式向股东人均发放了 32,000 元过节费,但原告不在该股东名单之中,被告公司也未向原告发放上述过节费。

诉讼过程

徐某某向一审浙江省义乌市人民法院起诉请求:判令被告佳盈织针公司和被告龚某某立即支付自 1999 年起至 2003 年原告享有的股权分红 5200 元和 2004 年起至 2016 年的利益分配 69,500 元。获得部分支持,后龚某某不服,遂向浙江省金华市中级人民法院提起上诉。

裁判结果

一审法院判决:(1)被告佳盈织针公司于判决生效之日起 5 日内支付原告徐某某 2008 年至 2016 年期间的公司利润 32,000 元;(2)驳回原告徐某某的其他诉讼请求。

二审法院判决:驳回上诉,维持原判。

主要争点

龚某某上诉请求:撤销原判,改判驳回徐某某的全部诉讼请求。事实和理由:

1. 一审认定佳盈织针公司发放过节费的行为是经临时代表大会表决通过,属于对公司的经营利润分配,该认定既无事实依据也无法律依据。过节费的分配方案只是公司行政班子和顾问、监督小组成员商讨,再由大多数股东签字同意形成,从无公司董事会介入,也未通知全体股东参加,不可能存在一个所谓的临时股东会议。本案中,过节费的性质并非分红而是福利费,无论是我国的公司法还是税法,均对公司分红有严格的规定。根据《公司法解释三》的规定,如果公司在没有进行财务审计的基础上确定利润而直接向股东分红的,应视为抽逃出资的行为。

2. 根据我国《公司法》第 34 条的规定,未出资的股东不能参与分红。如果未出资的股东要参与分红,必须经全体股东一致同意。公司不能用股东决议的方式,决定未出资的股东参与分红。发放过节费的决议,不是全体股东的约定,也不是全体股东一致同意的结果。发放过节费是在已出资的股东之间,没有任何意思表示未出资股东也可以领取过节费。根据我国《公司法》的规定,改变股东按出资比例分红的约定,需要明示。

徐某某二审辩称:

1. 关于徐某某出资是否到位的问题。1994 年企业改制时,徐某某等 13 名职工都按公司规定进行了出资缴纳,成为公司股东。2000 年,公司作出收回部分股权的不合法决议后,徐某某等 13 名股东于 2006 年 10 月向义乌市人民法院提起了股东身份确认之诉,股东身份得到了法院判决确认。按法律规定,如果佳盈织针公司收回了徐某某的股权,意味着公司减资。但从 1994 年企业改制起至今,佳盈织针公司在工商注册登记上并未有减资记录,说明徐某某等 13 名股东的出资是自始至终存在的,出资也是到位的。关于徐某某等 13 名股东收到的一笔与出资数额相等的款项,在价值上与退回的款项是不等值的。收到的款项属不当得利,向公司补交也属应当,况且公司欠徐某某的盈余分配数额更多,建议在本案执行标的中抵扣。

2. 关于过节费发放的性质问题。2008 年至 2016 年,佳盈织针公司每年均将公司经营收入用于向股东发放过节费。且过节费是按股东花名册发放的,与股东在职或不在职没有关系。分配决议被绝大部分股东签字认可,且他们均已按决议领取了相应款项,应属于有效决议。过节费不是《劳动法》范畴的职工福利发放,而是公司盈余分配的另一种方式,既然是对公司收益分配的处置,作为合法股东都应得到享受。

综上所述,本案争议焦点为:未实缴出资股东是否享有公司盈余分配权。

裁判说理

一审法院认为,现有证据表明,被告佳盈织针公司在 2008 年至 2016 年,每年均将公司经营收入用于向股东人均发放过节费,被告佳盈织针公司的行为其实质即为对公司的经营利润进行分配,而该分配所依据的决议已为被告公司临时股东大会通过,且绝大部分股东均已按照决议领取了相应款项,认定上述决议为有效决议。原告虽因无效的《关于收回部分股权的决议》被退还了 2000 元出资,但其经司法程序确认仍系被告公司股东,故有权要求被告公司依照决议向其分配利润。现原告要求被告佳盈织针公司支付其作为股东应享受的公司利润,其主张合法有据,予以支持;原告认为其应该享有自 1999 年起至 2003 年期间的股权分红 5200 元以及 2004 年起至 2016 年的利益分配 69, 500 元,但原告未提交证据证明被告佳盈织针公司在 1999 年至 2007 年期间曾进行了利润分配的有效决议,相应部分的诉请不予支持。被告龚某某系根据被告公司股东推荐主持被告公司日常经营事务等工作，在其主持工作期间被告公司所实施的利润分配系根据临时股东大会决议作出，原告的股东权益是否受到侵害与其个人无关，故原告要求被告龚某某与被告佳盈织针公司共同支付上述款项的诉请，也不予支持。被告龚某某提出的被告佳盈织针公司发放的是过节费并非分红，以及原告并没有实际出资，不具有享受公司利润分配的权利等辩解与查明事实不符，于法无据，不予采信；被告龚某某还辩称，其为管理被告佳盈织针公司所做的行为不是个人行为，原告向被告佳盈织针公司主张盈余分配权利，与被告龚某某无关，其不应因此担责，该辩解予以采信。

二审法院认为，关于徐某某是否享有佳盈织针公司利润分配及分配的数额问题，徐某某系佳盈织针公司的股东，其有权取得公司的利润分配。2008 年至 2016 年期间，佳盈织针公司将公司经营收入用于向 170 名股东人均发放过节费共计 32,000 元的事实清楚，该发放行为可以认定为对公司经营利润的分配，且相关分配决议已由佳盈织针公司临时股东大会通过。一审判决由佳盈织针公司支付徐某某上述款项符合法律规定。

专业点评

根据《公司法》第 34 条的规定："股东按照实缴的出资比例分取红利；公司新增资本时，股东有权优先按照实缴的出资比例认缴出资。但是，全体股东约定不按照出资比例分取红利或者不按照出资比例优先认缴出资的除外。"从本案来看，被告佳盈织针公司股东出资额必然各不相同，但实际发放加班费的数额并无区别，均是按人头平均分配，显而易见，被告公司分配盈余的模式是按股东人数平均分配，并不是按照实缴出资额进行分配，除原告等几名被排除在外的股东外，其余股东均已签字并领取了红利，达成了"全体股东一致同意"的前提。在此前提下，可适用《公司法》第 34 条但书部分的规定，在全体股东约定不按照出资比例分配红利的情况下，股东分配公司盈余并不必然以实缴出资为前提。被告公司按股东人数平均分配红利的模式，并不违背《公司法》关于公司盈余分配的规定，原告作为身份和股权得到确认的股东，自然可以享有股权分红，不应因出资未缴纳到位受到阻碍。

法条链接

1.《公司法》(2013 年)①

第四条　公司股东依法享有资产收益、参与重大决策和选择管理者等权利。

第三十四条　股东按照实缴的出资比例分取红利;公司新增资本时,股东有权优先按照实缴的出资比例认缴出资。但是,全体股东约定不按照出资比例分取红利或者不按照出资比例优先认缴出资的除外。

第三十七条　股东会行使下列职权:

(一)决定公司的经营方针和投资计划;

(二)选举和更换非由职工代表担任的董事、监事,决定有关董事、监事的报酬事项;

(三)审议批准董事会的报告;

(四)审议批准监事会或者监事的报告;

(五)审议批准公司的年度财务预算方案、决算方案;

(六)审议批准公司的利润分配方案和弥补亏损方案;

(七)对公司增加或者减少注册资本作出决议;

(八)对发行公司债券作出决议;

(九)对公司合并、分立、解散、清算或者变更公司形式作出决议;

(十)修改公司章程;

(十一)公司章程规定的其他职权。

对前款所列事项股东以书面形式一致表示同意的,可以不召开股东会会议,直接作出决定,并由全体股东在决定文件上签名、盖章。

2.《公司法解释四》②

第十四条　股东提交载明具体分配方案的股东会或者股东大会的有效决议,请求公司分配利润,公司拒绝分配利润且其关于无法执行决议的抗辩理由不成立的,人民法院应当判决公司按照决议载明的具体分配方案向股东分配利润。

---

① 现已修改为《公司法》(2018 年)第 4 条、第 34 条、第 37 条。

② 现已修改为《公司法解释四》(2020 年)第 14 条。

三、原股东转让股权的，连同利润分配请求权一并转让给受让方

案件名称

宁兰食品公司与宁兰物流公司公司盈余分配纠纷案

案号

一审:(2016)渝 0101 民初 3333 号;二审:(2016)渝 02 民终 2087 号

裁判要旨

股权转让后,转让方丧失股东资格,即丧失利润分配请求权,根据股权的概括转让原则,公司利润分配请求权与其他股东权利一并转让给受让方。

案情简介

上诉人(原审原告):宁兰食品公司

被上诉人(原审被告):宁兰物流公司

原审第三人:苏某某

原审第三人:张某某

宁兰食品公司于 2000 年 3 月 1 日登记设立,公司法定代表人为熊某某。2012 年 1 月 17 日,宁兰食品公司与苏某某、张某某共同登记设立宁兰物流公司,宁兰食品公司持有 51% 的股权,苏某某持有 30% 的股权,张某某持有 19% 的股权。2015 年 2 月 11 日,宁兰物流公司作出的《宁兰物流公司 2014 年度股东分红明细》载明,"2014 年度公司实际净利润 504, 713. 89 元,未分配利润 759, 849. 2 元,按税后净利润提取盈余公积 15% ,应提盈余公积金 75, 707. 08 元,余下 359, 006. 81 元作为股东分红基数。总公司按 51% 比例分红实得 183, 093. 47 元,苏某某按 30% 比例分红实得 107, 702. 04 元,张某某按 19% 比例分红实得 68, 211. 29 元。请各股东知悉!" 2015 年 2 月 13 日,宁兰食品公司法定代表人熊某某、苏某某与张某某在该分红明细上"全体股东签名"处签名确认。2015 年 8 月 20 日,宁兰食品公司作为转让方与受让方苏某某、张某某共同签订了《股权转让合同书》,约定:宁兰食品公司将其持有的宁兰物流公司 51% 的股权全部转让给苏某某和张某某,其中,30% 的股权转让给苏

某某,21%的股权转让给张某某;股权转让总价款为948,000元,其中,以货币形式支付股权转让款483,040.60元,以债权转让冲抵债务的形式支付股权转让款464,959.40元。该股权转让协议签订后,宁兰食品公司及苏某某、张某某实际按月履行,且在原工商行政管理部门进行了股东变更(股权转让)登记。该次股权转让后,苏某某合计持有宁兰物流公司60%的股权,张某某持有该公司40%的股权。2016年3月9日,苏某某与张某某签订股权转让协议,张某某将其持有的宁兰物流公司40%的股权全部转让给苏某某,股权转让价款为80万元。

诉讼过程

宁兰食品公司向一审重庆市万州区人民法院起诉请求:(1)宁兰物流公司向宁兰食品公司支付2014年度应分配利润183,093.47元,并从2015年2月13日起按中国人民银行同期同类贷款基准利率标准支付资金占有损失至付清时;(2)诉讼费和保全费由宁兰物流公司承担。一审法院驳回原告全部诉讼请求,宁兰食品公司不服,上诉至重庆市第二中级人民法院。

裁判结果

一审法院判决:驳回宁兰食品公司的全部诉讼请求。

二审法院判决:驳回上诉,维持原判。

主要争点

宁兰食品公司上诉请求:(1)撤销一审判决,依法改判宁兰物流公司支付宁兰食品公司红利183,093.47元,并从2015年2月13日起按同期银行贷款利率支付资金占用损失,或对本案发回重审;(2)一审、二审案件受理费由宁兰物流公司承担。

事实和理由:一审法院认定事实错误。(1)股东分红明细是宁兰物流公司决定分配红利的股东会决议。宁兰物流公司2014年度在无亏损并提取了公积金后对股东进行分红,符合《公司法》及公司章程的规定。股东分红明细足以证明宁兰物流公司的各股东均可依据该明细向宁兰物流公司要求分红,只是名称不为“股东会决议”,但实际内容就是具体分配红利的股东会决议。虽然没有具体分红时间但不妨碍股东分红权,宁兰食品公司享有分配红利的给付请求权。宁兰食品公司与苏某某、张某某的股权转让合同中并没有相反的约定,宁兰食品公司仍然对宁兰物流公司享有给付请求权。而且根据张某某、苏某某在一审所作陈述,足以证明上述两名股东已经就2014年的公司盈余进行了分配,充分证明股东分红明细就是分配红利的股东会决议。(2)股权转让协议不应包含已取得的分红权。2015年8月20日,三方签订的股权转让合同约定的948,000元股权转让款并不包含宁兰食品公司应分得的2014年度的分红183,093.47元,因为双方约定的股权转让的对价,并不包括分红权。分红权是分离于股权转让的,不能对双方没有约定的事项凭空确定。股权转让协议的客体是股权的给付,而不包括债权的给付,既然股权转让协议对分红没有提及,理应只视为股权转让不包含属于债权给付的分红权。

宁兰物流公司辩称:(1)宁兰食品公司称股东分红明细相当于股东分红决议,但根据《公司法》和公司章程的规定,利润分配方案必须通过严格程序,分红明细未经实质性决议,不能作为盈余分配的依据。(2)从宁兰食品公司与张某某、苏某某签订的股权转让协议可以看出,股权转让款是包含涉案的18万余元的,否则双方不会约定给付948,000元后,双方之间的债权债务清结。

苏某某称,苏某某、张某某在与宁兰食品公司协商股权转让时,已经将宁兰食品公司在本案所诉180,000余元包含在股权转让款之中。

张某某称,张某某现在已经不是宁兰物流公司股东。因合作不愉快才形成了股权转让协议。当时约定就是股权转让的948,000元要包含案涉的18万余元,否则张某某和苏某某也不会受让股权。

综上所述,本案争议焦点为:宁兰食品公司现在是否具有宁兰物流公司之盈余分配权?

裁判说理

一审法院认为,根据《公司法》的规定,公司股东依法享有资产收益、参与重大决策和选择管理者等权利,有限责任公司的股东按照全体股东的约定或实缴的出资比例分取红利,分取公司盈余是公司股东最根本的利息指向,也是其重要的权利之一,公司盈余分配权是公司股东基于其股东资格所享有的股权之最核心的权能之一,即申请公司盈余的主体必须是持有公司股权的股东,必须具备公司的股东资格。一审法院结合本案具体案情,综合评判如下:

1.公司盈余分配应遵循必要的程序。宁兰物流公司于2015年2月11日向包括宁兰食品公司在内的时任公司各股东发出2014年度股东分红明细,告知各股东知悉公司2014年度可分配利润的构成、具体金额、拟向各股东分配的利润等红利明细,各股东或股东之代表随后在该股东分红明细上签名确认知悉,显见宁兰物流公司此时已具备了进行利润分配的条件,并将公司可分配利润情况告知公司股东,各股东确认知悉后需申请宁兰物流公司股东会正式审议并决定是否同意相关利润分配方案,进而再按照通过审议的最终确定的分配方案正式向各股东分配公司利润。当时的宁兰食品公司作为时任股东,享有向宁兰物流公司申请分配公司利润的请求权,但基于种种原因,包括宁兰食品公司在内的时任宁兰物流公司股东在确认知悉上述公司盈余情况后,并未随即提请公司股东会审议相关公司盈余分配方案,也未要求宁兰物流公司按照通过后的公司盈余分配方案向各股东进行分配,即当时宁兰物流公司盈余分配方案尚未获得全体股东有效通过,公司盈余分配方案并未最终确定,公司盈余分配程序仅刚刚启动,尚未正式完成。

2. 宁兰食品公司认为其所持有的宁兰物流公司股权已包含案涉之公司盈余分配权。司法在面对商事主体行为时应表现出足够的谦抑性,公平正义在商事领域中的基本要求是尊重商事主体之间的意思自治,而公司股东系属典型的商事主体,当事人的意思自治被视为最重要和最优先的原则和价值,在不违反法律、行政法规禁止性规定的前提下,股东经自由依照公司章程或全体股东一致达成之特别约定享有其股东权利、履行其股东义务,即在商事领域,“有约定,从约定;无约定,从法定”。依照《公司法》的规定,股东系公司股东基于其所持有的公司股份而产生的包括财产性权利和人身性权利在内的综合性权利,而公司盈余分配权是公司股东基于其股东资格所享有的股权之最核心的权能之一。公司股东在转让其股权时,实际上是将其基于股东资格而享有之权利和承担之义务进行的概括性转让。本案中,宁兰食品公司在宁兰物流公司股东会或全体股东正式就公司利润分配实施方案达成一致意见前,将其持有的宁兰物流公司 51% 的股权全部转让给股东苏某某、张某某,且在该股权转让过程中当事各方未就上述公司利润分配相关事宜进行任何约定,故依照法律规定应认定宁兰食品公司在向苏某某、张某某转让其所持有的宁兰物流公司股东时,股权转让双方并未就转让之股权进行特别约定,该股权具备完整之权能,即包含了公司盈余分配权,则宁兰食品公司出让其所持有的宁兰物流公司股权时,已将包含案涉公司盈余分配权一并转让给股权受让方,股权转让后,宁兰食品公司已丧失宁兰物流公司股东身份,不再享有向宁兰物流公司主张公司盈余分配之权利。综上所述,宁兰食品公司已将其持有的宁兰物流公司股权全部转让给苏某某和张某某,而案涉公司盈余分配权系公司股东所享有的股权之权能之一,且股权转让双方并未就此权利进行特别约定,则案涉公司盈余分配权已包含在股权之内一并转让给股权受让方,即宁兰食品公司并未出示充分证据证明其所主张之事实成立,应承担相应的不利后果,故对于宁兰食品公司的诉讼请求,不予支持。

二审法院认为,股权是指股东基于股东资格而享有从公司获取经济利益并参与公司经营管理的权利。根据《公司法》的规定,公司盈余分配请求权是作为公司股东基于其股东资格而对公司享有的一项股东权利,因此能够请求公司盈余分配的需具有公司股东资格。宁兰食品公司在提起本案诉讼时已不具有宁兰物流公司股东资格,其股权已在 2015 年 8 月转让给苏某某和张某某。根据股权的概括转让原则,公司盈余分配权与其他股东权利一并转让给受让人,不得独立于股份或股权而存在,更不能割裂开来留给转让人继续享有。本案中,宁兰物流公司是依据《公司法》的规定登记设立的有限责任公司,宁兰食品公司在 2015 年 8 月将其持有的宁兰物流公司股权转让给苏某某和张某某后,即丧失了宁兰物流公司的股东资格,其行使股东权利的基础已不存在,故宁兰食品公司要求对宁兰物流公司的盈余进行分配的请求权有违《公司法》关于股东权利的规定,不应得到支持。至于宁兰物流公司于 2015 年 2 月作出的股东分红明细是否是股东会决议,以及张某某和苏某某是否已经按照分红协议实际取得了 2014 年度公司分红,均不能成为宁兰食品公司向宁兰物流公司请求分配 2014 年度公司分红的理由。因此,宁兰食品公司提出调取宁兰物流公司相关财务资料的申请,与本案审理不具关联性,法院不予准许。关于宁兰食品公司称转让价款中未包含宁兰物流公司 2014 年度分红,与本案诉讼无关,系宁兰食品公司与张某某、苏某某之间的股权转让关系。宁兰食品公司如认为股权转让价款中未包含 2014 年度公司分红,损害其应得利益,可与张某某、苏某某进行协商,或诉讼解决。

专业点评

股权,是指股东基于股东资格而享有从公司获取经济利益并参与公司经营管理的权利。根据《公司法》的规定,公司盈余分配请求权是作为公司股东基于其股东资格而对公司享有的一项股东权利,因此能够请求公司盈余分配的需具有公司股东资格。根据股权的概括转让原则,公司盈余分配权与其他股东权利一并转让给受让人,不得独立于股份或股权而存在,更不能割裂开留给转让人继续享有。

法条链接

《公司法》(2013 年)[①]

第四条　公司股东依法享有资产收益、参与重大决策和选择管理者等权利。

第二十条　公司股东应当遵守法律、行政法规和公司章程,依法行使股东权利,不得滥用股东权利损害公司或者其他股东的利益;不得滥用公司法人独立地位和股东有限责任损害公司债权人的利益。

公司股东滥用股东权利给公司或者其他股东造成损失的,应当依法承担赔偿责任。

公司股东滥用公司法人独立地位和股东有限责任,逃避债务,严重损害公司债权人利益的,应当对公司债务承担连带责任。

第三十四条　股东按照实缴的出资比例分取红利;公司新增资本时,股东有权优先按照实缴的出资比例认缴出资。但是,全体股东约定不按照出资比例分取红利或者不按照出资比例优先认缴出资的除外。

第七十一条　有限责任公司的股东之间可以相互转让其全部或者部分股权。

股东向股东以外的人转让股权,应当经其他股东过半数同意。股东应就其股权转让事项书面通知其他股东征求同意,其他股东自接到书面通知之日起满三十日未答复的,视为同意转让。其他股东半数以上不同意转让的,不同意的股东应当购买该转让的股权;不购买的,视为同意转让。

经股东同意转让的股权,在同等条件下,其他股东有优先购买权。两个以上股东主张行使优先购买权的,协商确定各自的购买比例;协商不成的,按照转让时各自的出资比例行使优先购买权。

公司章程对股权转让另有规定的,从其规定。

第一百六十六条　公司分配当年税后利润时,应当提取利润的百分之十列入公司法定公积金。公司法定公积金累计额为公司注册资本的百分之五十以上的,可以不再提取。

公司的法定公积金不足以弥补以前年度亏损的,在依照前款规定提取法定公积金之前,应当先用当年利润弥补亏损。

公司从税后利润中提取法定公积金后,经股东会或者股东大会决议,还可以从税后利润中提取任意公积金。

公司弥补亏损和提取公积金后所余税后利润,有限责任公司依照本法第三十四

---

① 现已修改为《公司法》(2018 年)第 4 条、第 20 条、第 34 条、第 71 条、第 166 条。

条的规定分配;股份有限公司按照股东持有的股份比例分配,但股份有限公司章程规定不按持股比例分配的除外。

股东会、股东大会或者董事会违反前款规定,在公司弥补亏损和提取法定公积金之前向股东分配利润的,股东必须将违反规定分配的利润退还公司。公司持有的本公司股份不得分配利润。

四、违反强行性规范的公司利润分配决议无效

案件名称

郑某某诉第一钢结构公司公司盈余分配纠纷案

案号

一审:(2010)河商初字第73号;二审:(2011)淮中商终字第2号

裁判要旨

公司无可供分配利润而通过决议把分配给股东的利润份额以借据的形式载明,其因违反资本维持原则的强行规范而非当然地转化为合法的债权债务关系。

案情简介

原告:郑某某

被告:第一钢结构公司

第一钢结构公司于2002年3月成立,成立时名称为淮安经济开发区钢结构彩钢板有限公司,2002年9月28日变更为现名。原告郑某某为该公司股东,出资额为10万元,出资比例为16.67%。

第一钢结构公司章程第26条规定:公司分配当年税后利润时,应当提取利润的10%列入公司法定公积金,并提取利润的5%至10%列入法定公益金。公司在从税后利润中提取法定公积金后,经股东会决议,可提取任意公积金。公司弥补亏损和提取公积金、法定公益金后所余利润,公司按照股东的出资比例分配。

2003年1月4日,第一钢结构公司召开股东会并形成股东会纪要,主要内容:"1.关于2002年度财务决算:股东会议首先听取了总经理的年度财务报告,对其中

的《资产负债表》和《损益表》进行审议，原则同意这两份表组成的财务报告，同时按实际经营结算情况提出以下调整意见：1.1 年度账面利润为 701,333.43 元，另有 53 万元因票未开工程未结束，利润没有结转，其中涟水县源通工程已结束，货款大多数已回笼（挂预售货款），因开票问题导致 36 万余元利润未结转（其中有 5 万元保证金应预冲减），因此本年度实际利润应按 100 万元报告……2. 关于 2002 年度财务收益分配方案。2.1 按 100 万元利润和各股东出资份额比例进行分配。2.2 考虑目前大批货款未收回，开发区工程垫付资金，数额太大，决定收益分配分期兑现；春节欠占 5% 股份的股东支付 1 万元，占 10% 以上的股东支付 2 万元；今年 3～4 月，待土地抵押款到位后，按各股东出资数额予以全部兑现；在未兑现前和各股东兑现后的收益分配余额作为公司的暂借款，并按同期银行利率计息……""全体股东还认为：2002 年入股的资金将随着上年度收益分配在今年 3～4 月兑现而全部收回，每位老股东的个人风险也将降为零……"

2003 年 2 月 21 日，被告出具给原告借据一份，载明被告欠原告 2002 年分红款 166,700 元。

2003 年 5 月 16 日，第一钢结构公司又召开股东会议，会议纪要记载：关于 2002 年利润分配，因公司业务扩展、流动资金规模不断上升，导致公司资金十分紧张，运转不灵，考虑公司经营需要和股东的长远利益，兼顾眼前利益，同时鉴于股东对企业的信心，决定股东利益按照投资额 60 万元进行分配。

另查明：第一钢结构公司在工商部门的年检报告书反映，2002 年被告公司暂时性亏损，2003 年税后利润为 2.86 万元，2004 年、2005 年亏损。2002 年年末，第一钢结构公司及股东没有按照《公司法》规定由会计师事务所对 2002 年度财务状况进行审计。案件审理过程中被告申请对其 2002 年度是否有可供分配的利润进行司法审计。司法审计报告意见为：淮安第一钢结构公司 2002 年度可供分配的利润无法认定。

原告郑某某诉称：被告根据 2002 年的经营情况，于 2003 年 1 月经股东会研究决定，对 2002 年度公司 100 万元利润进行分配，原告应分得 166,700 元，但由于被告资金紧张，一时不能给付，原告的分红款作为被告的暂借款，由被告暂时借用，同时被告同意按银行同期贷款利率对借款进行计息。2003 年，被告出具给原告的借据载明欠原告 2002 年分红款。原告多次催讨，至今被告一直没有给付。故诉至法院，请求判令被告支付 2002 年分红款 166,700 元，利息 73,918 元（暂计算至 2009 年 12 月 21 日，以后利息按银行同期贷款利率顺延计算至实际给付之日）。

被告第一钢结构公司辩称：2002 年公司亏损没有利润，股东会关于利润分配的决议实际上分配的不是利润而是公司的资本，目的是让股东尽快收回投资，该股东会决议违反了《公司法》的强制性规定,不符合《江苏省高级人民法院关于审理适用公司法案件若干问题的意见(试行)(一)》第 64 条关于股东请求分配公司利润的条件之一是公司依法有可供分配的利润的规定,也违反了公司资本维护原则,损害了公司债权人的利益,当属无效。请求驳回原告的诉讼请求。

诉讼过程

郑某某以公司盈余分配纠纷将第一钢结构公司诉至法院,请求判令被告支付 2002 年分红款 166,700 元,利息 73,918 元(暂计算至 2009 年 12 月 21 日,以后利息按银行同期贷款利率顺延计算至实际给付之日)。后被驳回全部诉讼请求,遂向江苏省淮安市中级人民法院提起上诉。

裁判结果

一审法院判决:驳回原告郑某某的诉请。

二审法院判决:驳回上诉,维持原判。

主要争点

郑某某不服上诉称:(1)本案名义上是公司盈余分配纠纷,实为欠款纠纷。被上诉人第一钢结构公司向上诉人出具 166,700 元欠款收据后,利润分红款性质已转变为借款,双方之间已形成债权债务关系。(2)被上诉人在 2002 年度的利润已超过 100 万元,是股东会决定当年只按照 100 万元利润进行分配,留下足够的利润作为公司法定公积金、任意公积金。(3)一审判决法律适用错误。其一,本案是欠款纠纷,应当适用债权债务的相关法律;其二,即使本案属于公司盈余分配权纠纷,上诉人的诉讼请求也符合规定,依法应予支持。根据《公司法》的规定,被上诉人没有按照相关规定进行审计,被上诉人应当承担举证不能的后果,而原审在证明责任分配上错误,判决上诉人承担不利的后果。原审判决仅以公司没有进行会计审计,可能存在损害公司、公司债权人、公司交易关系人的利益,就撤销了公司股东会的决议,没有法律依据。综上所述,一审判决在认定事实和适用法律上均有错误,请求撤销一审判决,依法改判支持上诉人的诉讼请求。

被上诉人第一钢结构公司答辩称:(1)本案是公司盈余分配纠纷而不是欠款纠纷;(2)公司股东会利润分配方案,实质是为了让股东抽回出资,违反了公司资本维持原则,故该利润分配方案无效;(3)2003 年 1 月 4 日股东会利润分配方案,财务会计报告没有依法经审查验证,也没有提取法定公积金、法定公益金和任意公积金。因此,该利润分配方案不仅违反公司资本维持原则,还违反公司资本充实原则,应属无效。上诉人的上诉请求没有事实和法律依据,一审判决认定事实清楚,适用法律正确,请求驳回上诉,维持原判。

本案争议焦点为:公司无可供分配利润而通过决议把分配给股东的利润份额以借据的形式载明,其是否由盈余分配关系转化为债权债务关系?

裁判说理

一审法院认为:公司分配股利必须符合《公司法》规定的实质要件和形式要件。实质要件:为了贯彻资本维持原则,不仅公司资本的减少要遵循严格的法定程序,而且不能用公司资本向股东分配股利,否则就意味着向股东返还出资,从而也就损害了资本维持原则。因此,股利分配的资金来源不能是公司的资本,而只能是公司的利润。形式要件:公司实际分配股利与否,除取决于是否有可供分配的利润外,还取决于公司的意思,通过公司意思表示机构(通常为股东会)作出是否分配的决议。而关于公司是否有利润,即判断是否具备利润分配实质要件,在证据审查上,必须有符合《公司法》规定的依法经过审查验证的财务报表和利润分配计划。理由:为了贯彻资本充实的原则,巩固公司的财务基础,保护股东、债权人、交易关系人的利益,维护交易安全和社会经济秩序,确保社会公众利益,股东会审议批准公司的利润分配方案时,应当以经审查验证的财务会计报告作为依据。同时《公司法》第164条、第165条明确规定,公司应当依照法律、行政法规和国务院财政主管部门的规定建立本公司的财务、会计制度,公司应当在每一会计年度终了时制作财务会计报告,并依法经会计师事务所审计。而关于公司可否进行股利分配,除了审查是否有利润外,还应审查是否有可供分配的利润。《公司法》第167条规定,公司分配的利润是在扣除税款、弥补了上年度亏损、提取法定公积金、提取任意公积金(按公司章程规定由股东会决议)等之后的利润,即符合《公司法》要求的可供分配的利润。《公司法》第167条还规定,股东会、股东大会或董事会违反规定的,在公司弥补亏损和提取法定公积金之前向股东分配利润的,股东必须将违反规定分配的利润退还公司。

本案中,被告2003年1月4日召开的股东会认为,2002年度利润为100万元,按照100万元利润进行分配;2003年5月16日的股东会又决议按照60万元利润进行分配。但被告公司及股东在2002年度终了时并没有对2002年度财务依法经会计师事务所审查验证。被告两次股东会关于利润分配的决议虽经股东签字同意,但也必须以符合《公司法》规定的依法经过审查验证的财务报表作为利润分配的依据,不能仅凭公司股东意思表示一致就分配公司资产,否则可能损害公司、公司债权人、公司交易关系人的利益。另外,2003 年 1 月 4 日的股东会按照 100 万元利润进行分配,而这 100 万元并未按照《公司法》规定扣除税款、提取法定公积金等;2003 年 5 月 16 日的股东会按照利润 60 万元分配,而这 60 万元中也没有按《公司法》规定扣除税款等。

综上所述,原告郑某某要求被告第一钢结构公司向其支付 2002 年分红款 166, 700 元的诉请证据不足,不予支持。

二审法院认为:(1)关于本案是欠款纠纷还是公司盈余分配纠纷的问题。上诉人以 2003 年 2 月 21 日被上诉人出具给其的欠款收据向被上诉人主张权利,而收据上载明是 2002 年分红款 166, 700 元,该收据的产生依据是股东会决议,其中的分红款是依据上诉人出资比例按 100 万元利润分配所形成。故原审将本案案由定为公司盈余分配纠纷并无不当。(2)关于股东会决议是否有约束力的问题。法院认为,虽然被上诉人的两次股东会关于利润分配的决议,是股东意思自治的表现,但是股东利润的分配,必须基于具有可供分配利润的基础,同时必须是按照《公司法》第 167 条的规定以及公司章程的相关规定,扣除税款,提取法定公积金、提取任意公积金(按公司章程规定由股东会决议)等之后产生的。本案中,被上诉人没有对 2002 年度财务状况进行审计,而在案件审理过程中向法院申请进行司法审计,司法审计报告意见表明第一钢结构公司 2002 年度可供分配利润无法认定。所以,在没有按照《公司法》第 167 条的规定扣除税款,提取法定公积金等,且在没有可供利润分配的情形下,公司对股东按股东会决议分配利润无事实和法律依据。综上所述,上诉人的上诉请求无事实和法律依据,不予采纳。

专业点评

基于公司资本维持原则,股东分配的资金来源不能是公司的资本,而只能是公司的利润。公司可否进行股利分配,除了审查是否有利润外,还应审查是否有可供分配的利润。判断是否具备可分配利润,仅具有股东会决议分配年度利润的形式要件不足以认定,还必须有符合《公司法》规定的依法经过审查验证的财务报表和利润分配计划的实质要件。在仅有形式要件而没有实质要件,从而导致股东与公司发生利润分配纠纷时,法院对有无利润的判断上可从公司在工商部门的年检报告、合法的会计年度终了时的财务会计报告、年度利润司法审计报告等证据审查中作出判断。

法条链接

1.《公司法》(2005 年)①

第一百六十四条　公司应当依照法律、行政法规和国务院财政部门的规定建立本公司的财务、会计制度。

第一百六十五条　公司应当在每一会计年度终了时编制财务会计报告,并依法经会计师事务所审计。财务会计报告应当依照法律、行政法规和国务院财政部门的规定制作。

第一百六十六条　有限责任公司应当按照公司章程规定的期限将财务会计报告送交各股东。股份有限公司的财务会计报告应当在召开股东大会年会的二十日前置备于本公司,供股东查阅;公开发行股票的股份有限公司必须公告其财务会计报告。

第一百六十七条　公司分配当年税后利润时,应当提取利润的百分之十列入公司法定公积金。公司法定公积金累计额为公司注册资本的百分之五十以上的,可以不再提取。

公司的法定公积金不足以弥补以前年度亏损的,在依照前款规定提取法定公积金之前,应当先用当年利润弥补亏损。

公司从税后利润中提取法定公积金后,经股东会或者股东大会决议,还可以从税后利润中提取任意公积金。公司弥补亏损和提取公积金后所余税后利润,有限责任公司依照本法第三十五条的规定分配;股份有限公司按照股东持有的股份比例分配,但股份有限公司章程规定不按持股比例分配的除外。

股东会、股东大会或者董事会违反前款规定,在公司弥补亏损和提取法定公积金之前向股东分配利润的,股东必须将违反规定分配的利润退还公司。公司持有的本公司股份不得分配利润。

第一百六十八条　股份有限公司以超过股票票面金额的发行价格发行股份所得的溢价款以及国务院财政部门规定列入资本公积金的其他收入,应当列为公司资本公积金。

第一百六十九条　公司的公积金用于弥补公司的亏损、扩大公司生产经营或者转为增加公司资本。但是,资本公积金不得用于弥补公司的亏损。

法定公积金转为资本时,所留存的该项公积金不得少于转增前公司注册资本的百分之二十五。

---

① 现已修改为《公司法》(2018 年)第 163 条、第 164 条、第 165 条、第 166 条、第 167 条、第 168 条。

2.《江苏省高级人民法院关于审理适用公司法案件若干问题的意见(试行)(一)》①

第六十四条　原告要求公司给付利润应具备如下条件:

(1)原告具备股东资格。

(2)公司依法有可供分配的利润。

(3)公司的利润分配方案已得到股东(大)会的批准。

(4)公司拒绝支付股利或未按已获得批准的利润分配方案支付股利。

① 根据2020年12月30日《江苏省高级人民法院关于废止部分办案指导文件的通知》已废止。

第九篇

请求公司收购股份纠纷

导 语

公司异议股东股权回购权源于普通法国家,该制度旨在公司结构发生重大变化时,赋予异议股东在获得合理的补偿后退出结构业已发生重大变化的公司的权利。该制度是对少数异议股东利益保护的一种有效机制,其蕴含了英美法系对不同利益之间的达到平衡的追求。不仅英美法系国家,属于大陆法系传统的德国、意大利、日本、韩国公司立法都在不同程度上借鉴吸收了该项制度。该制度有利于对公司重大决策没有影响力的中小股东利益的保护、有助于督促公司本身提升决策水平、改进经营管理,对大股东也是一种鞭策和制约。

根据我国《公司法》(2018 年)的规定,有限责任公司和股份有限公司异议股东请求公司收购股份的情形存在差别,有限责任公司异议股东根据《公司法》(2018 年)第 74 条第 1 款的规定,以下三种情形可以请求公司收购股份:(1)公司连续五年不向股东分配利润,而公司该五年连续盈利,并且符合本法规定的分配利润条件的;(2)公司合并、分立、转让主要财产的;(3)公司章程规定的营业期限届满或者章程规定的其他解散事由出现,股东会会议通过决议修改章程使公司存续的。第 2 款规定:自股东会会议决议通过之日起 60 日内,股东与公司不能达成股权收购协议的,股东可以自股东会会议决议通过之日起 90 日内向人民法院提起诉讼。

《公司法解释一》(2014 年)第 3 条规定,原告以《公司法》(2018 年)第 22 条第 2 款、第 74 条第 2 款的规定事由,向人民法院提起诉讼时,超过《公司法》(2018 年)规定期限的,人民法院不予受理。

对于股份有限公司异议股东,《公司法》(2018 年)第 142 条规定,公司不得收购本公司股份。但是,有下列情形之一的除外……(4)股东因对股东大会作出的公司合并、分立决议持异议,要求公司收购其股份的……属于第 4 项情形的,应当在 6 个月内转让或者注销。

《公司法解释二》(2020 年)第 5 条规定,"人民法院审理解散公司诉讼案件,应当注重调解。当事人协商同意由公司或者股东收购股份,或者以减资等方式使公司存续,且不违反法律、行政法规强制性规定的,人民法院应予支持。当事人不能协商一致使公司存续的,人民法院应当及时判决。经人民法院调解公司收购原告股份的,公司应当自调解书生效之日起六个月内将股份转让或者注销。股份转让或者注销之前,原告不得以公司收购其股份为由对抗公司债权人。"

异议股东股权回购请求权纠纷的原告肯定是异议股东，被告是公司，这里的异议股东必须是登记在册的显名股东，实际出资人不具备原告资格，提起条件是股东大会作出《公司法》列举的三项重大事项，而该股东明确提出异议，公司又没有在股东会决议作出后60日内协商一致，而且提起诉讼时间是股东会决议作出后90日内。在司法实践中，转让资产是否构成公司主要资产，也是原被告双方主要争点之一。

对于异议股东请求公司收购股权纠纷的诉请逻辑一般如下：(1)说明股权来源，至于是原始取得还是继受取得没关系，无论是公司原始股东还是通过股权转让、公司增资、股权继承得来股权的在所不问。(2)说明回购原因：无论是基于法律规定还是章程规定，要先讲明。(3)说明回购价格，确定回购价格的计算方法和依据。(4)提交符合异议股东请求公司收购股份的相关佐证材料。

一、非因自身过错未能参加股东会又对公司转让主要财产明确提出反对意见的股东，有权请求公司回购其股权

案件名称

袁某某与长江置业公司请求公司收购股份纠纷案①

案号

二审：(2013)湘高法民二终字第91号；再审：(2014)民申字第2154号

裁判要旨

对股东会决议转让公司主要财产投反对票的股东有权请求公司以合理价格回购其股权。非因自身过错未能参加股东会的股东，虽未对股东会决议投反对票，但对公司转让主要财产明确提出反对意见的，其请求公司以公平价格收购其股权，法院应予支持。

案情简介

再审申请人(一审被告、二审上诉人)：长江置业公司

① 参见《最高人民法院公报》2016年第1期。

被申请人(一审原告、二审上诉人):袁某某

2010年3月5日,长江置业公司形成股东会决议,明确由沈某、钟某某、袁某某三位股东共同主持工作,确认全部财务收支、经营活动和开支、对外经济行为必须通过申报并经全体股东共同联合批签才可执行,对重大资产转让要求以股东决议批准方式执行。但是,根据长江置业公司与袁某某的往来函件,在实行联合审批办公制度之后,长江置业公司对案涉二期资产进行了销售,该资产从定价到转让,均未取得股东袁某某的同意,也未通知其参加股东会。袁某某在2010年8月19日申请召开临时股东会,明确表示反对二期资产转让,要求立即停止转让上述资产,长江置业公司驳回了袁某某的申请,并继续对二期资产进行转让。长江置业公司《公司章程》中规定,股东权利受到公司侵犯,股东可书面请求公司限期停止侵权活动,并补偿因被侵权导致的经济损失。如公司经法院或公司登记机关证实:公司未在所要求的期限内终止侵权活动,被侵权的股东可根据自己的意愿退股,其所拥有的股份由其他股东协议摊派或按持股比例由其他股东认购。长江置业公司在没有通知袁某某参与股东会的情况下,于2010年5月31日作出股东会决议,取消了袁某某的一切经费开支。故袁某某诉讼请求长江置业公司收购其20%股权。

诉讼过程

再审申请人长江置业公司因与被申请人袁某某请求公司收购股份纠纷一案,不服湖南省高级人民法院(2013)湘高法民二终字第91号民事判决,遂向最高人民法院申请再审。

裁判结果

最高人民法院再审判决:驳回长江置业公司的再审申请。

主要争点

长江置业公司申请再审称:长江置业公司提交《2009年第4次股东会议纪要》、《2010年临时股东会决议》、公安机关出具的《说明》等六组新的证据,足以推翻原判决。

袁某某提交答辩意见称:长江置业公司的再审申请缺乏事实与法律依据,请求予以驳回。

综上所述,本案争议焦点为:袁某某是否有权要求长江置业公司回购股份。

裁判说理

最高人民法院再审认为:关于袁某某是否有权请求长江置业公司回购股权的问题。2010年3月5日,长江置业公司形成股东会决议,明确由沈某、钟某某、袁某某3位股东共同主持工作,确认全部财务收支、经营活动和开支、对外经济行为必须通过申报并经全体股东共同联合批签才可执行,对重大资产转让要求以股东决议批准方式执行。但是,根据长江置业公司与袁某某的往来函件,在实行联合审批办公制度之后,长江置业公司对案涉二期资产进行了销售,该资产转让从定价到转让,均未取得股东袁某某的同意,也未通知其参加股东会。根据《公司法》第74条之规定,对股东会决议转让公司主要财产投反对票的股东有权请求公司以合理价格回购其股权。本案从形式上看,袁某某未参加股东会,未通过投反对票的方式表达对股东会决议的异议。但是,《公司法》第74条的立法精神在于保护异议股东的合法权益,之所以对投反对票作出规定,意在要求异议股东将反对意见向其他股东明示。本案中,袁某某未被通知参加股东会,无从了解股东会决议,并针对股东会决议投反对票,况且,袁某某在2010年8月19日申请召开临时股东会时,明确表示反对二期资产转让,要求立即停止转让上述资产,长江置业公司驳回了袁某某的申请,并继续对二期资产进行转让,已经侵犯了袁某某的股东权益。因此,二审法院依照《公司法》第74条之规定,认定袁某某有权请求长江置业公司以公平价格收购其股权,并无不当。

同时,长江置业公司《公司章程》中规定,股东权利受到公司侵犯,股东可书面请求公司限期停止侵权活动,并补偿因被侵权导致的经济损失。如公司经法院或公司登记机关证实:公司未在所要求的期限内终止侵权活动,被侵权的股东可根据自己的意愿退股,其所拥有的股份由其他股东协议摊派或按持股比例由其他股东认购。本案中,长江置业公司在没有通知袁某某参与股东会的情况下,于2010年5月31日作出股东会决议,取消了袁某某的一切经费开支,长江置业公司和其股东会没有保障袁某某作为股东应享有的决策权和知情权,侵犯了袁某某的股东权益,符合长江置业公司《公司章程》所约定的"股东权利受到公司侵犯"的情形。因此,袁某某有权根据《公司章程》的规定,请求公司以回购股权的方式让其退出公司。

从本案实际处理效果看,长江置业公司股东之间因利益纠纷产生多次诉讼,有限公司人合性已不复存在,通过让股东袁某某退出公司的方式,有利于尽快解决公司股东之间的矛盾和冲突,从而保障公司利益和各股东利益。如果长江置业公司有证据证明袁某某存在侵占公司资产的行为,可以另行主张。综上所述,袁某某请求长江置业公司收购其20%股权符合《公司法》和长江置业公司《公司章程》的规定。

专业点评

异议股东申请公司回购股权是中小股东维权的途径之一，《公司法》(2018年)第74条的立法目的是保护异议股东的合法权益。实践中，当股东要求公司回购股份时，存在异议股东已经与公司关系破裂，若无事先约定的公司股份回购机制，持有10%以上异议股东可能会提起公司解散之诉，这对于公司和个人而言无疑是双输的选择。

《公司法》(2018年)第74条关于公司主要财产的认定没有具体说明，实践中往往也会因为是否系公司主要财产而产生争议。有限责任公司和股份有限公司对主要财产的认定方式不尽相同，股份有限公司可以参照《公司法》(2018年)对上市公司的主要财产的规定，即超过30%的公司资产视为公司主要资产或视为对生产经营产生重大影响。但有限责任公司对主要财产并无相应标准，司法实践中通常根据财产及盈利所占公司资产及盈利的比例，若公司章程有明确界定，则以公司章程为准。

目前，法律关于请求公司收购股权的规定还不完备，公司和股东所处的立场不同，各自的诉求也不同，股东可利用《公司法》(2018年)赋予公司章程在法律允许范围内自由约定的权利，根据公司实际情况，对可能发生的具有争议的事项提前约定，以便发生争议时，可以通过章程约定维护自身合法权益。

法条链接

《公司法》(2013年)①

第七十四条　有下列情形之一的，对股东会该项决议投反对票的股东可以请求

① 现已修改为《公司法》(2018年)第74条。

公司按照合理的价格收购其股权：

（一）公司连续五年不向股东分配利润，而公司该五年连续盈利，并且符合本法规定的分配利润条件的；

（二）公司合并、分立、转让主要财产的；

（三）公司章程规定的营业期限届满或者章程规定的其他解散事由出现，股东会会议通过决议修改章程使公司存续的。

自股东会会议决议通过之日起六十日内，股东与公司不能达成股权收购协议的，股东可以自股东会会议决议通过之日起九十日内向人民法院提起诉讼。

二、公司回购股权价格的确定

案件名称

刘某某与八星公司请求收购股份纠纷案

案号

一审：（2013）运盐民重字第36号；二审：（2014）运中民终字第312号；再审：（2014）晋民申字第745号

裁判要旨

公司股东要求公司收购的条件，在《公司法》第74条规定得非常具体明确，股东在满足其中一个条件的情况下即可要求公司回购股份，但该如何对股份定价呢？《公司法》规定，公司按合理的价格收购股份，但对合理的价格没有做更详细的规定，在实践中我们对回购股权的定价在不同的案件中采用不同的方式，但必须要保证公平合理。

案情简介

再审申请人（一审原告、二审上诉人）：刘某某

再审被申请人（一审被告、二审被上诉人）：八星公司

原告刘某某及案外人杨某某系被告股东，原告持股比例为8.14%，杨某某持股比例为10.7%。原告在担任被告监事期间，2009年6月因公司内部事务与公司其他

人员发生纠纷，未再上班。杨某某因与公司其他股东发生纠纷，于2011年5月向山西省运城市中级人民法院诉讼，请求判令解散被告公司。2011年9月19日，运城市中级人民法院作出(2011)运中商初字第22号民事调解书，杨某某将其在被告的所有股份全部转让给公司其他四名股东。2011年10月14日，杨某某作为转让方与该四名股东作为受让方分别达成股权转让协议，杨某某将其在被告的股权及其收益依法转让给四名股东，转让价格共为330,000元。

原告认为被告转让了主要财产，于2011年10月20日向被告发出通知，请求公司按照合理的价格收购其股权。被告认为其没有转让财产，也未因转让财产召开过股东会。原告向法院诉讼，要求被告按1,191,070元收购其股权。审理中，被告未提供公司相应账务。原告向法院申请调取被告与运城新亚达房地产开发有限公司签订的土地转让协议。法院经向被告调取，被告向法院递交了一份情况说明，内容为：被告的土地使用权没有进行转让，截至目前土地登记未发生任何变更。与房地产公司的土地使用权转让合同不存在。

诉讼过程

上诉人刘某某因请求公司收购股份纠纷一案，不服山西省运城市盐湖区人民法院(2013)运盐民重字第36号民事判决，向山西省运城市中级人民法院提起上诉。二审法院驳回刘某某诉讼请求，刘某某不服，向山西省高级人民法院申请再审。

裁判结果

一审法院判决：(1)被告八星公司于本判决生效后15日内支付原告刘某某326,361元；(2)驳回原告刘某某其他诉讼请求。

二审法院判决：驳回上诉，维持原判。

再审法院判决：驳回再审申请人刘某某的再审申请。

主要争点

刘某某上诉称其是八星公司股东之一，因为任监事期间查问公司财务一事与公司承包经营人发生矛盾，被公司管理人赶出公司。刘某某离开公司后，公司承包人把八星公司的土地、主要生产设备及其他一些公司财产都卖掉了，故请求八星公司按照合理的价格收购其股权。刘某某于2012年4月就收购股权一事向山西省运城市盐湖区人民法院提起诉讼，山西省运城市盐湖区人民法院经两次审理，均判决八星公司参照公司另一股东杨某某的股权转让办法来结算其股权收购价格,其不能接受。刘某某认为一审判决没有查清事实,错误判决。请求山西省运城市中级人民法院撤销一审判决,依法改判由八星公司按 1,191,070 元的价格收购其股权。

八星公司答辩称:(1)上诉人所称公司转让财产等问题没有事实依据,一审已经查明,土地登记没有发生任何变化;(2)要求公司收购股份的条件是不具备的。

综上所述,主要争议焦点:刘某某与八星公司请求收购股份的股份价格该如何确定。

裁判说理

一审法院认为,原告虽没有证据证明被告转让了其主要财产及被告因该项决议召开过股东会,但公司股东依法享有资产收益、参与重大决策等权利,原告刘某某与被告公司发生纠纷后,矛盾难以调和,原告无法正常行使其股东权利。而原告、被告均未提交被告公司资产真实情况,故被告应参照 2011 年 10 月 14 日股东杨某某转让股权的比例,并酌情略高于该比例 30%,对原告股权按照合理的价格予以收购,即 330,000 元 ×8.14÷10.7×1.3=326,361 元。

二审法院认为,公司股东要求公司收购的条件,在《公司法》第 74 条规定得非常具体明确,上诉人认为其请求符合该条规定第 1 款第 2 项"公司合并、分立、转让主要财产的"情形。经法院审理查明,上诉人主张的八星公司转让主要财产的事实并无相关证据证实,其提出的八星公司土地使用权,经核实仍然登记在该公司名下,并未发生变更,而土地使用权的权属证明在我国法律上均是以原国土资源部门的登记和权利证书来确定的,上诉人认为八星公司持有土地证不能说明土地使用权权属没有发生变更的理由依据不足;现原判考虑上诉人与八星公司的特殊情况,参照其他股东股权收购的标准判决八星公司收购上诉人的股份,已充分保护了上诉人的相应合法权益,同时亦兼顾了公平原则,该判决适当。

再审法院认为,《公司法》第 74 条规定了在法定情形出现时,符合法定条件的股东有权要求公司以合理的价格收购其股权。三个法定情形为:(1)公司连续 5 年不向股东分配利润,而该公司连续五年盈利,并且符合本法规定的分配利润条件的;(2)公司合并、分立、转让主要财产的;(3)公司章程规定的营业期限届满或者章程规定的其他解散事由出现,股东会会议通过决议修改章程使公司存续的。刘某某认为,其请求符合该条规定第 2 种情形,即公司转让了主要财产。刘某某在一审、二审及再审审查期间均未能举证证明八星公司有转让公司主要财产的行为,二审查明八星公司的土地使用权未发生变更。一审、二审判决参照其他股东股权收购的标准判决八星公司收购上诉人的股份，已充分保护了刘某某的相应权益。八星公司也未提起上诉和再审申请。原判决认定事实的主要证据经过了法庭举证质证。人民法院也调查收集了土地权属的证据。一审、二审并没有剥夺当事人辩论权利。原判决没有遗漏或者超出诉讼请求。原判决定适用法律正确。

专业点评

《公司法》第 74 条第 1 款规定"对股东会决议投反对票的股东可以请求公司按照合理的价格收购其股权"，那么对"合理的价格"该如何解释呢，多少定价的股权才属于"合理的价格"呢？我国《公司法》及相关司法解释没有对"合理的价格"做进一步的规定，本案中被告公司采用的方式是较以前其他股东的转让价格提升了 30% 的定价，作出这样的决定需综合案件原被告之间的关系，及纠纷发生的原因，不能每个案件都采用统一的方式去办案。

那么，关于"合理的价格"我们在不同的案件中该如何去应用呢？我们应尊重公司意思自治的基本原则，看公司章程中是否有对定价的相关规定，若没有相关规定我们则可采取协商调解的方式去化解矛盾，调和股东和企业的关系能让公司更加平稳地运行，但实践中，股东和公司的矛盾一般较深，这种方法很难奏效。那么，可以采取的方式就是通过专业鉴定机构的鉴定定价，这种方式较为公平公正，但需要企业提供完整的财务账簿，若企业管理不规范，账簿混乱，那么这种方式就可能难以奏效，最后只能按照上述案例中的近期股东转让的平均价及公平原则上浮一定比例来定价。

法条链接

《公司法》(2013 年)①

第七十四条　有下列情形之一的，对股东会该项决议投反对票的股东可以请求公司按照合理的价格收购其股权：

(一)公司连续五年不向股东分配利润，而公司该五年连续盈利，并且符合本法规定的分配利润条件的；

(二)公司合并、分立、转让主要财产的；

(三)公司章程规定的营业期限届满或者章程规定的其他解散事由出现，股东会会议通过决议修改章程使公司存续的。

自股东会会议决议通过之日起六十日内，股东与公司不能达成股权收购协议的，股东可以自股东会会议决议通过之日起九十日内向人民法院提起诉讼。

三、公司转让主要财产情况下的异议股东股权回购请求权

案件名称

捷龙公司、彭某某请求公司收购股份纠纷案

案号

一审：(2015)中一法三民一初字第 498 号；二审：(2016)粤 20 民终 4064 号

裁判要旨

关于公司主要资产的认定，法律上并没有准确的定性。有限责任公司注重人合性，法院会先以章程中是否有关于资产处置的规定，在章程未规定的情况下，综合考虑公司转让财产占公司资产的比重、转让财产对公司正常经营和盈利的影响、转让财产是否导致公司发生根本性变化等因素，结合个案来进行判定。

案情简介

上诉人(原审被告)：捷龙公司

① 现已修改为《公司法》(2018 年)第 74 条。

被上诉人(原审原告):彭某某

原审第三人:张某某

2014 年 3 月,马某某、彭某某、张某某筹备成立捷龙公司,注册资本为 200,000 元。三方经过协商约定实际投资增加至 500,000 元,于 2014 年 3 月 25 日之前各投资人应履行出资义务。之后,彭某某于 2014 年 3 月 24 日向马某某银行转账 190,000 元。2014 年 4 月 10 日,捷龙公司在原广东省中山市工商行政管理局核准登记成立。

2015 年 5 月 16 日,捷龙公司召开公司会议,公司全体股东马某某、张某某、彭某某及公司员工李某某、兰某某等参加会议。会议中捷龙公司出具证明一份,载明:"捷龙公司同意将如下设备:一、折弯机 1 台,剪板机一台共计 194,575 元,冲床 1 台 21,674.75 元,氩弧焊机 3 台共计 855.21 元;二、空压机 1 台 2117.92 元、拉丝机 2 台 2117.92 元、拉丝机 2 台 10,814.42 元、电烤炉 2 台 5857.5 元;三、按 2015 年 5 月 15 日全公司大会方案,以上述价格七折合人民币 170,518.46 元由张某某股东购买。"捷龙公司在落款处盖章并由法定代表人马某某签名确认,李某某、兰某某在见证人处签名确认。彭某某不同意该出售方案,拒绝在该证明上签名。2015 年 6 月 17 日,彭某某以捷龙公司未经其同意转让公司主要财产为由,向一审法院提起诉讼,请求上述实体权利。又查:捷龙公司为 2014 年 4 月 10 日核准成立的有限责任公司(自然人投资或控股),注册资本为 200,000 元,法定代表人为马某某。投资者为马某某,认缴出资额 84,000 元,占比例 42%;彭某某,认缴出资额 84,000 元,占比例 42%;张某某,认缴出资额 32,000 元,占比例 16%。

诉讼过程

上诉人捷龙公司因与被上诉人彭某某、原审第三人张某某请求公司收购股份纠纷一案,不服广东省中山市第一人民法院(2015)中一法三民一初字第 498 号民事判决,向广东省中山市中级人民法院提起上诉。

裁判结果

一审法院判决:(1)捷龙公司应于本判决生效之日起七日内,向彭某某支付回购款 150,000 元,以收购彭某某名下所有的捷龙公司 42% 股份;(2)驳回彭某某的其他诉讼请求。

二审法院判决:驳回上诉,维持原判。

主要争点

上诉人捷龙公司上诉请求：撤销广东省中山市第一人民法院（2015）中一法三民一初字第498号民事判决，并依法改判驳回彭某某的全部诉讼请求。事实和理由：（1）捷龙公司系独立民事主体，权利独立于全体股东，有权处分属于捷龙公司的法人财产。捷龙公司系依法设立的有限责任公司，具有独立的民事主体资格，享有独立的法人财产权。2015年5月，因公司经营陷入极度困境，拖欠工人工资数月，导致工人停工并请求劳动监察部门介入。为了避免事态恶化，捷龙公司与工人代表李某某、兰某某等经过数次协商达成了变卖资产发放工资的协议。2015年5月17日，捷龙公司在工人现场见证下，按照公允的市场价格将公司设备出售给第三人。事实上，捷龙公司经营困难持续数月，彭某某既未全额缴纳出资，也拒绝继续追加投入，并且在公司经营困难时离开公司，置公司利益和员工利益于不顾，捷龙公司陷入经营困难，彭某某难辞其咎。此次出售设备是法律赋予捷龙公司作为独立法人的基本权利，所处分的财产均属于公司财产，变卖所得均用于发放工人工资及支付供应商欠款，此次变卖财产合理合法。（2）彭某某与另外两名股东马某某、张某某三人并未召开股东会，也没有形成股东会决议，一审法院错误认定该基本事实。2015年5月16日，彭某某在公司召开了由公司员工、捷龙公司及负责人马某某、第三人参加的会议，此次会议主要是为了解决拖欠员工工资的问题，最终公司与员工达成了变卖设备发放工人工资的一致意见。此次会议并未进行任何形式的表决，实质上是捷龙公司与公司员工之间的谈判，最终捷龙公司与第三人达成了设备出售协议，公司员工认可该出售价格才在涉案的“证明”上签字确认。也就是说，2015年5月16日捷龙公司并未召开股东会议，也没有召集股东就设备变卖进行讨论，根本没有形成任何股东会议决议。事实上，彭某某也认为没有召开股东会。彭某某在起诉状中陈述：“2015年5月，股东马某某、张某某在未经过股东大会，也未征得原告同意的情况下，擅自处理被告的主要财产……”彭某某也认为没有召开股东会议，如何形成股东会决议呢？因此，一审判决认定出售涉案财产系执行捷龙公司股东会决议，显然是认定基本事实错误。（3）《公司法》第74条规定适用的前提条件为存在“股东会决议”，本案中并不存在“股东会决议”，当然不能适用该法律规定。一审判决将捷龙公司出售设备的证明认定为股东会决议，进而适用《公司法》第74条之规定作出判决，明显是适用法律错误。上述《公司法》第74条关于“对股东会该项决议投反对票的股东……”的规定，明确了争议标的为股东会决议。但在本案中，彭某某、捷龙公司和第三人均确认没有召开过股东会，也没有形成过股东会决议，彭某某如何针对股东会决议投反对票呢？既然适用上述

《公司法》第 74 条的基本事实前提不存在,那么显然本案不能适用该法律规定。(4)捷龙公司在一审中提交彭某某签名确认的全部“明细账”,可以确定捷龙公司在 2015 年 5 月时处于负资产状态。捷龙公司在一审中提交了彭某某签名确认的全部“明细账”,从该明细账可以看出截至 2015 年 5 月 31 日,捷龙公司已是资不抵债,所有者权益为 44,618.16 元。但一审居然认定彭某某的股权价值 150,000 元,如果这部分股权有如此高的价值,彭某某怎舍得离开公司呢?该事实证据充实,彭某某确认的明细账已全部提交,一审法院对此视而不见。综上所述,请求二审法院支持捷龙公司的上诉请求。

被上诉人彭某某辩称:(1)捷龙公司虽然是独立的法人,但其资产的处理只能通过股东会决定,所以才有《公司法》第 74 条规定,现捷龙公司以实际召开股东会名义,出售捷龙公司财产,且未征求股东之一即彭某某的同意,符合《公司法》第 74 条的规定,彭某某有权要求捷龙公司回购其股份,捷龙公司试图将股东会的决议混淆为捷龙公司本身的经营决议,进而规避其责任与法律规定不符;(2)根据彭某某提供的证据显示,捷龙公司于 2015 年 5 月 16 日实际已经召开了股东会,捷龙公司宣称未召开股东会与事实不符,彭某某陈述的未经股东大会同意情况下擅自处理捷龙公司财产,并不是指没有召开股东会,而是指未经股东会有表决权的股东同意并通过;(3)捷龙公司称公司处于负资产状态,没有证据证明,因此,彭某某要求捷龙公司以合理的价格收购其股权,一审判决 150,000 元回收已经考虑折价、亏损等情况,彭某某予以认可。综上所述,请求二审法院驳回上诉、维持原判。

综上所述,案件的争议焦点为:(1)彭某某是否有权主张捷龙公司收购其股份;(2)如果彭某某有权主张捷龙公司收购其股份,收购股份的价格如何确定。

裁判说理

一审法院认为,本案系请求公司收购股份纠纷。关于焦点一,根据《公司法》第 74 条的规定:“对股东会该项决议投反对票的股东可以请求公司按照合理的价格收购其股权……(二)公司合并、返利、转让主要财产的”。彭某某以不签名的行为,反对捷龙公司于 2015 年 5 月 16 日作出的将涉案设备以 170,518.46 元的价格出售给张某某的决议,有权请求捷龙公司以合理的价格收购彭某某的股权。故彭某某该主张,合法有据,一审法院予以支持。关于焦点二,捷龙公司主张其严重亏损,公司现为负资产,应对其主张承担举证责任。但捷龙公司并没有证据证明在 2015 年 5 月 16 日出售公司设备时自身财务状况,在诉讼过程中,也未向法院提交经过彭某某确认或者完整的财务账册以证明其为负资产,仅凭捷龙公司自行委托广东省中山市腾信会计服务有限公司制作的资产负债表,无法完整地反映捷龙公司的财务状况。捷龙公司未能完成自己的举证义务以证明公司的真实财产状况,彭某某亦未能提交证据证明捷龙公司亏损或盈利状况,双方均未向法院申请财务审计,公司财产状况无法查明。鉴于捷龙公司已经实际出售机器设备,应当出现了一定程度的亏损,彭某某的股权价值贬值的可能性较大,故一审法院酌定,捷龙公司应以 150,000 元的价格回购彭某某所持有的 42% 股份。

二审法院认为,本案为请求公司收购股份纠纷。

(1)关于彭某某是否有权主张捷龙公司收购其股份问题。所谓股份收购请求权,是指公司股东大会基于资本多数表决就有关公司的重大行动作出决议后,持异议的少数股东有权要求公司以公平价格购买其持有股份的权利。《公司法》第 74 条规定:"对股东会该项决议投反对票的股东可以请求公司按照合理的价格收购其股权……(二)公司合并、返利、转让主要财产的"。本案中,彭某某作为捷龙公司的股东,其是否有权请求捷龙公司收购其股份的关键在于如何认定捷龙公司 2015 年 5 月 16 日会议决议的性质。

其一,关于该会议决议内容是否属于捷龙公司"转让主要财产"问题。我国《公司法》并未对有限责任公司"转让主要财产"的范围作出明确的法律界定,法院认为,公司转让的财产是否为主要财产,取决于公司转让的财产是否影响了公司的正常经营和盈利,导致公司发生了根本性变化。捷龙公司的经营范围为:生产、加工、销售厨具、洁具,而该会议决议的内容显示,捷龙公司"将涉案设备以 170,518.46 元的价格出售给张某某",转让的是折弯机、剪板机、冲床、氩弧焊机、空压机、拉丝机等主要生产经营设备,而不是其经营范围中的产品,该转让行为也未涉及公司生产设备更新换代的内容;捷龙公司在二审中确认,涉案设备于 2015 年 5 月出售给张某某后,捷龙公司已经停止正常经营。显然,捷龙公司转让的财产影响了公司的正常经营和盈利,导致公司发生了根本性变化,已构成《公司法》第 74 条规定中的公司"转让主要财产"的情形。

其二,关于该会议决议是否属于公司股东会决议问题。有限责任公司作为独立的民事主体,具有相应的民事行为能力,公司的正常经营活动,如购买原材料、转让公司的库存产品等,可以独立于全体股东,由公司法定代表人签名代理或加盖公司公章即可处分。尽管我国《公司法》第 37 条关于股东会职权的规定中并没有公司"转让主要财产"这一情形,第 43 条中规定的三种需经代表 2/3 以上表决权的股东通过的情形中也没有"转让主要财产",且捷龙公司的公司章程关于股东会的职权也未约定公司"转让主要财产"的内容,但有限责任公司"转让主要财产"属于公司的重大行动，是公司的基础性事务，会动摇公司的基本结构，深刻影响股东的权益，显然不属于公司的正常经营活动，应由公司的最高权力机构即股东会进行决议。本案中，捷龙公司2015年5月16日的会议决议仅仅是在形式上没有冠名股东会决议，但从该会议召开形式上看，公司的全体股东均有参加会议；从会议决议的内容来看，该会议决议已构成公司“转让主要财产”，因此，法院认定捷龙公司2015年5月16日的会议决议属于股东会决议。

其三，彭某某请求捷龙公司收购其股份的条件是否成就问题。基于本院前述认定，捷龙公司2015年5月16日通过股东会决议“转让主要财产”，彭某某不同意该出售方案，拒绝在会议决议上签名，应视为彭某某对该项决议投反对票，且彭某某在法定期限内向法院提出了收购股份的请求，故法院认定捷龙公司请求捷龙公司收购其股份的条件已经成就。综上所述，一审法院认定彭某某有权请求捷龙公司以合理价格收购其股份，符合法律规定，理据充分，法院予以维持。

(2)关于捷龙公司收购股份的价格如何确定问题。捷龙公司的注册资本为200,000元，彭某某持有42%的股份，捷龙公司成立时，彭某某实际认缴的出资额为190,000元，双方当事人对上述事实没有异议，法院予以确认。捷龙公司主张其严重亏损，公司为负资产，应对其主张承担举证责任。但捷龙公司并没有提供证据证明公司在2015年5月16日出售涉案设备时自身财务状况，在一审诉讼过程中，捷龙公司也未向法院提交经过彭某某确认或者完整的财务账册以证明其为负资产，仅凭捷龙公司自行委托广东省中山市腾信会计服务有限公司制作的资产负债表，无法完整地反映捷龙公司的财务状况。捷龙公司未能完成自己的举证义务以证明公司的真实财产状况，彭某某亦未能提交证据证明捷龙公司亏损或盈利状况，双方均未向法院申请财务审计，公司财产状况无法查明。鉴于捷龙公司已经实际出售机器设备，应当出现了一定程度的亏损，彭某某的股权价值贬值的可能性较大，综合考虑彭某某的实际出资额及捷龙公司的经营时间，一审法院酌定捷龙公司应以150,000元的价格回购彭某某所持有的42%股份，并无不妥，法院予以维持。

专业点评

《公司法》第74条规定了公司转让主要财产的，投反对票的股东可以请求公司按照合理的价格收购其股份，至于什么是公司“主要财产”，《公司法》及其相关司法解释均未提供可供衡量或参照的标准，由此导致在案件办理过程中，对“主要财产”认定模糊不清。《公司法》第121条规定："上市公司在一年内购买、出售重大资产或者担保金额超过公司资产总额百分之三十的，应当由股东大会作出决议，并经出席会议的股东所持表决权的三分之二以上通过。"上市公司将超过公司资产总额30%的认定为上市公司重大资产，但在法律没有明确规定的情况下，有限公司不宜直接适用上市公司关于重大资产的认定，但在法院裁判中，可能会将参考上市公司关于此的约定。

在司法实务中，法院是如何认定主要财产的呢？通过上述裁判案例，我们可以看出，法院以"公司转让的财产是否为主要财产，取决于公司转让的财产是否影响了公司的正常经营和盈利，导致公司发生了根本性变化。"作为认定标准，同时根据个案情况，结合"转让财产是否影响公司设立目的及公司存续、公司结构和经营活动发生重大变化"等因素来进行综合考虑。

法条链接

《公司法》(2013年)①

第三十七条　股东会行使下列职权：

(一)决定公司的经营方针和投资计划；

(二)选举和更换非由职工代表担任的董事、监事，决定有关董事、监事的报酬事项；

(三)审议批准董事会的报告；

(四)审议批准监事会或者监事的报告；

(五)审议批准公司的年度财务预算方案、决算方案；

(六)审议批准公司的利润分配方案和弥补亏损方案；

(七)对公司增加或者减少注册资本作出决议；

(八)对发行公司债券作出决议；

(九)对公司合并、分立、解散、清算或者变更公司形式作出决议；

(十)修改公司章程；

---

① 现已修改为《公司法》(2018年)第37条、第43条、第74条、第121条。

(十一)公司章程规定的其他职权。

对前款所列事项股东以书面形式一致表示同意的,可以不召开股东会会议,直接作出决定,并由全体股东在决定文件上签名、盖章。

第四十三条 股东会的议事方式和表决程序,除本法有规定的外,由公司章程规定。

股东会会议作出修改公司章程、增加或者减少注册资本的决议,以及公司合并、分立、解散或者变更公司形式的决议,必须经代表三分之二以上表决权的股东通过

第七十四条 有下列情形之一的,对股东会该项决议投反对票的股东可以请求公司按照合理的价格收购其股权:

(一)公司连续五年不向股东分配利润,而公司该五年连续盈利,并且符合本法规定的分配利润条件的;

(二)公司合并、分立、转让主要财产的;

(三)公司章程规定的营业期限届满或者章程规定的其他解散事由出现,股东会会议通过决议修改章程使公司存续的。

自股东会会议决议通过之日起六十日内,股东与公司不能达成股权收购协议的,股东可以自股东会会议决议通过之日起九十日内向人民法院提起诉讼。

第一百二十一条 上市公司在一年内购买、出售重大资产或者担保金额超过公司资产总额百分之三十的,应当由股东大会作出决议,并经出席会议的股东所持表决权的三分之二以上通过。

四、异议股东请求权法定期间的理解

案件名称

李某某与创联公司请求公司收购股份纠纷案

案号

一审:(2013)钟商初字第0251号;二审:(2014)常商终字第133号;再审:(2015)苏审二商申字第00301号;提审:(2015)苏商再提字第00096号

裁判要旨

“自股东会会议决议通过之日起六十日内,股东与公司不能达成股权收购协议的,股东可以自股东会会议决议通过之日起九十日内向人民法院提起诉讼”,即股东

应在股东会决议通过之日起90天内起诉,且实务中法院认为90天的起诉期限为除斥期间,不因任何事由而终止、中断、延长。

案情简介

再审申请人(一审被告、二审被上诉人):创联公司

被申请人(一审原告、二审上诉人):李某某

创联公司于2001年11月30日经原江苏省常州工商行政管理局钟楼分局登记设立,经营期限为10年(至2011年11月29日止),注册资本为110万元,3名股东,其中李某某出资33万元,占注册资本的30%,凌某出资27.5万元,占注册资本的25%,蒋某雄出资49.5万元,占注册资本的45%。2011年5月10日,创联公司向李某某送达召开股东会通知书1份,通告李某某于2011年5月28日在创联公司会议室召开股东会。李某某在该通知书回执联签名确认。2011年5月28日,创联公司召开了第十三次股东会,应到会股东3人,实际到会股东3人,无缺席情况,参会股东代表100%表决权。会议形成股东会决议,确定:(1)公司的经营期限延长为21年(2022年11月29日止);(2)制定并通过公司章程修正案。会议表决情况:凌某、蒋某雄对两项决议内容都表示同意,李某某对两项内容均表示不同意。三名股东均在决议上签名确认。2011年8月2日,李某某将创联公司诉至法院,要求创联公司以合理价格收购李某某所持有的创联公司30%的股权,2011年9月15日,李某某申请撤回起诉,该院于2011年9月15日裁定予以准许。李某某于2012年7月6日又具状至法院。法院于2012年11月14日预立案,并于2013年1月21日正式立案受理。

诉讼过程

再审申请人创联公司因与被申请人李某某请求公司收购股权纠纷一案,不服江苏省常州市中级人民法院(2014)常商终字第133号民事裁定,向江苏省高级人民法院申请再审。江苏省高级人民法院于2015年10月9日作出(2015)苏审二商申字第00301号民事裁定,提审本案。

裁判结果

一审法院判决:驳回李某某的起诉。

二审法院判决:(1)撤销江苏省常州市钟楼区人民法院(2013)钟商初字第0251号民事裁定;(2)指令江苏省常州市钟楼区人民法院对本案进行审理。

再审法院判决:(1)撤销江苏省常州市中级人民法院(2014)常商终字第133号、江苏省常州市钟楼区人民法院(2013)钟商初字第0251号民事裁定;(2)驳回李某某的起诉。

主要争点

创联公司申请再审称:(1)二审裁定认定事实不清。第一,李某某刻意隐瞒真正股东会召开的时间是2011年5月28日,却提交事实上不存在的2011年4月28日股东会决议的复印件,且无其他证据佐证,也无证据证明原件由创联公司持有。二审裁定却认定该复印件的证明资格及证明力,并含糊其词地认为创联公司的全体股东对该事实均是明知的,属认定事实不清。第二,二审裁定作出"李某某撤回曾于2011年7月提起的公司回购股权之诉,完全是因为创联公司及其他股东违反诚信原则,恶意否认存在延长公司经营期限的第十三次股东会决议,导致该案诉讼进程变化"的认定,无事实依据。创联公司在2011年7月的公司回购股权之诉中的陈述,否认的是2011年4月28日不存在的股东会决议,并非针对2011年5月28日的股东会。李某某亦明知创联公司于2011年5月28日召开股东会并形成了延长公司经营期限的决议。(2)原审裁定适用法律错误。《公司法》第74条规定的"自股东会决议通过之日起"是将决议生效这一客观事实作为法定期限的起算日期,而并不对股东知道与否或者应当知道与否的主观状态进行考量。该条规定的90日期间并非一审、二审裁定认为的除斥期间,而是限制性的时间规定,超过该时间规定,消灭的是股东的诉权,此期间不适用任何事由的中止、中断或延长。一审裁定认为不符合起诉条件,裁定驳回起诉是正确的,二审改判系适用法律错误。综上所述,请求判令驳回李某某对创联公司的起诉。

被申请人李某某辩称:(1)二审生效裁定认定事实清楚,裁判结果正确。第一,《公司法》关于90日诉讼时限的规定,不同于诉讼时效可以中断或延长,李某某向法院提起本案的诉讼已经超过了90日期限是客观事实,但是时间被耽搁的责任不在李某某。第二,李某某自第十三次股东会决议作出之后一直在向创联公司主张权利,但创联公司及其另两名股东隐瞒第十三次股东会决议存在的事实,阻挠李某某行使股权回购请求权,违反了民事诉讼法规定的诚实信用原则。第三,李某某从第一次提起公司股权回购之诉,到提起解散公司之诉,再到本次诉讼,是一系列不间断的行为,反映了李某某退出公司经营取得相应股权报酬的意愿。二审裁定认定本案系2011年7月提起的股权回购之诉的延续,维护了民事诉讼的诚实信用原则。(2)创联公司仍在作出《公司法》第74条规定的其他符合公司股权回购的事宜。近期,创联公司控股的常州联成日用五金制造有限公司(以下简称联成公司)将其在常州奥濡精密机械有限公司的70%股权转让给其他人，而创联公司历年的公司利润均是从联成公司投资收益获得，此种股权转让属于处置公司主要资产的行为，但至今未召开股东会或告知李某某。李某某可再次向法院起诉请求创联公司回购股权。综上所述，请求驳回创联公司的再审请求，维持二审裁定。

综上所述，案件争议焦点为，李某某的诉讼是否超过法律规定的公司股权回购的90日期间。

裁判说理

一审法院认为，根据《公司法》第74条第2款“自股东会会议决议通过之日起六十日内，股东与公司不能达成股权收购协议的，股东可以自股东会会议决议通过之日起九十日内向人民法院提起诉讼”以及《公司法解释一》第3条“原告以公司法第二十二条第二款、第七十四条第二款规定事由，向人民法院提起诉讼时，超过公司法规定期限的，人民法院不予受理”的规定，对股东提起股份收购请求权诉讼，在程序上明确规定公司股东应在法定期限内先行与公司协商以合理价格收购其股权，协商不成的，必须在法定期限内即自股东会决议通过之日起90日内提起诉讼。该案中，当事人双方提供的证据均能证明创联公司第十三次股东会的召开时间为2011年5月28日，李某某称召开第十三次股东会并形成决议的实际日期是2011年4月28日，依据不足。李某某在2011年5月28日形成的股东会决议上明确表示不同意延长经营期限，因此，李某某可以自2011年5月28日起的60日内与创联公司协商股权收购事宜，协商不成的，李某某应当自2011年5月28日起的90日内向人民法院起诉。该90日的期限为除斥期间，不适用中止、中断等情形。因此，李某某在2011年8月2日就股权收购向江苏省常州市钟楼区法院起诉后又撤诉，并不影响李某某的起诉超过法定期限的事实。综上所述，李某某的起诉已超过法定期限。江苏省常州市钟楼区法院于2013年7月19日作出(2013)钟商初字第0251号民事裁定：驳回李某某的起诉。

二审法院认为，《公司法》(2013年)规定，公司章程规定的营业期限届满或者章程规定的其他解散事由出现，股东会会议通过决议修改章程使公司存续的，对股东会该项决议投反对票的股东可以请求公司按照合理的价格收购其股权，自股东会会议决议通过之日起60日内，股东与公司不能达成股权收购协议的，股东可以自股东会会议决议通过之日起90日内向人民法院提起诉讼。第一，虽然李某某提供的落款时间是2011年4月28日的股东会决议复印件，客观上不持有公司股东会决议原件，但是创联公司的三名股东对公司召开第十三次股东会并通过延长公司经营期限的股东会决议是明知的。李某某于2011年7月25日向法院递交诉状，要求创联公司回购股权时，创联公司关于公司经营期限延长的第十三次股东会决议已形成并通过，李某某对决议投反对票。李某某提起创联公司回购股权之诉，符合法律规定的条件，即股东投反对票且在 90 日之内起诉。第二，在李某某提起公司回购股权之诉后，因创联公司及其他两名股东否认开过第十三次股东会并形成延长公司经营期限的决议，并且李某某客观上不持有该公司股东会决议原件，导致李某某只能撤回公司股权回购之诉，并以公司出现解散事由为由提起解散创联公司之诉，在提起解散创联公司诉讼的过程中，创联公司提交了公司第十三次股东会决议，且创联公司以该份股东会决议在工商部门办理了延长公司经营期限手续并已核准。李某某撤回 2011 年 7 月提起的公司股权回购之诉，完全是因为创联公司及其他股东违反诚信原则，恶意否认开过第十三次股东会并形成延长公司经营期限的决议，导致了诉讼程序进程的变化。现李某某依据创联公司提供的第十三次股东会决议提起公司股权回购之诉，本案应视为 2011 年 7 月李某某提起创联公司回购股权之诉一案的延续，故李某某的起诉没有违反法律关于提起公司回购股权之诉的除斥期间的规定。综上所述，李某某的行为属于依法主张创联公司回购股权。一审法院认为李某某的起诉超过法定期限不当，应予纠正。江苏省常州市中级人民法院于 2014 年 4 月 14 日作出（2014）常商终字第 133 号民事裁定：(1)撤销江苏省常州市钟楼区人民法院（2013）钟商初字第 0251 号民事裁定；(2)指令江苏省常州市钟楼区人民法院对本案进行审理。

再审法院认为，关于李某某的诉讼是否超过法律规定的公司股权回购的 90 日期间的问题。第一，根据《公司法》第 74 条的规定，公司章程规定的营业期限届满或者章程规定的其他解散事由出现，股东会会议通过决议修改章程使公司存续的，对股东会该项决议投反对票的股东可以请求公司按照合理的价格收购其股权；自股东会会议决议通过之日起 60 日内，股东与公司不能达成股权收购协议的，股东可以自股东会会议决议通过之日起 90 日内向人民法院起诉。《公司法解释一》第 3 条规定，股东要求公司回购股权，向人民法院提起诉讼时，超过《公司法》规定期限的，人民法院不予受理。由此，该 90 日的期限应是股东行使股权回购起诉权的不变期限，该期限不因任何事由而中止、中断或者延长。第二，结合本案证据与双方当事人的陈述，创联公司的全体股东于 2011 年 5 月 28 日召开股东会，形成延长公司经营期限的股东会决议，股东李某某对决议内容不同意，其依法享有要求公司回购股权的诉权。2011 年 8 月 2 日，李某某提起公司股权回购之诉，后于 2011 年 9 月 15 日申请撤回起诉，该撤诉系李某某自由处分其诉权的行为，该行为导致其丧失诉权的法律后果应由李某某承担。第三，二审裁定认为，李某某于 2012 年 7 月 6 日再次提起的公司回购股权之诉系创联公司与其他股东的原因导致该案诉讼程序进程的变化，本案系前次诉讼的延续。对此，法院认为，《公司法》(2013 年)第 74 条规定的股东提起股权回购之诉的 90 日期间不因任何事由而中止、中断或者延长，该期间届满，股东享有的股权回购之诉的诉讼权利即消灭。李某某的自愿撤诉行为不能导致法律规定的 90 日起诉期限的延续。二审裁定对该 90 日期间系前次诉讼延续的认定不当，应予纠正。综上所述，裁定如下：(1)撤销江苏省常州市中级人民法院(2014)常商终字第 133 号、常州市钟楼区人民法院(2013)钟商初字第 0251 号民事裁定；(2)驳回李某某的起诉。

专业点评

民法理论可将期间分为诉讼时效和除斥期间两种，诉讼时效和除斥期间在性质有所区别，除斥期间规定权利存续的固定时间属不变期间，除法律有特殊规定者外，不能中止、中断和延长，且期间较短，以早日确定当事人间的关系为目的。诉讼时效为可变期间，可以适用中止、中断和延长的规定，且期间较长。《公司法》第 74 条和《公司法解释一》第 3 条规定中的 60 日和 90 日，如果按照程序法和实体法不同角度来看，会得出不同的看法。认定 60 日和 90 日为诉讼时效的，超过该时效期间起诉的，人民法院不予保护，权利人丧失的是胜诉权。认定 60 日和 90 日是除斥期间的，在性质上属于形成权，超过该期限起诉的，当事人丧失的是实体上的权利。但在实务中法院往往会将这认定为是除斥期间，很好地契合了《公司法》充分体现其尊重商事活动特有的生存环境，弘扬商法效率原则的刚性的立法精神，对异议股东请求公司收购股权的时间作出了严格的限制，此举能够更好地维护商法中的效率、公平、权利等平衡序位，更好地保证商事活动的高效运转。

法条链接

1.《公司法》(2013 年)①

第七十四条　有下列情形之一的，对股东会该项决议投反对票的股东可以请求

① 现已修改为《公司法》(2018 年)第 74 条。

公司按照合理的价格收购其股权：

（一）公司连续五年不向股东分配利润，而公司该五年连续盈利，并且符合本法规定的分配利润条件的；

（二）公司合并、分立、转让主要财产的；

（三）公司章程规定的营业期限届满或者章程规定的其他解散事由出现，股东会会议通过决议修改章程使公司存续的。

自股东会会议决议通过之日起六十日内，股东与公司不能达成股权收购协议的，股东可以自股东会会议决议通过之日起九十日内向人民法院提起诉讼。

2.《公司法解释一》（2006 年）①

第三条　原告以公司法第二十二条第二款、第七十四条第二款规定事由，向人民法院提起诉讼时，超过公司法规定期限的，人民法院不予受理。

---

① 现已修改为《公司法解释一》（2014 年）第 3 条。

第十篇

明股实债裁判规则专题研究

导　语

近年来,股权性融资协议因融资门槛较低、风险可控的特征及优势,得到了资本市场主体,特别是具备一定成长性但仍处于创业期的小微企业的青睐。对于融资方来说,融资方的控股股东可以通过转让部分股权的方式获得目标企业进一步发展壮大所急需的资金,拓宽了融资渠道;而对于投资方来说,则可以通过人事任免、表决权行使等一系列制度安排实现对目标公司的制约,从而维护自身权益,在达到企业经营目标后可以要求融资方按照约定回购股权,从而实现盈利并退出目标企业。

但实践中,股权性融资往往被异化为单纯的融资工具,表现为融资人在固定期限内,以事先约定的固定价格从投资人处回购股权。此类融资方式引发的纠纷中,双方的争议焦点往往在于股权性融资协议是否构成名为股权投资,实为借贷,即"明股实债",法院往往需要穿透合同的外在表象来探究当事人缔约的真实意思。

一般而言,明股实债(或名股实债),是指投资回报不与被投资企业的经营业绩挂钩,不是根据企业的投资收益或亏损进行分配,而是向投资者提供保本保收益承诺,根据约定定期向投资者支付固定收益,并在满足特定条件后由被投资企业赎回股权或者偿还本息的投资方式,常见形式包括回购、第三方收购、对赌、定期分红等。明股实债本质上具有刚性兑付的保本特征,系保本保收益的一种具体表现。

民商事法律是调整市场经济的法律,作为经济活动,只要市场主体有需求,就一定有能够匹配其需求的交易模式冒出来。明股实债就是资金以股权投资模式(增资或转让)进入目标公司,但附带回购条款,约定一定期限后,目标公司关联方或股东回购上述股权。这种融资手段与单纯的股权投资或债权投资的主要区别在于:投资方形式上通过股权的形式投资,但通过交易结构的设计使投资主要依靠债权回款。本质上具有刚性兑付的保本特征,系保本保收益的一种具体表现。在这种创新型交易模式中,一方愿意让渡公司股权,投资人出资购得股权,并实际进行交割,进行工商登记,同时与交易相对方约定该部分股权只是起到事实上的股权质押的效果,不参与经营,不承担风险,不参与最终分红,投资人的投资保本获息,允许交易相对方或者相对方指定的第三方回购股权。明股实债类融资工具并非监管政策所直接规定的品种或类别,而是一系列资管产品投资协议形成的组合。典型的明股实债类融资工具交易结构通常由委托代理(认购)、投资入股、退出增信三个环节构成。其中资金方的权益保护很大程度上融合在合约条款中。回购是明股实债类融资工具交易结构的核心。回购既不是典型的股权融资也不是典型的债权融资,往往都是抽屉协议、对外保密的。“明股实债”对交易双方都有很强吸引力,对融资的债务方而言,一是增加自有资本,降低资产负债率,有利于再次贷款;二是不影响决策权和原股东利益;三是融资成本固定,便于安排偿债资金。对于资金方而言,因为股权拿在手中,心里比较有底,而且通常会配套对企业的经营监管权,对企业经营动态实行控场,同时可以获取比较高的固定收益。明股实债由于其兼顾资金稳健又能比较灵活退出,实现了投资人安全和效率兼顾的价值取向,所以在房地产、基金、不良资产处置、投融资方面被大量运用。但是,从一些“爆雷”的项目看,各地法院对于该类协议的法律效力认定并不一致。认为有效的主要基于私法自治,只要不违反国家法律和行政法规的强制性规定,那么都是有效的。认为无效的则因为违背了同股同权,股东之间共同经营共担风险的固有属性。

尤其是 2017 年 11 月,国务院金融稳定发展委员会正式成立。2017 年 11 月 17 日,中国人民银行、中国银行保险监督管理委员会、中国证券监督管理委员会、国家外汇管理局等部门联合发布《关于规范金融机构资产管理业务的指导意见(征求意见稿)》叫停分级资产管理产品直接或者间接对优先级份额认购者提供保本保收益的明股实债模式。2017 年 11 月 10 日,财办金〔2017〕92 号《关于规范政府和社会资本合作(PPP)综合信息平台项目库管理的通知》等系列文件禁止为社会资本方提供保底。对于明股实债的投资协议效力的认定更具有不确定性。但是我们认为明股实债和对赌协议一样,只要不侵犯《公司法》的基本准则,不应否定其法律效力,具体而言,明股实债只要是资金方与目标公司股东或者投资人签署的就是有效的,明股实债协议是资金方与公司签署的,那么在法律上无效。

明股实债或者名股实债本身并非规范性的法律术语。它既不属于纯股权投资又不属于纯债权投资,明股实债的投资方式,形式上是股权,但是因为一定期限届满或者一定条件成就,就启动股权回购,而且,投资人的收益是保本的,通常是固定收益,与股权的共同经营共担风险明显不同,所以,实践中称为明股实债。明股实债最多的是房地产和不良资产领域,这两个领域资金需求量大,资金回报率高,国家对金融管理加强,企业自身现金流并不充裕,财务杠杆处于高位,债务压力大,国家对房地产行业信贷管理从严等都是明股实债在某些领域盛行的主要原因。在司法实践中,人民法院对明股实债的处理也是有个演变过程,2017 年民二庭第四次法官会议纪要,认为明股实债的效力认定应该采用内外有别的双重标准,就投资方与融资方的内部关系而言,在不涉及第三人利益且不存在违反法律法规强制性规定的前提下,法院倾向探寻当事人双方真实的意思表示,若满足以下特征则一般应当认定为债权投资:(1)投资人以定期获得固定收益;(2)通过股权远期回购方式实现退出;(3)投资人不参与经营管理。若涉及债权人等第三人的外部关系时,应当遵循商事外观主义原则,侧重于保护第三人的信赖利益,从而更倾向认定为股权性投资。

明股实债的案件中,如果审查发现投资人目的在于取得目标公司股权,且享有参与公司的经营管理权利的,应认定为股权投资,投资人是目标公司的股东,在一定条件下可能构成抽逃出资金。反之,投资人目的并非取得目标公司股权,而仅是为了获取固定收益,且不享有参与公司经营管理权利的,应认定为债权投资。

法院审理"明股实债"的裁判标准也经历了一个重大转折的过程,以《九民纪要》《民法典》作为转折点。

(1)《九民纪要》对于认定"明股实债"法律关系进一步明确指引。2019 年 11 月 8 日,最高人民法院发布的《九民纪要》对于"明股实债"的司法认定发生了重大的转折,《九民纪要》基本上将明股实债定性为设置了让与担保的债权。《九民纪要》第 89 条规定:如果合同中约定由转让方或者其指定的第三方在一定期间后以交易本金加上溢价款等固定价款无条件回购的,无论转让方所转让的标的物是否真实存在、是否实际交付或者过户,只要合同不存在法定无效事由,对信托公司提出的由转让方或者其指定的第三方按约定承担责任的诉讼请求,人民法院依法予以支持。当事人在相关合同中同时约定采用信托公司受让目标公司股权、向目标公司增资方式并以相应股权担保债权实现的,应当认定在当事人之间成立让与担保法律关系。当事人之间的具体权利义务,根据本纪要第 71 条的规定加以确定。《九民纪要》第 89 条中虽未明确提及"明股实债"这一概念,但是其叙述的内容基本符合"明股实债"的特征,此条文也对于认定"明股实债"法律关系具有一定指引。

(2)《民法典担保解释》明确认可了让与担保的合同效力,同时明确了让与担保产生物权效力的条件,名股实债类案件裁判有了法律依据。《民法典担保解释》从一定程度上将名股实债与股权让与担保画上了等号,虽然近些年让与担保有效在实践中已经不存在太大争议,但是此次《民法典担保解释》第 68 条第 1 款从司法解释的层面明确认可了让与担保的合同效力,同时也规定了让与担保产生物权效力的条件,即当事人已经完成财产权利变动的公示,后续明股实债案件的处理具有了明确的法律依据。

(3)《民法典担保解释》明确将明股实债中的受让人界定为名义股东。《民法典担保解释》第 69 条规定:"股东以将其股权转移至债权人名下的方式为债务履行提供担保,公司或者公司的债权人以股东未履行或者未全面履行出资义务、抽逃出资等为由,请求作为名义股东的债权人与股东承担连带责任的,人民法院不予支持。"

对于受让人是否取得目标公司股权,是实际股东还是名义股东,近几年法院的观点存在一定的波动,在《九民纪要》出台之前的司法实践中,法院大多认为此种情况下受让人仅为公司的名义股东,并未实际取得公司股权。最高人民法院在其出版的《〈全国法院民商事审判工作会议纪要〉理解与适用》一书中,认为"如果转让人将让与担保的真实意思告诉了公司及其他股东,则即便受让人在公司的股东名册上进行了记载,也仅是名义股东,不得对抗公司及其他股东。此时,作为名义股东,其并不享有股东的权利,即既不享有股权中的财产权,也不享有股权中的成员权。反之,如果转让人并未告知公司及其他股东实情,而是告知他们是股权转让,则法律也要保护此种信赖。在此情况下,一旦受让人在公司的股东名册上进行了记载,即便真实的意思是股权让与担保,受让人仍然可以行使股东权利,包括财产权和成员权。"也就是说,受让人是否取得股东资格需要根据受让人、目标公司和其他股东之间的真实意思来进行判断,而不能依据客观条件直接作出判断。显然,两者之间是会有矛盾的,一个是直接界定名义股东,另一个是例外情况下可以行使股东权利。

(4)明股实债情况下,债权人或公司无权要求受让人在未出资的范围内与实际股东承担连带责任。《民法典担保解释》第69条规定:"股东以将其股权转移至债权人名下的方式为债务履行提供担保,公司或者公司的债权人以股东未履行或者未全面履行出资义务、抽逃出资等为由,请求作为名义股东的债权人与股东承担连带责任的,人民法院不予支持。"公司不能以股东未出资或未全面履行出资义务、抽逃出资为由,请求名义股东的债权人与股东承担连带责任。《民法典担保解释》认为此类交易中无须再探究公司对于让与担保是否知情,推定公司明知交易的本质,公司和外部债权人不能以抽逃出资为由,要求名义股东的债权人与股东承担连带责任。最高人民法院在《〈全国民商事审判工作会议纪要〉理解与使用》一书中也持此观点,认为"鉴于登记为名义股东的受让人本质上是有担保的债权人,而不是股东,且其实现债权行为是合法行为,加之其取得债权往往是支付对价的,一般不存在抽逃出资的行为"。需要注意的是,此条规定并不考察外部债权人是否为善意第三人,与之前法院关于明股实债模式下"内外有别"的裁判思路相比,具有很大的突破。

同时,此规定亦与《公司法解释三》第26条的规定存在一定程度的冲突,《公司法解释三》第26条规定:"公司债权人以登记于公司登记机关的股东未履行出资义务为由,请求其对公司债务不能清偿的部分在未出资本息范围内承担补充赔偿责任,股东以其仅为名义股东而非实际出资人为由进行抗辩的,人民法院不予支持。名义股东根据前款规定承担赔偿责任后,向实际出资人追偿的,人民法院应予支持。"后续《民法典担保解释》和《公司法解释三》二者如何协调适用,需要今后司法解释予以明确。

明股实债的投融资方式，在一切顺畅的时候没有问题，但是一旦某个环节出现问题就容易产生纠纷。基于明股实债的法律问题复杂性和司法实践中不同法官认识的不可确定性，建议从严把控风险，主要包括：收益条款与民间借贷利率条款是否突破；能否在目标公司之外寻求第三方担保；如何在条款设置上，限制资金需求方肆意违约；尽可能选择仲裁作为争议解决的途径。

一、明股实债的认定标准

案件名称

姚某某诉彤悦公司、余某某股权转让纠纷案

案号

一审：(2019)沪0115民初45882号；二审：(2021)沪74民终133号

裁判要旨

股权转让双方约定，股权受让方享受固定收益，不实际参与目标公司经营决策，出让方到期无条件回购股份的，应认定双方之间为民间借贷法律关系，并非股权转让法律关系。

案情简介

上诉人(被告)：彤悦公司

被上诉人(原告)：姚某某

被上诉人(被告)：余某某

2018年3月29日，姚某某与彤悦公司、余某某签署《股份转让协议》，约定彤悦公司将其持有的案外人蓝源传媒的1.6万股转让给姚某某，转让价款为40万元，余某某为担保人。姚某某支付价款后，即取得案涉1.6万股权的所有权。彤悦公司将案涉股份过户到姚某某名下之前，双方构成代持关系，即姚某某为案涉股份所有权人，彤悦公司代姚某某持有股份，彤悦公司不享有对代持股任何收益权和处分权。《股份转让协议》第4条损益归属约定：本协议生效后至股份过户登记至姚某某名下期间,标的股份所对应公司的损益由姚某某享有或承担。第 8 条约定:姚某某在需要根据《公司法》等有关法律规范和公司章程需要由公司股东会作出决议事项时均应与彤悦公司采取一致行动……姚某某同意就自己在公司行使股东权利时的股东表决权、提案权等委托彤悦公司行使。第 9 条约定:彤悦公司、余某某承诺,蓝源传媒在 2019 年 12 月 31 日前被其他主体收购,姚某某获利退出,或蓝源传媒启动 IPO 上市。否则,姚某某有权要求彤悦公司、余某某回购其持有的公司股份,回购价格 = 姚某某购买标的股份的价格 × (1 + 10% × n)—姚某某已取得的公司分红,其中 n = 姚某某支付股份转让款之日至彤悦公司、余某某付清所有股份收购价款日间的实际天数/365 天。

2018 年 3 月 29 日,姚某某与彤悦公司、余某某签署《补充协议》,协议约定:彤悦公司、余某某承诺,姚某某通过《股份转让协议》取得的标的股份,可以要求彤悦公司、余某某在 2019 年 3 月 30 日无条件回购全部或部分标的股份,股份回购价格为每股 35 元;还约定:《补充协议》是《股份转让协议》的重要组成部分,与《股份转让协议》具有同等法律效力,二者不一致处,以本补充协议为主。

2019 年 3 月 27 日,姚某某发出《蓝源传媒股份回购及展期申请书》,要求彤悦公司按照双方协议,以每股 35 元回购其持有的 1.6 万股蓝源传媒股份,回购总价款 56 万。

诉讼过程

姚某某因彤悦公司未支付股权转让回购款,以股权转让纠纷诉彤悦公司、余某某至上海市浦东新区人民法院提起诉讼,请求判令彤悦公司支付股权转让回购款及利息、余某某承担连带责任,上海市浦东新区人民法院一审判决认可姚某某诉请。后彤悦公司、余某某不服一审判决,上诉至上海金融法院,被判决驳回上诉。

裁判结果

一审法院判决:彤悦公司依约向姚某某支付股权转让回购款 540,000 元,以及自 2019 年 4 月 1 日起至实际清偿之日止的利息;余某某对彤悦公司的上述付款义务承担连带清偿责任,余某某履行保证责任后,有权向彤悦公司追偿。

二审法院判决:彤悦公司、余某某应于本判决生效之日起 10 日内支付被上诉人姚某某借款本金人民币 400,000 元以及利息人民币 51,013.7 元,并支付被姚某某自 2019 年 4 月 1 日起至实际清偿之日止的利息。

主要争点

(1)姚某某与彤悦公司、余某某系股权转让法律关系还是民间借贷法律关系?

(2)余某某就案涉债务构成连带保证人还是债的加入?

裁判说理

一审法院认为,姚某某与彤悦公司、余某某签订的《股份转让协议》与《补充协议》均系当事人真实意思表示,无法律明文禁止的情形,当属有效。结合《股份转让协议》第3条股份交割约定:姚某某支付转让款后,即取得标的股份的所有权。在彤悦公司将标的股份过户到姚某某名下前,双方构成代持关系,彤悦公司不享有对代持股任何收益权和处分权。第4条损益归属约定:本协议生效后至股份过户登记至姚某某名下期间,标的股份所对应公司的损益由姚某某享有或承担。现姚某某已支付转让款,取得标的股份,并承担标的股份的损益。彤悦公司、余某某辩称:回购条款是以保证本息固定回报的保底条款与约定不符。《股份转让协议》第8条中,姚某某已将部分股东权利委托彤悦公司行使,彤悦公司、余某某认为姚某某在双方合同约定中只享受权利,不参与公司经营也无事实依据。

因此,双方应为股权转让法律关系,双方均应恪守合同约定的义务。姚某某要求彤悦公司在2019年3月30日以35元每股无条件回购全部标的股份,符合合同约定。根据2019年3月27日,姚某某发出的《蓝源传媒股份回购及展期申请书》,要求彤悦公司按照双方协议,以35元每股回购其持有的1.6万股蓝源传媒股份,回购总价款560,000元。2019年4月11日,彤悦公司以《关于股份回购之复函》答复并同意姚某某的申请,对回购价款并无异议,仅对回购方案时间作出了调整。现彤悦公司既未履行《补充协议》中无条件回购股份的义务,也未履行《关于股份回购之复函》中承诺还款的义务,构成违约。余某某作为担保人在合同上签字,但合同中未约定担保方式,根据法律规定,应当承担连带保证责任。

二审法院认为,关于争议焦点一:姚某某与彤悦公司之间成立股权转让及回购法律关系还是民间借贷法律关系,需结合当事人的合同约定及实际履行情况对当事人的缔约真意加以综合评判。

首先,就双方内心意思而言,经查明,姚某某系新三板股票的合格投资者,在签订案涉《股份转让协议》之前已经持有4000股蓝源传媒股票,但在本案所涉16,000股的交易中,双方虽约定了按照"全国股转系统"股票交易规则进行交割,在表象上具有股权转让的意思表示,但并未约定上述股权交割与变更登记的履行时间,而且在可以办理变更登记的前提下,实际上仍然合意选择了违规股权代持方式,加之在合同履行期间，双方也未办理相应的股权变更登记，故据此可以认定，双方实际上并不期望股权变动的法律效果发生，股权投资并非双方的真实意思。

其次，就姚某某是否行使股东权利，参与公司决策而言，根据《股份转让协议》第8条第2款的约定，姚某某在有关公司并购重组、经营发展等重大事项上行使股东表决权时应与彤悦公司保持一致，且在就有关公司并购重组、经营发展的重大事项向股东会、董事会提出议案之前，均应征得彤悦公司的同意。由此可见，姚某某虽然作为蓝源传媒股东，但并不实际参与公司经营决策，亦可印证姚某某与彤悦公司订立《股份转让协议》，其真实意图不在于实际受让标的公司股权，而是在于履行《补充协议》，要求彤悦公司、余某某回购股权以获取固定收益。

最后，就合同履行期间与回购价格而言，案涉《股份转让协议》第1条、第2条明确约定了标的股权的转让股数及价格；该协议第3条约定彤悦公司与姚某某按照“全国股转系统”股票交易规则进行交割；该协议第9条约定了股份回购条件及回购价格。彤悦公司与姚某某的上述约定符合股权投资交易的外在特征。但根据《补充协议》第1条的约定，姚某某可以要求彤悦公司、余某某在2019年3月30日无条件回购全部或部分标的股份。

因此，《补充协议》的上述约定系各方当事人对《股份转让协议》第9条附条件回购股份相关约定的协议变更，结合《补充协议》与《股份转让协议》系各方当事人于同日签订的情形，可以认定《股份转让协议》中的附条件回购约定已被《补充协议》第1条约定的无条件回购所替代，因此《补充协议》的上述约定才是各方当事人期待发生的真实效果意思。根据《股份转让协议》的约定，股份转让价格为每25元股，而彤悦公司、余某某于同日即以《补充协议》方式承诺将于2019年3月30日以每35元股的价格回购股份，换言之，如《补充协议》得以履行，则姚某某可于1年固定期限届满后，在确保400,000元本金不受损失的前提下还能获得每股10元×1.6万股，合计160,000元的固定收益，该种情形符合借贷法律关系的基本特征。

综上所述，姚某某、彤悦公司、余某某虽然在《股份转让协议》《补充协议》中约定了股权转让及回购条款的表面意思，但其目的在于隐藏各方之间借贷法律关系的真实效果意思，因此该表面意思是虚假意思表示，依照2017年《民法总则》第146条之规定当属无效。因姚某某系自然人，彤悦公司系依法设立的法人，故双方之间应成立民间借贷法律关系。

关于争议焦点二：尽管《股份转让协议》与《补充协议》均将余某某列为担保人，但仍应以合同文义为基础判断当事人之间实际构成的法律关系。1995年《担保法》第6条规定：“本法所称保证，是指保证人和债权人约定，当债务人不履行债务时，保证人按照约定履行债务或者承担责任的行为。”因此,保证人与债务人之间存在债务履行的先后顺位。就本案而言,《股份转让协议》第 9 条第 1 款约定:“甲方(彤悦公司)、丙方(余某某)承诺,公司在 2019 年 12 月 31 日前被其他主体收购,乙方(姚某某)获利退出;或公司启动 IPO 上市。否则,乙方有权要求甲方、丙方回购其持有的公司股份……”《补充协议》第一条约定:“甲方(彤悦公司)、丙方(余某某)承诺:乙方(姚某某)通过《股份转让协议》取得的标的股份,乙方可以要求甲方、丙方在 2019 年 3 月 30 日无条件回购全部或部分标的股份。”从上述条款的文义考察,彤悦公司与余某某之间并不存在债务履行的先后顺位,姚某某可同时要求彤悦公司、余某某履行回购义务,因此并不符合保证法律关系的构成要件,余某某对案涉借贷法律关系构成债的加入,故应就案涉债务承担共同清偿责任。

专业点评

明股实债投资,国家税务总局公告 2013 年第 41 号称为“混合性投资”,混合性投资只有同时符合以下五大条件,才能被界定为债权投资:(1)付息性特征:被投资企业接受投资后,需要按投资合同或协议约定的利率定期支付利息(或定期支付保底利息、固定利润、固定股息,下同);(2)还本性特征:有明确的投资期限或特定的投资条件,并在投资期满或者满足特定投资条件后,被投资企业需要赎回投资或偿还本金;(3)投资企业对被投资企业净资产不拥有所有权;(4)投资企业不具有选举权和被选举权;(5)投资企业不参与被投资企业日常生产经营活动。

虽然“明股实债”有利于投资人获取稳定投资回报,但如本案所述,这种交易安排存在一定法律风险。例如,投资人的股东权利不被承认;存在金融监管方面的合规风险;被认定为借款关系后,可能因职业放贷、套取金融机构贷款转贷等原因而被认定民间借贷法律关系无效,或者预期收益受到民间借贷利息上限的限制等。

在司法实践中,法院一般会对当事人投资回报是否与经营风险、经营业绩挂钩,是否行使股东权利、是否参与公司经营管理、是否办理股权变更登记等情况进行考察,来确定当事人内心的真实意思表示。本案中姚某某、彤悦公司、余某某虽然在《股份转让协议》《补充协议》中约定了股权转让及回购条款的表面意思,但其目的在于隐藏各方之间借贷法律关系的真实效果意思,因此该表面意思是虚假意思表示,应属无效,按照民间借贷法律关系来认定。

因此,投资人在采用"明股实债"投资模式时,需要充分考虑并合理规避上述风险。投资人可以在股权投资中明确风险与收益具有相当性,再辅之以回购条款、业绩补偿等风险控制措施的交易安排,同时明确投资人的股东身份和权利,积极参与目标公司的经营决策,以避免股权融资被认定为"名股实债"。

法条链接

1.《民法总则》①

第一百四十六条　行为人与相对人以虚假的意思表示实施的民事法律行为无效。

以虚假的意思表示隐藏的民事法律行为的效力,依照有关法律规定处理。

2.《公司法》(2018 年)

第九条　有限责任公司变更为股份有限公司,应当符合本法规定的股份有限公司的条件。股份有限公司变更为有限责任公司,应当符合本法规定的有限责任公司的条件。

有限责任公司变更为股份有限公司的,或者股份有限公司变更为有限责任公司的,公司变更前的债权、债务由变更后的公司承继。

第一百三十七条　股东持有的股份可以依法转让。

二、明股实债与财务投资的区别

案件名称

农发公司诉通联公司、汉台区政府股权转让纠纷案

① 现已修改为《民法典》第 146 条。

案号

一审:(2018)陕民初15号;二审:(2019)最高法民终355号;再审:(2020)最高法民申2759号

裁判要旨

通过增资入股、逐年退出及回购机制对目标公司进行财务投资,符合商业惯例和普遍交易模式,不属于为规避监管所采取的"明股实债"借贷情形。投资者不直接参与目标公司日常经营,但通过审查、审批、通知等方式在一定程度上参与管理,是基金投资模式中作为投资者的正常操作,显然不能以此否定其股东身份。

案情简介

上诉人(原审被告):通联公司

被上诉人(原审原告):农发公司

原审被告:汉台区政府

通联公司系汉川公司大股东。2015年9月11日,农发公司与通联公司、汉川公司、汉台区政府签订《中国农发重点建设基金投资协议》(以下简称《投资协议》),主要约定:(1)农发公司以现金1.87亿元对汉川公司进行增资,投资期限10年,投资年收益率为1.2%,由汉川公司每季度向农发公司支付。(2)投资期限内,如汉川公司遇有关闭、解散、清算或破产之情形,农发公司有权要求通联公司或汉台区政府以不低于农发公司实缴出资额的价格收购股权。(3)如农发公司选择通联公司承担回购义务,则汉台区政府应就通联公司收购价款的支付承担差额补足义务。(4)农发公司在汉川公司享有包括对公司重大事项进行表决在内的股东权利。

2015年9月14日,农发公司按照约定将1.87亿元增资款缴付至汉川公司。汉川公司章程记载农发公司为该公司股东,出资额为1.87亿元,持股比例为31.86%,并办理了工商登记手续。

2017年10月25日,陕西省汉中市中级人民法院作出民事裁定,受理了案外人万向公司对汉川公司的破产重整申请。

2017年12月,农发公司要求通联公司回购农发公司所持全部股权,但通联公司未予回购。

诉讼过程

2017 年 12 月,因通联公司未予回购,农发公司以股权转让纠纷诉通联公司、汉台区政府至陕西省高级人民法院,请求判令通联公司按照约定回购农发公司持有的汉川公司全部股权并支付违约金,汉台区政府承担差额补足义务。陕西省高级人民法院一审判决部分支持农发公司诉讼请求。后通联公司不服一审判决,上诉至最高人民法院,判决部分支持通联公司诉讼请求。后通联公司不服二审判决,向最高人民法院提出再审申请,被裁定驳回再审申请。

裁判结果

一审判决:(1)通联公司于该判决生效后 30 日内向农发公司支付股权回购款 1.87亿元,回购农发公司持有的汉川公司 31.86% 股权;(2)通联公司向农发公司支付自 2018 年 6 月 20 日至 1.87 亿元实际支付完毕之日的投资收益款;(3)通联公司向农发公司支付自 2017 年 12 月 22 日至 1.87 亿元实际支付之日的违约金;(4)汉台区政府对上述债务在通联公司未能足额支付的情况下承担差额补足责任;(5)驳回农发公司的其余诉讼请求。

二审判决:(1)维持陕西省高级人民法院(2018)陕民初 15 号民事判决第 1 项、第 3 项、第 4 项;(2)变更陕西省高级人民法院(2018)陕民初 15 号民事判决第 2 项为:通联公司向农发公司支付自 2018 年 12 月 20 日至 1.87 亿元实际支付完毕之日的投资收益款(计算方式为:以 1.87 亿元为基数按照每年 1.2% 的收益率为标准计算);(3)驳回农发公司的其他诉讼请求。

再审裁定:驳回通联公司的再审申请。

主要争点

案涉投资协议的性质和效力。

裁判说理

法院认为:案涉投资协议的性质应结合合同签订时的背景、目的、条款内容及交易模式、履行情况综合判断,该协议为股权投资协议。

农发公司按照《专项建设基金监督管理办法》的规定,通过增资方式向汉川公司提供资金,投资方式符合国家政策,不违反《公司法》及行业监管规定。基金通过增资入股、逐年退出及回购机制对目标公司进行投资符合商业惯例,该交易模式不属于为规避监管所采取的“明股实债”的借贷情形。农发公司增资入股后,汉川公司修改了公司章程、农发公司取得了股东资格并享有表决权,虽然不直接参与日常经营,但仍通过审查、通知等方式在一定程度上参与管理,这也是基金作为财务投资者的正常操作,不能以此否定其股东身份。

《投资协议》的固定收益、逐年退出及股权回购等条款,是股东之间及股东与目标公司之间就投资收益和风险分担所作的内部约定,不影响交易目的和投资模式。投资期限内,农发公司作为股东对外承担相应责任。协议约定的固定收益仅为年1.2%,远低于一般借款利息,明显不属于通过借贷获取利息收益的情形。交易本质是农发公司以股权投资方式注入资金帮助企业脱困的行为。唯有如此,汉川公司及其股东通联公司方能以极低的成本获取巨额资金。一审认定《投资协议》属于股权融资协议,不属于“明股实债”,是正确的。

关于协议效力,本案《投资协议》有效。《投资协议》实质上是投资人为保护资金安全和降低风险、目标公司和其他股东为促成融资交易,对投资人的投资收益和安全提供保障的约定,以回购方式自愿承担未来可能发生的潜在亏损。该协议是当事人的真实意思表示,且不违反法律、行政法规的禁止性规定。协议签订及履行经过了充分、完整的公司程序,汉川公司及其股东对协议签订背景、交易目的、条款内容均知悉。汉川公司在交易中获得了经营发展所需资金,公司及包括通联公司在内的全体股东均从中获益。一审认定《投资协议》有效是正确的。本案中,在投资期限内,通联公司、农发公司均是汉川公司的股东,在《投资协议》约定的回购条款因汉川公司破产而被触发后,通联公司是具有回购义务的股东,农发公司则是通联公司的债权人,通联公司应当按照合同约定承担支付股权回购款的义务。至于投资收益款及违约金,《投资协议》对此已有明确约定,当事人亦应依约履行,承担各自应当承担的义务。因此,一审判决《投资协议》通联公司向农发公司支付股权回购款、投资收益款及违约金是正确的。

专业点评

一般情况下,固定收益和不参与目标公司经营管理是认定为“明股实债”的重要外在特征。但在本案中,最高人民法院明确了虽然投资者不直接参与目标公司日常经营,但通过审查、审批、通知等方式在一定程度上参与管理,是基金投资模式中作为投资者的正常操作,不能以此否定其股东身份。

因此,投资协议约定投资人享有固定收益、逐年退出及股权回购等条款及投资人不向目标公司委派高管、不直接参与目标公司的日常经营不是认定"明股实债"的充分必要条件。

同时,"明股实债"是否存在规避监管的情形,也是认定"明股实债"的重要表征。规避监管是当事人采用"明股实债"的重要内因。若投资人的投资方式符合国家政策,不违反《公司法》及行业监管规定,其通过"明股实债"规避监管的可能性则相对更小。因此,投资人在进行交易设计时,也应当注重对投资方式合规性的审查,进一步避免股权融资被认定为"明股实债"。

法条链接

《民法典》

第一百四十六条　行为人与相对人以虚假的意思表示实施的民事法律行为无效。以虚假的意思表示隐藏的民事法律行为的效力,依照有关法律规定处理。

三、明股实债法律关系区分内部关系和外部关系适用不同处理原则

案件名称

新华信托等诉港城置业破产债权确认纠纷案

案号

一审:(2016)浙0502民初1671号

裁判要旨

在名义股东和实际股东的问题上要区分内部关系和外部关系,对内部关系产生的股权权益争议纠纷,可以当事人之间的约定为依据,或是隐名股东,或是明股实债;而对外部关系上不适用内部约定。

案情简介

原告:新华信托

被告:港城置业

2011 年 4 月,港城置业股东会决定向新华信托贷款 2 亿至 2.5 亿元。2011 年 6 月 21 日,新华信托与港城置业、纪某某、丁某某签订《合作协议》,协议约定:由原告新华信托募集 2 亿至 2.5 亿元资金,其中 14,400 万元分别用于受让纪某某和丁某某的股份,其余全部增入港城置业的资本公积金,股份转让后,原告将持有港城置业的 80% 股份。

2011 年 6 月 24 日,新华信托与纪某某、丁某某按照《合作协议》的约定,分别签订股权转让合同,纪某某向新华信托有偿转让的股权占港城置业股本总数的 56% ,转让价格为 10,080 万元;丁某某向新华信托有偿转让的股权占港城置业股本总数的 24% ,转让价格为 4320 万元;同时,为了保证《合作协议》的履行,新华信托与纪某某、丁某某签订了股权质押合同,并办理了质押登记手续。港城置业为了保证《合作协议》的履行,以其土地使用权进行了抵押;2011 年 9 月 9 日,新华信托向港城置业汇入 22,048 万元。2011 年 9 月 14 日,新华信托向港城置业汇入 430 万元。

2011 年 9 月 15 日,新华信托指派 2 名董事,董事享有知情权、提案权、表决权和否决权等内容。2011 年 9 月,港城置业根据上述股权转让协议、股东会决议、港城置业新的章程、董事会决议等资料向原湖州市工商行政管理局进行工商信息变更。新华信托依法持有港城置业的 80% 股权。

2013 年 2 月 21 日,各方签订《补充协议》,协议明确了港城置业、纪某某、丁某某未配合资金监管,新华信托有权更换法定代表人,接管港城置业的财务章及法人章。嗣后,新华信托接管港城置业的法人章、合同专用章、财务专用章、预售资金监管专户财务专用章、纪某某个人名章。2015 年 10 月 9 日,新华信托向港城置业破产管理人移交了上述印章。

在港城置业破产清算期间,新华信托在法定债权申报期限内向管理人申报了债权,但破产管理人两次告知新华信托不予确认其申报的债权。

诉讼过程

因港城置业破产管理人不予确认新华信托申报的债权,新华信托以破产债权确认纠纷向湖州市吴兴区人民法院提起诉讼,请求确认债权,湖州市吴兴区人民法院一审判决驳回诉讼请求。

裁判结果

一审判决：驳回原告新华信托诉讼请求。

主要争点

新华信托向港城置业汇付的22,478万元是股权转让款还是借款。

裁判说理

一审法院认为，丁某某、纪某某、港城置业与新华信托签订的《合作协议》及丁某某、纪某某分别与新华信托签订的《股权转让协议》系各方真实意思的表示，合法有效，受法律保护。嗣后各方均已按约履行，且新华信托作为股东已进行了港城置业公司股东名册记载、公司登记机关登记，对外具有公示效力。现原告新华信托提出其是“明股实债”，同时提出股权受让系让与担保的措施的主张，并据此提交了港城置业原股东会决议，拟证明港城置业有向新华信托融资的意向，本院认为，首先在名义股东和实际股东的问题上要区分内部关系和外部关系，对内部关系产生的股权权益争议纠纷，可以当事人之间的约定为依据，或是隐名股东，或是明股实债；而对外部关系上不适用内部约定，按照《公司法》第32条第3款“公司应当将股东的姓名或者名称及其出资额向公司登记机关登记，登记事项发生变更的，应当办理变更登记，未经登记或者变更登记的，不得对抗第三人”之规定，第三人不受当事人之间的内部约定约束，而是以当事人之间对外的公示为信赖依据。本案不是一般的借款合同纠纷或股权转让纠纷，而是港城置业破产清算案中衍生的诉讼，本案的处理结果涉及港城置业破产清算案的所有债权人的利益，应适用公司的商事外观主义原则。即港城置业所有债权人实际（相对于本案双方当事人而言）均系第三人，对港城置业公司的股东名册记载、管理机关登记所公示的内容，即新华信托为持有港城置业80%股份的股东身份，港城置业之外的第三人有合理信赖的理由。而港城置业的股东会决议仅代表港城置业在签订《合作协议》《股权转让协议》前有向新华信托借款的单方面意向，最终双方未曾达成借款协议，而是新华信托受让了纪某某、丁某某持有的港城置业股权，与纪某某、丁某某之间发生了股权转让的事实。如果新华信托本意是向港城置业出借款项的，港城置业从股东会决议来看也有向新华信托借款意向的，双方完全可以达成借款合同，并为确保借款的安全性，新华信托可以要求依法办理股权质押、土地使用权抵押、股东提供担保等法律规定的担保手续。如原告在凯旋国际项目上不能进行信托融资的，则应依照规定停止融资行为。新华信托作为一个有资质的信托投资机构，应对此所产生的法律后果有清晰的认识，故新华信托提出的“明股实债”“让与担保”等主张，与本案事实并不相符，其要求在破产程序中获得债权人资格并行使相关优先权利并无现行法上的依据，故法院对其主张依法不予采纳。

专业点评

一般而言，被告人正常营业期间，对于债权债务的认定仅涉及原告和被告双方，属于原被告双方的内部法律关系确认，即便被告履行了对原告的还款义务，也并不必然影响被告对其他债权人的偿债。此时法院在判定“是股还是债”首先判断双方的协议是否成立、真实、合法和有效，如协议有效，再通过探究双方的真实意思表示来判断双方法律关系的性质。

但在本案中，被告已进入破产清算的债权申报阶段，且原告还存在对被告的抵押权，对于原告是债权人还是股东地位的认定，势必会影响其他债权人的债权利益。本案的司法裁判精神体现在涉及公司内部法律关系时，法院遵照意思主义原则，以当事人的意思表示和实际履约行为作为确认真实法律关系的依据，确认股东或债权人的地位应坚持实质要件优于形式要件，登记材料仅具有一般证据的效力。但在涉及公司外部法律关系时，应遵从保护善意第三人和交易安全原则。港城置业所有债权人实际相对于本案双方当事人而言均系第三人，对港城置业公司的股东名册记载、管理机关登记所公示的内容有合理信赖的理由。如认定新华信托为债权人可以申报债权，甚至因其拥有对标的地块的抵押权而可得优先受偿，这将极大地损害其他债权人的利益。

法条链接

《公司法》(2013 年)①

第二十五条　有限责任公司章程应当载明下列事项：

① 现已修改为《公司法》(2018 年)第 25 条、第 32 条。

(一)公司名称和住所;

(二)公司经营范围;

(三)公司注册资本;

(四)股东的姓名或者名称;

(五)股东的出资方式、出资额和出资时间;

(六)公司的机构及其产生办法、职权、议事规则;

(七)公司法定代表人;

(八)股东会会议认为需要规定的其他事项。

股东应当在公司章程上签名、盖章。

第三十二条　有限责任公司应当置备股东名册,记载下列事项:

(一)股东的姓名或者名称及住所;

(二)股东的出资额;

(三)出资证明书编号。

记载于股东名册的股东,可以依股东名册主张行使股东权利。

公司应当将股东的姓名或者名称向公司登记机关登记;登记事项发生变更的,应当办理变更登记。未经登记或者变更登记的,不得对抗第三人。

四、明股实债中的让与担保

案件名称

闽成公司诉西钢公司民间借贷纠纷案①

案号

一审:(2017)黑民初154号;二审:(2019)最高法民终133号

裁判要旨

当事人以签订股权转让协议方式为民间借贷债权进行担保,此种非典型担保方式为让与担保。在不违反法律、行政法规效力性强制性规定的情况下,相关股权转让协议有效。对于股权让与担保是否具有物权效力,应以是否已按照物权公示原则

① 参见《最高人民法院公报》2020年第1期。

进行公示作为核心判断标准。在股权质押中，质权人可就已办理出质登记的股权优先受偿。在已将作为担保财产的股权变更登记到担保权人名下的股权让与担保中，担保权人形式上已经是作为担保标的物的股权的持有者，其就作为担保的股权所享有的优先受偿权利，更应受到保护，原则上享有对抗第三人的物权效力。以股权设定让与担保并办理变更登记后，让与担保权人又同意以该股权为第三人对债务人的债权设定质押并办理质押登记的，第三人对该股权应优于让与担保权人受偿。

案情简介

上诉人（原审原告）：闽成公司

被上诉人（原审被告）：西钢公司

第三人：刘某某

2016 年 4 月 20 日，龙郡公司出具《借据》，主要内容为："因项目需要，今借刘某某 65 万元，用于支付龙郡公司律师代理费及其他业务支出"。2016 年 4 月 21 日，西钢公司法定代表人苗某某签字同意。2014 年 6 月 13 日，刘某某与西钢公司签订《协议书》，约定：西钢集团龙郡公司向刘某某借款 447, 159, 452. 22 元，因无力偿还，2014 年 6 月 16 日双方办理了股权转让变更手续，西钢公司将持有龙郡公司 100% 股权转让给刘某某，确定以龙郡公司 2014 年 5 月末账面净资产 43, 594, 471. 52 元作为转让价款，刘某某已经付给西钢公司，双方协商，达成协议如下：双方签订股权转让协议的目的是以股权转让的形式保证刘某某债权的实现，督促西钢公司按协议约定偿还刘某某借款及利息。2014 年 6 月 20 日，双方签订《协议书》，约定：西钢公司向刘某某借款本息合计 723, 606, 136. 82 元（股权比例计算说明见附件一）。由于西钢公司无力偿还，西钢公司同意将其持有翠宏山公司 64% 股权转让给刘某某，签订该协议目的是以股权转让的形式来保证刘某某债权的实现，当投入翠宏山公司的借款本息 723, 606, 136. 82 元、投入龙郡公司 490, 753, 923. 74 元及西钢公司借款 1 亿元全部还清时，刘某某应将受让翠宏山公司的股权份额全部转回。……利息按原借款合同约定的税后年息 18% 计算，按月支付。该协议附件一体现，截至 2014 年 6 月 20 日欠款本金 467, 840, 547. 78 元。闽成公司主张上述 2014 年 6 月 13 日、6 月 20 日两份《协议书》所涉款项之和，为截至 2014 年 6 月 20 日西钢公司尚欠借款本息的数额。

2014 年 6 月 14 日，西钢公司与刘某某签订《股权转让协议》，西钢公司将其持有翠宏山公司 64% 股权转让给刘某某，并办理了工商变更登记手续。2014 年 6 月 14 日，西钢公司出具《集团借款明细表》。

2014 年 6 月 16 日,刘某某分 9 笔向西钢公司汇款 43,594,471.52 元。一审庭审中,西钢公司同意向刘某某偿还该笔款项,并表示如刘某某同意闽成公司主张该笔款项,其没有异议。刘某某同意由闽成公司主张该笔款项。

2015 年 8 月 13 日,刘某某与西钢公司签订《补充协议书》,约定:西钢公司确认截至 2015 年 6 月 20 日,向刘某某借款 447,159,452.22 元。自 2015 年 6 月 21 日起,若还款期限超过 6 个月,按年税后利率 18% 付息。……若 1 年内西钢公司不能出售房产清偿对刘某某的借款,由中介机构对龙郡公司可变现资产进行评估,西钢公司按评估价值下浮最低不超过 5% 出售房产清偿刘某某借款,多余归西钢公司。评估价值及范围不包括出售房产产生的税费及已预售的集资建房房产和车位。2015 年 8 月 13 日,双方还签订一份《补充协议书》,约定:双方 2014 年 6 月 20 日签订股权转让协议,西钢公司将持有翠宏山公司 64% 股权未按对价原则阶段性转让给刘某某,以保证刘某某债权的安全和实现。经协商,达成补充协议如下:截至 2015 年 6 月 20 日,西钢公司向刘某某借款本息合计 849,232,648.54 元,若还款期限超过 6 个月,按年税后利率 18% 付息。刘某某在龙郡公司债权未清偿部分转入翠宏山公司 64% 股权中,在翠宏山公司股权变卖所得价款中清偿。

后西钢公司、龙郡公司、刘某某又签订协议,主要内容为:双方分别于 2014 年 6 月 13 日、2015 年 8 月 13 日签订《协议书》《补充协议书》,对借款问题和龙郡公司股权事宜进行了明确约定。为保证刘某某债权实现,2014 年 6 月 12 日,西钢公司将龙郡公司 100% 股权转让给刘某某,并办理了股权变更手续。

闽成公司作为甲方与作为乙方的刘某某签订《股权代持协议》,主要内容为:“甲方自愿委托乙方作为甲方代表,对西钢公司所欠借款进行清算,并经甲方同意代持以下股权及利益:西钢公司持有翠宏山公司 64% 股份(7.23 亿元)、龙郡公司 100% 股份(4.9 亿元)及以乙方名义对西钢公司欠甲方 1 亿元借款进行法院登记执行保全。乙方为名义持有人并愿意接受甲方的委托代为行使该相关股东权利及权益,甲方为代持股份的实际出资人。”

2017 年 12 月 1 日,西钢公司以翠宏山公司、刘某某为被告,向黑龙江省逊克县人民法院提起诉讼,请求确认登记在刘某某名下的翠宏山公司股权归西钢公司所有,刘某某与西钢公司所签转让翠宏山公司股权行为无效,刘某某名下翠宏山公司股权过户登记至西钢公司名下。一审庭审中,刘某某认可案涉借款的实际权利人均为闽成公司,闽成公司有权向西钢公司主张权利。

2018 年 5 月 22 日,广西物资经济开发有限公司以西钢公司不能清偿其到期债务、资产不足以清偿全部债务,且明显缺乏清偿能力为由,向黑龙江省伊春市中级人民法院申请对西钢公司进行重整。2018 年 6 月 11 日,该院作出(2018)黑 07 破申 1 号民事裁定,受理了该重整申请。

诉讼过程

因西钢公司未依约偿还欠款,闽成公司以民间借贷纠纷诉西钢公司至黑龙江省高级人民法院,请求判令西钢公司偿还借款本金及利息、确认刘某某持有的翠宏山公司 64% 股权优先受偿,黑龙江省高级人民法院一审判决确认债权,驳回其他诉讼请求。后闽成公司不服一审判决,上诉至最高人民法院,被判决确认债权,确认优先受偿,驳回其他诉讼请求。

裁判结果

一审判决:确认闽成公司对西钢公司享有债权本金 1,059,244,471.52 元及利息,驳回闽成公司的其他诉讼请求。

二审判决:撤销黑龙江省高级人民法院(2017)黑民初 154 号民事判决;确认闽成公司对西钢公司享有债权本金 1,059,244,471.52 元及利息;闽成公司对刘某某持有的翠宏山公司 64% 股权折价或者拍卖、变卖所得价款优先受偿;驳回闽成公司、西钢公司的其他上诉请求。

主要争点

刘某某所持翠宏山公司 64% 股权的性质及效力,闽成公司是否有权就该股权优先受偿。

裁判说理

一审法院认为,本案《借款合同》均约定以翠宏山公司 64% 股权提供担保,2014 年 6 月 13 日《协议书》及 2015 年 8 月 13 日《补充协议书》约定以股权转让的形式保证刘某某债权的实现,刘某某没有实质持有该部分股权的意愿。据此可以确认,双方签订该合同的真实目的并非真正实现股权转让,而是为了对案涉债务提供担保。但根据物权法定及物权公示的原则,其不具有物权效力,亦不具有对抗第三人的效力。同时,因西钢公司与刘某某之间没有真实转让翠宏山公司 64% 股权的意思,案涉翠宏山公司 64% 股权的实际权利人仍为西钢公司。因黑龙江省伊春市中级人民法院已于2018年6月11日受理了西钢公司的重整申请,如闽成公司以翠宏山公司64%股权优先受偿,视为对个别债权人的债务清偿,违反《中华人民共和国企业破产法》(以下简称《企业破产法》)第16条关于“人民法院受理破产申请后,债务人对个别债权人的债务清偿无效”的规定。

二审法院认为,西钢公司与刘某某签订的《协议书》约定,“双方签订的股权转让协议的目的是以股权转让的形式保证乙方债权的实现,督促甲方按本协议的约定偿还乙方的借款。”“甲方应积极筹措资金偿还乙方借款,每偿还一笔借款,按还款数额相应核减乙方的持股比例。”“……全部还清时,乙方应将受让的翠宏山公司的股权份额全部转回甲方或甲方指定的公司,并配合甲方办理工商变更登记手续”。《补充协议书》再次明确,该股权转让是为了“保证乙方债权的安全和实现”,且双方确认“乙方也没有实质持有翠宏山矿业公司股权的意愿”。可见,双方签订股权转让协议的目的是以股权转让形式保证刘某某债权的实现,担保西钢公司按协议约定偿还借款。上述《协议书》《补充协议书》约定将西钢公司名下翠宏山公司64%股权变更至刘某某名下,与前述以龙郡公司100%股权提供担保为同一性质的担保,并非真正的股权转让,而是将翠宏山公司64%股权作为对刘某某债权实现的非典型担保,即让与担保。对此,各方不持异议。如前所述,有关让与担保的约定内容真实、自愿、合法,不具有合同无效情形,应为有效合同。一审判决认定,双方于2014年6月13日签订《协议书》、2015年8月13日签订《补充协议书》的真实目的并非真正实现股权转让,而是为了对案涉债务提供担保,符合本案当事人在相关系列合同中作出的连贯的、一致的真实意思表示,法院予以确认。

与认定以龙郡公司100%股权设立让与担保的约定有效同理,亦应认定以翠宏山公司64%股权设立的让与担保约定有效。《民法总则》第146条规定,行为人与相对人以虚假的意思表示实施的民事法律行为无效。以虚假的意思表示隐藏的民事法律行为的效力,依照有关法律规定处理。是否为“以虚假的意思表示实施的民事法律行为”,应当结合当事人在主合同即借款合同和从合同即让与担保合同中作出的真实意思表示,统筹作出判断。约定将债务人或第三人股权转让给债权人的合同目的是设立担保,翠宏山公司64%股权转让至闽成公司代持股人刘某某名下是为西钢公司向闽成公司的巨额借款提供担保,而非设立股权转让民事关系。对此,债权人、债务人明知。从这一角度看,债权人、债务人的真实意思是以向债权人转让翠宏山公司股权的形式为债权实现提供担保,“显现的”是转让股权,“隐藏的”是为借款提供担保而非股权转让,均为让与担保既有法律特征的有机组成部分,均是债权人、债务人的真实意思,该意思表示不存在不真实或不一致的瑕疵,也未违反法律、行政法规的效力性强制性规定。

最高人民法院《关于进一步加强金融审判工作的若干意见》(已失效)第3条规定,依法认定新类型担保的法律效力,扩宽中小微企业的融资担保方式。除符合《合同法》第52条规定的合同无效情形外,应当依法认定新类型担保合同有效;符合物权法有关担保物权规定的,还应当依法认定其物权效力。对于前述股权让与担保是否具有物权效力,应以是否已按照物权公示原则进行公示,作为核心判断标准。本案讼争让与担保中,担保标的物为翠宏山公司64%股权。《公司法》第32条第2款规定,公司应当将股东的姓名或者名称向公司登记机关登记;登记事项发生变更的,应当办理变更登记。未经登记或者变更登记的,不得对抗第三人。可见,公司登记机关变更登记为公司股权变更的公示方式。《物权法》第208条第1款、第226条第1款及第229条规定,在股权质押中,质权人可就已办理出质登记的股权优先受偿。举轻以明重,在已将作为担保财产的股权变更登记到担保权人名下的股权让与担保中,担保权人形式上已经是作为担保标的物的股份的持有者,其就作为担保的股权享有优先受偿的权利,更应受到保护,原则上具有对抗第三人的物权效力。这也正是股权让与担保的核心价值所在。本案中,西钢公司与刘某某于2014年6月就签订《协议书》以翠宏山公司64%股权设定让与担保,债权人闽成公司代持股人刘某某和债务人西钢公司协调配合已依约办妥公司股东变更登记,形式上刘某某成为该股权的受让人。因此,刘某某依约享有的担保物权优于一般债权,具有对抗西钢公司其他一般债权人的物权效力。闽成公司主张,刘某某享有就翠宏山公司64%股权优先受偿的权利,法院予以支持。西钢公司以让与担保非法定物权,以合同当事人未约定刘某某有优先受偿权为由,否定其优先受偿主张,法院不予支持。

认定刘某某对讼争股权享有优先受偿权,不构成《企业破产法》第16条规定所指的个别清偿行为。《企业破产法》第16条之所以规定人民法院受理破产申请后的个别清偿行为无效,一是因为此种个别清偿行为减少破产财产总额,二是因为此类个别清偿行为违反公平清偿原则。在当事人以股权设定让与担保并办理相应股权变更登记,且让与担保人进入破产程序时,认定让与担保权人就已设定让与担保的股权享有优先受偿权利,既是让与担保法律制度的既有功能,也是设立让与担保合同的目的。

本案中,翠宏山公司64%股权已经变更登记至刘某某名下,刘某某就该股权享有优先受偿权利。根据在案证据,尽管案涉一系列借款合同、抹账协议、以翠宏山公司股权设定让与担保的协议及补充协议均以刘某某名义与西钢公司等签订,但银行转账记录等相关证据显示,除关某吉与卢某国提供的借款外,其他借款均由闽成公司或其关联公司(铭祺公司、闽龙公司)账户汇出,关某吉、卢某国先后将其债权转让给刘某某,刘某某本人亦承认真正的权利人为闽成公司,其名下翠宏山公司的股份只是为闽成公司代持。鉴于此,在闽成公司与西钢公司之间存在真实的债权债务关系、闽成公司与刘某某之间对于股权代持关系并无争议的情况下,闽成公司主张就翠宏山公司64%股权优先受偿,应予支持。

专业点评

让与担保中,债务人为担保其债务将担保物的权利转移给债权人,使债权人在不超过担保目的的范围内取得担保物的权利,是出于真正的效果意思而做出的意思表示。明股实债中,股权转让协议各方当事人通过契约方式设定让与担保,形成一种受契约自由原则和担保经济目的双重规范的债权担保关系,不违反法律、行政法规的禁止性规定,应为合法有效。

在本案中,最高人民法院认为,债权人、债务人的真实意思是以向债权人转让翠宏山公司股权的形式为债权实现提供担保,"显现的"是转让股权,"隐藏的"是为借款提供担保而非股权转让,均为让与担保既有法律特征的有机组成部分,均是债权人、债务人的真实意思,该意思表示不存在不真实或不一致的瑕疵,也未违反法律、行政法规的效力性强制性规定。在已将作为担保财产的股权变更登记到担保权人名下的股权让与担保中,担保权人形式上已经是作为担保标的物的股份的持有者。该担保物权优于一般债权,具有对抗其他一般债权人的物权效力。

法条链接

1.《公司法》(2018年)

第三十二条　有限责任公司应当置备股东名册,记载下列事项:

(一)股东的姓名或者名称及住所;

(二)股东的出资额;

(三)出资证明书编号。

记载于股东名册的股东，可以依股东名册主张行使股东权利。

公司应当将股东的姓名或者名称向公司登记机关登记；登记事项发生变更的，应当办理变更登记。未经登记或者变更登记的，不得对抗第三人。

2.《民法总则》①

第一百四十六条　行为人与相对人以虚假的意思表示实施的民事法律行为无效。

以虚假的意思表示隐藏的民事法律行为的效力，依照有关法律规定处理。

3.《物权法》②

第二百二十六条　以基金份额、股权出质的，当事人应当订立书面合同。以基金份额、证券登记结算机构登记的股权出质的，质权自证券登记结算机构办理出质登记时设立；以其他股权出质的，质权自工商行政管理部门办理出质登记时设立。

基金份额、股权出质后，不得转让，但经出质人与质权人协商同意的除外。出质人转让基金份额、股权所得的价款，应当向质权人提前清偿债务或者提存。

4.《九民纪要》

第六十六条　担保关系的认定：当事人订立的具有担保功能的合同，不存在法定无效情形的，应当认定有效。虽然合同约定的权利义务关系不属于物权法规定的典型担保类型，但是其担保功能应予肯定。

第六十七条　约定担保物权的效力：债权人与担保人订立担保合同，约定以法律、行政法规未禁止抵押或者质押的财产设定以登记作为公示方法的担保，因无法定的登记机构而未能进行登记的，不具有物权效力。当事人请求按照担保合同的约定就该财产折价、变卖或者拍卖所得价款等方式清偿债务的，人民法院依法予以支持，但对其他权利人不具有对抗效力和优先性。

第七十一条　让与担保：债务人或者第三人与债权人订立合同，约定将财产形式上转让至债权人名下，债务人到期清偿债务，债权人将该财产返还给债务人或第三人，债务人到期没有清偿债务，债权人可以对财产拍卖、变卖、折价偿还债权的，人民法院应当认定合同有效。合同如果约定债务人到期没有清偿债务，财产归债权人所有的，人民法院应当认定该部分约定无效，但不影响合同其他部分的效力。

当事人根据上述合同约定，已经完成财产权利变动的公示方式转让至债权人名下，债务人到期没有清偿债务，债权人请求确认财产归其所有的，人民法院不予支

① 现已修改为《民法典》第146条。

② 现已修改为《民法典》第443条。

持,但债权人请求参照法律关于担保物权的规定对财产拍卖、变卖、折价优先偿还其债权的,人民法院依法予以支持。债务人因到期没有清偿债务,请求对该财产拍卖、变卖、折价偿还所欠债权人合同项下债务的,人民法院亦应依法予以支持。

后　记

自从踏入法学殿堂,我就一直偏爱民商法学。本科阶段我几乎选修了当时所有的民商法课程,后来有机会脱产攻读硕士学位,我也是重回母校,脱产三年攻读民商法学硕士学位。在检察院工作期间,我两次在民事行政检察部门工作,凭借扎实的专业功底,通过审判监督程序抗诉,改判了很多已生效民商事裁判案件。2017 年 6 月,已过不惑之年的我,突然有一种跟心走的想法,放弃已经工作 21 年的检察系统,选择到宁波大学法学院从事教学科研工作,之后又加盟浙江京衡(宁波)律师事务所,担任管委会主任,并与同事一起努力,在短短的两年多时间内,将京衡(宁波)律师事务所从原先的 30 余人发展到现在的 120 人左右。同时,在律师实务中,我发现公司诉讼作为民商事律师业务的核心板块,不仅内容多,而且分歧大,具有很强的专业性。正是基于强化学习、提升业务、分享成果的多重考虑,我组织团队成员经过一年努力,终于完成了《公司法裁判规则实务精要》三卷本。本书为第一卷:股权金融。特别要感谢并肩作战的团队小伙伴们的共同努力,要特别感谢我多年的朋友法律出版社法治与经济分社沈小英社长、陈妮老师,感谢责任编辑任娜、黄筝老师,没有你们的鼓励和支持,也不可能有本书的公开出版。

本书的正式出版已是后疫情时代,“长风破浪会有时,直挂云帆济沧海”,我们坚信不管任何时候,任何人只要心中有光,未来就会充满希望。

有关本书的任何修改建议和意见,欢迎来信:panshenming@ nbu. edu. cn.

潘申明

2023 年 3 月 17 日于宁波三江口